ライブラリ 会計学 15講－⑪

税務会計論 **15**講

髙久 隆太 著

Fifteen
Lectures on
Accounting

新世社

「ライブラリ 会計学 15 講」編者のことば

「21 世紀も 20 年が過ぎ，経済社会の変化や IT 技術の進化の影響から，会計学は新たな進展をみせており，こうした状況を捉え，これからの会計学の学修に向け，柱となる基礎科目について，これだけは確実に理解しておきたいという必須の内容をまとめたテキストと，そうした理解をもとにさらに詳しく斯学の発展科目を学んでゆく道案内となるテキストの両者を体系的に刊行する，というコンセプトから企画した」と新世社編集部企画者のいうこの「ライブラリ 会計学 15 講」は以下のように構成されている。

『簿記論 15 講』
『財務会計論 15 講——基礎篇』
『管理会計論 15 講』
『原価計算論 15 講』
『会計史 15 講』
『財務会計論 15 講——上級篇』
『国際会計論 15 講』
『会計監査論 15 講』
『経営分析論 15 講』
『非営利会計論 15 講』
『税務会計論 15 講』

この手の叢書は，諸般の事情（？）により，必ずしも予定通りに全巻が刊行されるとは限らないため，最初に全巻を紹介してしまうことは，あとで恥を掻く虞がある，という意味において賢明ではないかもしれないが，しかし，あえて明示することとした。

閑話休題。各巻の担い手については最適任の方にお願いしたが，大半の方（？）にご快諾いただくことができ，洵に有り難く思っている。

上掲の全 11 巻の構成は会計学における体系性に鑑みてこれがもたされたが，ただしまた，あえていえば，各氏には本叢書の全体像には余り意を用いることなく，能う限り個性的な作品を仕上げていただきたく，期待させていただいた。個性的な作品，すなわち一冊の書として存在意義のある作品を期待させていただくことのできる諸氏を選ばせていただき，お願いした，といったほうがよいかもしれない。

時を経て，ここに期待通りの，といったら僭越ながら，正に期待通りの作品をお寄せいただくことができ，その巻頭にこの「編者のことば」を載せることができ，洵に嬉しい。

友岡　賛

はしがき

　本書は，税務会計の基礎的な概念を理解するための解説書であり，学部で税務会計論を学ぶ学生，および，企業や税理士事務所等で初めて税務を担当することとなった方の入門書となることを目的としている。

　税務会計は，法人税を中心に，課税の基準となる課税所得の計算等を目的とする会計であり，企業会計に立脚しつつ，租税法独自の調整を加えて作成されるものである。したがって，租税法の条文を解釈し，それを実際の取引に当てはめることが必要である。また，租税についての基本的な理解が必要であり，租税法，会計学，財政学の基礎について学習する必要がある。その際は，学問領域（学部の違い）を超えたインターディシプリナリーアプローチも求められる。なお，税務会計は会計学であるから，簿記・会計の知識が前提となるが，そのような知識のない初学者でも理解できるように配意した。

　税務会計では，「益金」「損金」といった概念が重要であり，各項目について，「……とする。ただし，継続適用を条件として……とする。」というように原則的取扱いと例外的取扱いが規定されていることが多いので，どのような場合に，どのように取り扱うかを理解する必要がある。さらに，どの事業年度において処理するのかも重要となる。なお，詳細な計算に尽力するのではなく，基本的な考え方を学習していただきたい。

　本書の特徴は，従来の税務会計論の項目に加え，租税制度についても解説しているほか，近年グローバル化の進展により重要となってきている国際課税についてもスペースを割いていることである。また，制度と執行は車の両輪の如く双方が重要であり，税務行政だけでなく税理士制度についても取り上げた。

　このほか，本書で学習する上で，次の点に留意していただきたい。

① 毎年税制改正が行われることから，今後内容が異なることがある。

② 租税法の条文はわかりにくいことから原文を直接引用することを最小限に抑え，できるだけわかりやすく記載した。

③ 通常「令和〇年度税制改正」のように和暦が用いられるが，「××××（令和〇）年度税制改正」のように和暦と西暦を併用した。

④ 複雑かつ多岐にわたる内容を15講とするのは困難な面もあるが便宜上区分することとした。

⑤ 図表について出所がある場合は明示し，筆者作成分については出所を表記していない。

なお，紙面の都合で割愛した部分もあるので，各自で補完していただきたい。

本書の刊行に当たっては，和波英雄税理士および廣瀬壮一税理士から貴重な助言をいただいた。この場をお借りして感謝の意を表したい。

最後に，株式会社新世社編集部の御園生晴彦氏ならびに編集を担当された菅野翔太氏に感謝の意を表する。

2023 年 12 月

髙久　隆太

目　次

第**8**講　損金（Ⅱ） 126

第**9**講　損金（Ⅲ） 143

第**10**講　損金（Ⅳ）・資産負債・純資産等 162

凡　例

■法令および通達の略語は，次による。

法法：法人税法

法令：法人税法施行令

法規：法人税法施行規則

法基通：法人税法基本通達

耐令：減価償却資産の耐用年数等に関する省令

措法：租税特別措置法

措令：租税特別措置法施行令

措通：租税特別措置法基本通達

通法：国税通則法

通令：国税通則法施行令

所法：所得税法

印法：印紙税法

酒法：酒税法

改正法附則：法人税法等の一部を改正する法律　附則

民：民法

会：会社法

会計規：会社法計算規則

行訴法：行政事件訴訟法

■条文の番号表記は，以下のようにしている。

例：法法14①五　→　法人税法第14条第1項第五号

■本書は，2023（令和5）年4月1日現在の法令通達によっている。

条文の探し方

1. 国内税法

国内税法については，e-Gov 法令検索で検索することができる。例えば，法人税法関係法令については次のとおり。

法人税法

https://elaws.e-gov.go.jp/document?lawid=340AC0000000034

法人税法施行令

https://elaws.e-gov.go.jp/document?lawid=340CO0000000097

法人税法施行規則

https://elaws.e-gov.go.jp/document?lawid=340M50000040012

なお，法人税基本通達については，国税庁ホームページで検索することができる。

https://www.nta.go.jp/law/tsutatsu/kihon/hojin/01.htm

2. 租税条約

日本が締結した租税条約については，財務省および外務省のホームページで検索することができる。例えば，日米租税条約（略称）については次のとおり。

財務省ホームページ 「我が国の租税条約等の一覧　アメリカ」

https://www.mof.go.jp/tax_policy/summary/international/tax_convention/tax_convetion_list_jp.html

外務省ホームページ 「条約　日・米租税条約」

https://www.mofa.go.jp/mofaj/gaiko/treaty/treaty159_1.html

第**1**講
租税制度（I）

　税務会計論は財務会計各論に位置付けされ，会計学がベースとなっているが，租税法，財政学等と密接な関係があり，それらの基礎を理解することが必要である。はじめに租税とは何か理解することは重要であり，本講では租税制度のうち，租税の意義と目的，租税の分類，租税の転嫁，租税の基本原則，租税体系，財政等について学習する。

1.1　租税の意義と目的

1.1.1　租税の意義

　かつて米国最高裁のオリバー・ウェンデル・ホームズ判事（1841～1935）は，その判決の中で租税について "Taxes are what we pay for a civilized society."[1] と表現したといわれている。日本では，1872（明治5）年に福澤諭吉が『学問のすゝめ』の中で，「政府は法令を設けて悪人を取り締まり，善人を保護する。しかし，それを行うには多くの費用が必要となるが，政府自体にはその資金がないので，租税として国民に負担してもらう。これは国民と国との約束である」と述べている。また，日本の税務当局が「この社会あなたの税がいきている」との表現を使用している。これらの文言が租税の意義

---

[1] 「租税は文明社会の対価である。」ワシントン D.C. にある内国歳入庁（IRS）の建物にはこの文が刻まれている。

を端的に表しているといえる。

　国および地方公共団体は，国民および住民に，防衛・警察等，インフラ，教育，生活保護，老人介護等広範な公共サービスを提供している。これらの公共サービスを提供するための財源は主として租税収入によっている。租税は国および地方公共団体が国民および住民からそれぞれ国税および地方税として徴収するものであるが，一般の取引と異なり原則として公共サービスと租税との間には明確な対価関係がなく，国および地方公共団体が必要とする財源を国民および住民共通の経費として国民および住民に負担させている。その際，租税を国民の間にいかに適切に割り当てるかということが重要である。自由経済の下での一般の取引であれば市場原理により適切な資源配分が行われ，価格も決定されるが，前述のとおり租税には対価性がないことから，一般の取引とは異なる基準により負担を決める必要がある。この負担が恣意的にならないよう，租税に関することは法律によって規定することが求められる。国家を維持していくためには，国民は法律によって割り当てられた負担を適正に支払うことが必要となる。

　江戸時代等と異なり，現在は，法律の規定に基づかずに国が恣意的に国民に負担を求めることはないが，国民は法律に基づき納税の義務を負うという憲法上の規定は，国が存在する上で租税は必要不可欠であることを示している。

1.1.2　租税の根拠と配分

(1) 租税の根拠

　なぜ国が課税権を有するのか，あるいは，なぜ国民が租税を負担しなくてはならないのかについては，租税の根拠として論じられている。現在では，国家社会の維持のための必要な経費を，国民がその負担できる能力等に応じて支払うとされる会費とする会費説が有力となっている。かつては利益説が有力であり，租税は国民が国家によって財産や身体を保護されている利益に対する対価であると考えられていた。これによれば，各人の受ける利益と税負担とは比例しなければならないとすることになるが，この考え方は現状の租税負担と著しく差異があるとの批判がある。その後，国家はその目的を達

成するために課税権を有し，国民は当然に義務を有するとする義務説が主張
されるようになってきた。この見解に対して，権威主義的な国家思想に結び
つくものであるとの批判もある。

（2）租税負担の配分

租税負担の配分についての考え方として**利益説**と**能力説**がある。

利益説は，応益原理ともいわれ，国家の提供する財・サービスによって国
民各人が受ける利益に応じて租税を負担するという考え方である。

これに対して，**能力説**は，応能原理ともいわれ，租税を公共の利益を維持
するための義務とみなし，国民は各人の能力に応じて租税を負担することに
よってその義務を果たすという考え方である。

現実の租税体系は，いずれかに限定するものではなく，両説に基づいて考
えられているが，国税に関しては利益説に基づいた租税は目的税，すなわち，
特定の経費に充てる目的をもって課される税，例えば，地方道路税や電源開
発促進税に限られていることから，実際には能力説に基づいた租税が中心に
なっているといえる。

（3）担 税 力

担税力という用語を耳にすることがある。担税力とは，租税を負担するも
のが不当に感じることなく，社会的に是認できる範囲内で租税を支払える能
力のことである。上記の能力説では，租税負担は担税力に応じているのが公
平であるとされるが，この担税力という概念は，社会的，政治的あるいは倫
理的概念であって，統計や数値的に明確に表すことができるものではない。
担税力を示すものとして，所得，消費，資産があげられる。

1.1.3　租税の目的

租税の目的として，公共サービスのための資金の調達，所得再分配，景気
調整，その他の政策目的があげられる。

（1）公共サービスのための資金の調達

国家は，公共サービスを提供しているが，民間部門の働きを補完し，国民
全体の福祉向上を図っており，同時にそのための財源を調達する必要がある。
租税はその財源調達手段の一つとして最も直接的かつ重要なものと位置付け

られる。その際「誰が，どの程度，どのように負担するか」が重要な問題と
なる。

（2）所得再分配

　市場経済によりもたらされる所得や資産の分配は，遺産や個人の先天的能
力等その出発点において格差が存在すること等から，社会的にみて望ましく
ないといえる。租税は所得税や相続税の累進構造等を通じ，歳出における社
会保険給付と併せて，所得や資産の再分配を図る機能を果たしている。

（3）景気調整

　市場経済では景気変動は避けられないが，急激な変動は国民生活に大きな
影響をもたらす。租税には，こうした急激な変動を抑制し，経済の安定化に
寄与する機能もある。すなわち，所得税や法人税は，好況期には GDP の伸
び以上に増加して総需要を抑制する方向に作用し，逆に不況期には伸びが鈍
化して総需要を刺激する方向に作用することで，景気を自動的に安定化する
役割を果たしている。これを「ビルトイン・スタビライザー」という。

（4）その他の政策目的

　租税は，各種の政策目的に利用される場合がある。例えば，所得税法にお
いて扶養控除の規定によって人口の減少を防止しようというような方法を行
うことも可能である。逆に，人口抑制のために扶養控除を抑えることも考え
られる。また，一定の寄附金に対し租税を免除する等の方法によって，慈善，
学芸等の奨励を図るような文化政策も採られることがある。

　このように，租税は国が政策を達成するために利用される場合がある。

1.2　租税の分類

　租税は，どの組織（「課税主体」という）が，何に対して課税（「課税客体」と
いう）するか等によって次のように分類される。

（1）国税と地方税

　租税を徴収する課税権の主体による分類で，課税権の主体が国である**国税**

と，それが地方公共団体である**地方税**とに分類される。地方税は，さらに都道府県税と市区町村税とに分かれる。それぞれが別個の租税であるが，通常同じ個人の所得に対し国税なら所得税，都道府県なら都道府県民税，市区町村なら市区町村民税が課税されるというように，重複して課税される。

なお，国税として徴収した法人税や所得税などを一定の基準で地方公共団体に交付する地方交付税や地方公共団体に譲与する地方譲与税があるが，これらは地方公共団体が徴収する地方税ではないので留意する必要がある。

(2) 内国税と関税

国税は，さらに**内国税**と**関税**との二つに分類される。内国税は，国内の人または物に課税するものであり，関税は，外国から輸入される貨物に対して課税するものである。ところで，内国消費税（酒税等）は，外国から輸入される貨物に対しても課税されるが，これは，関税ではなく内国税である。

(3) 直接税と間接税

租税の負担者が，直接にその租税を納めるものが**直接税**であり，租税の負担者が，直接に租税を納める者と異なるものが**間接税**である。直接税の代表的なものは所得税，法人税であり，間接税の代表的なものは消費税，酒税である。

直接税と間接税の区分は，次節で述べるように**租税の転嫁**の有無によって説明される。例えば，製造業者が国へ納めた税が，取引価額を通じて製造業者から卸売業者に移り，さらに卸売業者から小売業者へ，小売業者から消費者へと順々に移っていくことを財政学では「税が製造業者から卸売業者へ転嫁され，卸売業者から小売業者へ，さらに小売業者から消費者へ転嫁された」といい，こうした租税の転嫁の結果，最終的に租税が消費者の負担となった場合に「税が消費者に帰着した」というのである。

しかし，直接税であっても，ときには，その租税を支払う法律上の納税者がその租税を負担しない場合，例えば，製品価格にその会社の法人税分を含めて販売する場合もある。反対に，間接税であっても，法律上の納税者がこれを法律上予定された担税者に転嫁することができなくて，納税者の負担に帰する場合もある。

(4) 収得税，財産税，消費税，流通税

　所得を得たという事実に基づいて課税するのが**収得税**，すなわち所得課税であり，国税である所得税や法人税，地方税である住民税や事業税がこれに該当する。**財産税**は，財産を取得した，または，財産を保有しているという事実に対して課税するもので，国税では相続税，地方税では固定資産税があげられる。**消費税**と**流通税**は，正確には消費課税，流通課税というべきである。消費という行為と流通という行為を厳密に区別するのは困難であり，消費税と流通税は区分しなくともよいほど性格が似ている。明確に区分できるのは，まずサービス分野で，サービスの消費は，サービスがもともと流通しないものであるから消費課税といえる。また，酒税，たばこ税，消費税[2]，特別地方消費税，ゴルフ場利用税などは，消費課税の典型である。

(5) 普通税と目的税

　政府の一般の支出に充てる目的をもって課される租税が**普通税**であるのに対し，特定の支出に充てる目的をもって課される税を**目的税**という。現在の日本の税制においては，国税である電源開発促進税が発電用施設の設置を促進するために，また，地方道路税が地方公共団体の道路の整備に，それぞれ，その収入の金額が充てられるほか，地方税の中には自動車取得税，軽油引取税および都市計画税等が目的税として規定されている。

(6) 従量税と従価税

　課税標準に重量，個数，体積などを用い，税率が金額で示されるのが**従量税**であり，課税標準が従価格で示され，税率何％といった百分比で示されるのが**従価税**である。酒税，揮発油税等間接税の多くは従量税で，従価税の代表的なものに消費税がある。従量税の方が相場の変動や業者間の複雑な取引条件の影響を受けることが比較的少なく，税収が安定して見込めるという利点がある。

---

[2] 日本では消費税（Consumption tax）が導入されているが，欧州等では付加価値税（Value added tax：VAT）が導入されている。

1.3　租税の転嫁

（1）転嫁の意味

　酒税についてはビール，日本酒等酒類の製造業者が納税者であるが，実際に酒税を負担するのは酒類の最終消費者である。すなわち，酒類は，製造業者が販売する際にその価格の中に酒税に相当する金額が含められて卸売業者に販売され，卸売業者はさらに自己が負担した運賃，手数料および自己の利益などを加えて小売業者に販売し，小売業者はさらに自己が負担した手数料および自己の利益などを加えた小売価格で消費者に販売する。このように消費者が購入する酒類の価格の中には，製造業者の段階において課税された酒税に相当する金額が含まれている。したがって，酒税は，酒類の消費者が負担しているといえる。

　すなわち，酒税の法律上の納税者は酒類の製造業者であるが，酒税分は酒類の価格に含められて，生産者の段階から卸売業者，小売業者を経て最終的に消費者が負担している。このように，租税の負担が法律上の納税者から実際の担税者に移転していく現象を「**租税の転嫁**」といい，実際の負担者が確定される課税の結果を指して「**租税の帰着**」という。租税の転嫁が顕著に行われる代表的なものは，上述のような酒税その他の間接消費税である。

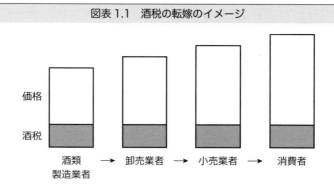

図表 1.1　酒税の転嫁のイメージ

（2）租税の転嫁の形態

租税の転嫁には次のような形態がある。

①　租税の前転（進転）

　租税の転嫁は，経済取引の前者より順次経済取引の後者に転嫁されるのが通常である。すなわち，製造業者に課せられた消費税は卸売業者へ，卸売業者からさらに小売業者へ，小売業者から最終的には消費者へというように転嫁されていく。このような関係を租税の前転または進転という。

②　租税の後転（逆転）

　租税が経済市場の状況いかんによって経済取引の後者に必ずしも転嫁されず，むしろ逆に前者の負担に帰するようなこととなる場合があるが，そのような関係を租税の後転または逆転という。

③　租税の更転

　前転，後転のいずれの場合にもありうることであるが，租税が二度以上転嫁されることを租税の更転という。

④　租税の消転

　租税は，究極的に誰かが負担することになるが，その租税が課された後，そのことにより企業の能率が良くなった等の効果が生じることによって，租税が課される前の状態と，租税が課された後とを比較してみて誰の負担も増加していないような場合も生じる。そのようなことを租税の消転という。

（3）転嫁の可能性

　租税の立法上，租税の転嫁が実際上容易に行われうるものであるかどうかということを検討することは重要なことである。租税の転嫁と帰着については，従来，租税負担者の面だけから検討されてきたのであるが，最近では，国民経済の安定を図るため，金融政策とともに，どのような財政政策を採るべきかが，財政学上の主要なテーマとなってきたことに伴い，歳出面の経済的効果と併せて，財政収支は一般的効果の面から検討するようになってきている。

　なお，消費税法の条文では転嫁という用語は用いられていない。また，納税義務者は，消費者ではなく，事業者である。

1.4 租税の基本原則

1.4.1 アダム・スミスの租税原則

租税原則とは，どのような租税をどのような理念に基づき課すべきかといった税制の準拠すべき一般的基準を説明したものであり，租税原則は配分原理を根底に置きながら，ほかのいくつかの点をも考慮に入れている。さらに，この租税原則は時代によって，そしてその政治的，社会的，経済的背景等によって変化してきた。換言すれば，経済の変化に対応して租税の果たす役割が変わり，それに応じて租税原則も変化するということである。租税論において重要な地位を占めてきた代表的なものとして，アダム・スミス，ワグナー，マスグレイブの租税原則が有名であるが，ここでは「国富論」および「見えざる手」で有名なアダム・スミスの租税原則を取り上げる。

アダム・スミスの租税4原則は次のとおりである。

① 公平の原則

税負担は各人の能力に比例すべきこと。換言すれば，国家の保護の下に享受する利益に比例すべきこと。

② 明確の原則

租税は恣意的であってはならないこと。支払時期，方法，金額が明白で，平易なものであること。

③ 便宜の原則

租税は，納税者が支払うのに最も便宜なる時期と方法によって徴収されるべきこと。

④ 最小徴税費の原則

国庫に帰する純収入額と人民の給付する額との差はなるべく少なくすること。

1.4.2 国際的整合性

従来の租税原則は上記のとおりであるが，これだけでは十分とはいえない。

　近年，経済社会のグローバル化，ボーダーレス化が一層進展しており，公平・中立・簡素の基本的考え方を反映した税制が，同時に国際的な整合性を保っているのかについても検討する必要が生じてきている。金融取引のように，ボーダーレス化が特に進んでいる分野では，税制の中立性の確保が国際的な整合性という観点からも重要であると考えられる。各国の税制はその国の歴史，文化，経済，社会の仕組み等を反映して構築されてきたものである。国際的な整合性を保つということはむろん各国が同一の税制を設けるというわけではなく，税負担率の水準や課税バランスも念頭に置く必要がある。しかし，各税目の仕組みや負担水準が各国間で大きく乖離したものになっているとすれば，国際的な競争力，経済の活力といった観点から問題が生ずる可能性がある。したがって，租税制度を整えるに際し，国際的整合性にも十分配意しなければならない。

1.4.3　租税法の基本原則

　租税法の主要な基本原則としては，次のように租税法律主義と租税公平主義がある。

（1）租税法律主義

　日本国憲法第 30 条では租税に関して，「国民は，法律の定めるところにより，納税の義務を負ふ。」と規定している。また，同第 84 条は「あらたに租税を課し，又は現行の租税を変更するには，法律又は法律の定める条件によることを必要とする。」と規定している。

　近代の民主国家においては，かつての封建時代のように国民の知らないうちに課税されること，あるいは，特定の者だけに租税を課されることはありえない。**租税法律主義**とは，租税は必ず国民の代表である国会の議決，すなわち，法律によって規定されなければならないということである。租税に関する法律は，一般に租税法と総称されているが，それには，誰に（納税義務者），どのようなことについて（課税対象），どのような場合（租税帰属関係），どれだけ（税率）租税が課され，いつどこへ納付すべきか（納付手続）等の事項が，具体的に規定される。

　それによって，行政機関が自由裁量により課税を行うことを排除している

のである。したがって，税務行政は，必ず法律に基づいたものであり，税務当局は法律に規定されたところにより執行しなければならない。

　租税法律主義に関しては，租税立法や違憲審査の基準，租税の公平性について給与所得者にも実額による経費控除を求めて争われた，いわゆる大島訴訟（「サラリーマン税金訴訟」ともいわれる）判決において，「およそ民主主義国家にあつては，国家の維持及び活動に必要な経費は，主権者たる国民が共同の費用として代表者を通じて定めるところにより自ら負担すべきものであり，我が国の憲法も，かかる見地の下に，国民がその総意を反映する租税立法に基づいて納税の義務を負うことを定め（30条），新たに租税を課し又は現行の租税を変更するには，法律又は法律の定める条件によることを必要としている（84条）」[3] と述べられている。

(2) 租税公平主義

　租税公平主義とは，租税負担は国民の担税力に応じて公平に配分されなければならず，各種の租税法律関係において国民は平等に取り扱われなければならないという原則であり，租税平等主義ともいわれる。これは，憲法第14条第1項の規定に基づくものであり，担税力に応じた課税と，課税の公平性ないし中立性を要請するものである。

　租税負担の公平といった場合，水平的公平と垂直的公平という二つの概念がある。前者は，経済力が同等の人々は等しく負担すべきであるとする考え方であり，後者は，大きな経済力を持つ人はより多く負担すべきであるとする考え方である。最近では，この二つの概念に加え，世代間の公平という視点も重要になってきている。

(3) 租税法律主義と租税公平主義

　租税法律主義と租税公平主義は相互に関連しているが，相反することもある。例えば，納税者が行ったいわゆる**租税回避行為**（租税法において明確に禁止する旨規定されていないことを利用して租税を回避しようとする行為）に対し，税務当局は租税回避を行っていない納税者との公平性の観点から，すなわち租税公平主義に基づき課税を行うが，納税者は租税法に明確に規定され

---

[3] 最高裁昭和60年3月27日大法廷判決（民集第39巻2号247頁）。

ていないことを根拠に，すなわち租税法律主義に基づき反論し，場合によっ
ては訴訟に持ち込まれることがある。

1.5　租税体系

　租税は，多くの税がほかの税の短所を補い，互いに補完しながら租税全体
として一つの体系をなしており，そのような体系を「租税体系」という。

1.5.1　現行の租税体系
　1988（昭和63）年前後の抜本的税制改革から1994（平成6）年の税制改革
を経て現在に至る流れにおいて，現在の租税体系は，所得課税を中心としつ
つ消費課税にウエイトをやや移してきている。少子・高齢化社会においては，
勤労世代が人口に占める割合が小さくなるから，勤労世代に限らずより多く
の人々が社会を支えていかなければならないことがその背景にある。資産課
税についても，税負担の公平性の確保などの見地からその適正化が図られて
きている。
　国税と地方税とを含めた現在の租税体系は，**図表1.2**のとおり，所得税，法
人税を基幹としつつ，これに相続税，贈与税などの財産税，酒税，消費税，揮
発油税等の一般的総称としての消費税，印紙税，登録免許税などの流通税が
あり，さらに地方税である住民税，事業税，固定資産税等をもって構成する
体系になっている。

1.5.2　租税体系についての考え方
　租税体系は通常複数の租税の組み合わせにより構築されるが，それらを構
成する税の分類方法として，経済力の指標である課税ベースからみる見方が
あり，通常，所得・消費・資産等が課税ベースとしてあげられる。
（1）所得課税
　所得は，ある人が一定期間内に資源を消費したり，あるいは自己の資産に

図表 1.2　現在の租税体系

		課税形態	区　分	分　類	税　　　　目
国税			普通税	収得税	所得税，法人税
				財産税	相続税，贈与税
				消費税	酒税，消費税，揮発油税，石油ガス税，航空機燃料税，石油石炭税，たばこ税，関税
			目的税		地方道路税（地方贈与税），電源開発促進税
			普通税	流通税	登録免許税，印紙税，自動車重量税，とん税，特別とん税（地方譲与税）
地方税	都道府県税	直接課税形態（都道府県が直接課税するもの）	普通税	収得税	都道府県民税，事業税，道府県法定外普通税
				財産税	自動車税等
				消費税	都道府県たばこ税，ゴルフ場利用税，地方消費税等
				流通税	不動産取得税等
			目的税		自動車取得税，軽油引取税等
		間接課税形態（国が課税して都道府県に贈与等するもの）	交付税		所得税，法人税，消費税，酒税，たばこ税の一部
			贈与税		地方道路贈与税，石油ガス贈与税，航空機燃料贈与税
	市区町村税	直接課税形態	普通税	収得税	市区町村民税等
				財産税	固定資産税，特別土地保有税，軽自動車税等
				消費税	市区町村たばこ税等
			目的税		都市計画税，事業所税，入湯税等
		間接課税形態	交付税		所得税，法人税，消費税，酒税，たばこ税の一部
			譲与税		地方道路贈税，石油ガス贈与税，航空機燃料贈与税等

新しい価値を付加したりすることを自由な選択により実行しうる全体的な経済力を示すとも考えられ，従来から担税力の指標として認められてきた。

（2）消費課税

　経済力を反映する課税ベースとして消費が用いられてきた。これは，①消費は個々人のライフサイクルに応じて行われるものであり，所得に比べて長期的な経済力を示す，②消費課税は生涯にわたって負担を行うためライフサイクルにおける税負担の偏りを縮小する性格を持つ，③資産を取り崩して高

い生活水準を維持している人にも税負担を求められる，といった点があるためである。

（3）資産課税

　経済社会のストック化，国際化により資産を課税ベースとして重視すべきか否か議論が高まっている。これは，①資産の保有自体に効用がある，②富の集中防止・再配分や資産格差の是正の観点から資産にも課税すべき，③所得課税，消費課税の補完として資産課税は必要，といった考え方がある一方，資産課税は資本蓄積を低下させ，長期的成長率を低下させるのではないか等の懸念が提起されている。

1.6　租税特別措置

　日本では，経済政策上の理由により租税特別措置法その他の法律によって，多くの租税特別措置が設けられている。このように租税を特別に免除したり，あるいは軽減したりして，いろいろな政策目的を実現しようとする傾向は強い。これらの各種特別措置の大部分は，国の重要施策として，一時的に税負担の公平を害しても，なお必要であると認められたために設けられたものである。しかし，これらの特別措置については，それが設けられた当時は相当の理由があったとしても，その後の社会経済情勢の変化に従って，既にその役割を果たしたと認められる時期が来れば順次廃止していくべき性質のものであり，毎年度，税法改正の再整理，合理化が行われている。

　租税特別措置は，その名のとおり特別かつ臨時のものである。しかし，長年継続されているものも多い。交際費等の損金不算入に関する規定は，1954（昭和29）年以来長期間にわたり継続されている。また，国際課税の分野では，租税回避対策税制が租税特別措置法に規定されている。すなわち，移転価格税制，外国子会社合算課税（いわゆる「タックス・ヘイブン対策税制」），過少資本税制等である。長期間継続するのであれば，本来，所得税法，法人税法等の一般法に規定すべきものであり，安易に租税特別措置法に規定すべきで

はない。

　次に，現在行われている租税特別措置のうち重要なものとして，次のものがあげられる。

① 貯蓄の奨励（老人等の少額貯金の利子所得に対する非課税，配当所得に対する課税の軽減など）
② 環境改善
③ 地域開発の促進（公害防止施設などについて通常の減価償却より有利な特別償却を認める措置，土地建物等の譲渡による長期譲渡所得の分離課税など）
④ 資源開発の促進（再商品化設備などについて通常の減価償却より有利な特別償却を認める措置など）
⑤ 技術の振興
⑥ 設備の近代化（試験研究費が増加した場合の税額控除など）
⑦ 内部留保の充実
⑧ 企業体質の強化（青色申告者に対する特別の控除など）
⑨ 給与等の支給額が増加した場合の法人税額の特別控除
⑩ デジタルトランスフォーメーション投資促進税制

1.7　財政に占める租税

1.7.1　財　政

　日本の財政は，会計について単年度主義を採用しており，支出面を歳出，収入面を歳入として会計年度ごとに経理している。歳入，歳出の内容は，一般会計予算として毎年度編成され，内閣によって国会に提出され，その審議を受け，議決を経ることになっている。一般会計予算のほか，特別会計と政府関係機関の予算についても同様の手続がとられている。租税法律主義の下で，課税の要件については法律で規定されるが，その法律の適用により毎年度どのくらいの税収が国庫に入ってくるかの見積もりが行われ，予算の歳入

に計上される。税収は一般会計歳入の根幹をなすものであるが，歳入には税収のほかに，公債金収入と税外収入などがある。公債金収入とは，国債や地方債を売却して得られるもので，いわゆる国の借金である。毎年度の歳入見積もりが行われるタイミングに合わせて，毎年度税制改正が行われる。税制改正は**税制調査会**[4]に諮り，その答申に沿って行われるのが通常である。

　2023 年度一般会計予算（歳入および歳出）によれば，一般会計歳入総額 114.38 兆円のうち租税および印紙収入額は 69.44 兆円（60.7％）であり，このうち消費税が 23.38 兆円（33.7％），所得税が 21.05 兆円（30.3％），法人税が 14.60 兆円（21.0％）となっており，これら 3 税で租税等収入額の 85％を占めている[5]。

1.7.2　タックスミックス

　所得課税，資産課税は垂直的公平を図る上で優れている一方，消費課税は負担の水平的公平を図る上で優れているなど，課税ベースによって各々長所を有する反面，何らかの問題点を有し，税収が特定の税目に依存しすぎる傾向がある。そこで，所得，消費，資産等といった課税ベースを適切に組み合わせつつ，全体としてバランスのとれた租税体系を構築する必要があるとする考え方があり，これを「**タックスミックス**」という。かつて直接税と間接税の比率について「**直間比率**」との用語が使われ，7：3 とか 6：4 といわれたことがある。

　税制に係る提言を行っている税制調査会の「これからの税制を考える—経済社会の構造変化に臨んで」（1997 年 1 月）においては，「増加する国民負担を税で賄っていく場合，所得・消費・資産等に対してどのように税負担を求めていくのが適当でしょうか。少子・高齢社会の姿に対応して，所得・消費・資産等に対する課税のメリット，デメリットを勘案し，その適切な組合せを考えていくことが大切です。」と説明されている[6]。将来のタックスミックス

---

[4] 内閣総理大臣の諮問機関で各界の有識者によって構成される。

[5] 予算等については財務省ホームページに記載されている。

[6] 内閣府ホームページ（https://www.cao.go.jp/zei-cho/history/1996-2009/etc/1997/zeichob3.html）

について議論されているが，無関心な者も多い。納税者である国民の負担に関することであるから日頃から関心を持つべきである。

●コラム1　米国独立戦争等歴史の転換点となった課税

　18世紀後半に発生した米国独立戦争は，英国が行った課税強化を契機として始まったといえる。この課税に関する反対運動の中で，"No taxation without representation（代表なくして課税なし）"との有名な言葉が生まれた。この背景には，①自分たちの代表がいない中で決められた租税は，納める必要はなく，②国家を支えるためには自分たち一人ひとりが税を納めなくてはならない，との考えがある。

　世界史の中では，このほかにもフランス革命のように国民に重税を課したことが契機となって国民が反発し発生した出来事がある。一方，日本史の中でも租税に関して，律令国家による「租・調・庸・雑徭」，課税台帳を整備した「検地」，物納から金納への転換を図った「地租改正」，申告納税制度を導入した「シャウプ勧告」などといった重要な出来事が発生している。このように「租税が歴史を変える」といっても過言ではない。租税の観点から歴史を見直してみることも有益である。

● 練習問題 ●

1.1　租税の意義について説明しなさい。

1.2　租税の転嫁について説明しなさい。

1.3　租税法律主義と租税公平主義について説明しなさい。

1.4　将来のタックスミックスのあり方について自己の見解を述べなさい。

第2講

租税制度（Ⅱ）

　前講に引き続き租税制度について取り上げるが，本講では，租税法の法体系，申告納税制度（および賦課課税制度），加算税・附帯税について学習する。税務会計の理解のために，法人税を含めた租税法の体系，法人税の納税方式である申告納税制度等を理解する必要がある。

2.1　租税法の法体系

2.1.1　法体系の中における租税法の位置

　租税法という名の法律は存在せず，所得税法，法人税法，相続税法，消費税法といった個別税法，国税通則法，国税徴収法といった租税に関する共通法などを総称して**租税法**という。租税法は，租税の納付に関する国と国民との間の法律関係を規定する公法であり，日本国憲法を頂点に構成されている。租税法との関連において，憲法は基本法の立場にあり，第30条で納税の義務を規定し，第84条で租税法律主義の原則を規定している。

　国の行う課税処分等は民事上の法律行為とは異なり，行政処分であるから，それに対して行政法の一般理論が適用される。また，租税は，その課税対象が国民の経済活動に求められるものであることから，次のとおり他の多くの私法，特に民法，会社法に関係するところが大きい。

　①　相続税法は民法の親族，相続編に規定されている制度を前提としてい

るため，その理解なくしては，税法の十分な把握は得られない。

② 国税徴収法は租税債権の確保を図る目的で，滞納者の財産に対する国の徴収手続を規定した法律であるが，私法秩序を不必要に乱すことのないよう調整が行われるため，私人間の債権債務関係を規定する民法および民事執行法との関連が深い。

③ 法人税法は企業活動から生まれる所得に課税しているため，会社法等と深い関連があり，収益などについての計算規定で会社法と異なる部分については，調整が図られている。

④ 行政上の処分に対し不服がある場合の不服申立てや訴訟などについては，一般法として行政不服審査法および行政事件訴訟法があるが，税務の特殊性から税務官庁の処分に対する不服の救済については国税通則法の規定するところによっている。そして，国税通則法に規定のない場合は，前述の一般法が適用される。すなわち，国税通則法は行政不服審査法や行政事件訴訟法の特別法に当たるわけである。

このように租税法と他の法律とは，ある場合には補い合い，ある場合には競合し，対立するなどの密接な関連を有しているので，租税法を理解するためには，関連のある他の法律についても，十分に理解しておくことが必要で，租税法とその法律がどういう関連にあるかを常に念頭に置くことが重要である。

2.1.2 租税法の種類とその内容

租税法は，内国税の場合，各税目についてそれぞれ単独の形で規定されているほか，いくつかの共通法が規定されている。

(1) 国税通則法

国税通則法には，国税の納税義務の成立，確定，納付，徴収，納税の猶予，国税の還付，不服申立て等各税の基本的な事項や共通的な事項が規定されている。

(2) 個別税法

各税法では，納税義務者，課税対象，税率などを具体的に規定しているが，これは1税目1税法が建前となっており，次の種類がある。

① 直接税関係

所得税法，法人税法，相続税法（これには，相続税と贈与税が規定されている），地価税法（ただし，1998（平成10）年以降，当分の間課税されないこととなっている。）

② 間接税（消費税）関係

酒税法，消費税法，揮発油税法，地方道路税法，石油石炭税法，石油ガス税法，航空機燃料税法，電源開発促進税法，たばこ税法

③ その他（流通税）関係

登録免許税法，印紙税法，自動車重量税法

以上のほかに，他の目的で制定された法律において，租税を課する旨の規定を置いているものがある。

(3) 租税特別措置法

上記の各税法の一般的な規定とは別に，特殊な場合の課税制度を規定している租税特別措置法がある。この法律は，経済政策や社会政策上の見地から，個別税法による課税の場合よりも税負担が軽く，または重くなるような課税の特例を規定したものである。その中には，直接税だけに限らず，間接税などの各税も含まれているが，主要なものは所得税と法人税の特別措置である。これらの特別措置は，本来2年ないし3年の期間に限られたもの（「時限立法」という）であるが，諸事情によってその期間の更新延長が行われている。租税特別措置法と個別税法とで，取扱いが異なる場合は，租税特別措置法の規定が優先される。

(4) 国税徴収法

各税法または租税特別措置法によって課税された租税について，その徴収を図る手続を規定したものとして，国税徴収法がある。国税通則法に，国税の納付および徴収についての一般的な規定があるが，租税収入の確保という観点から主として滞納になった租税の徴収手続を規定したのがこの法律である。したがって，その内容は，滞納処分としての財産の差押えや公売が主なもので，そのほか滞納処分を猶予したり，停止したりする場合の要件や手続も含まれている。

(5) その他

　納められた租税をどう取り扱うかということを規定したものとして,「国税収納金整理資金に関する法律」がある。租税は, いったん整理資金という一種の仮勘定に受け入れられ, その資金から納めすぎになった租税や誤って納められた租税(「過誤納金」という)を差し引き, その残額を歳入に組み入れることになっている。こうした手続を規定したのがこの法律であり, 収納事務を行う部署において, 極めて重要なものである。

　さらに, 納税者が災害を受けた場合の取扱いを規定したものに,「災害被害者に対する租税の減免, 徴収猶予等に関する法律」(「災害減免法」という)があり, その名前の示すとおり, 被災者の租税の軽減や免除, 徴収猶予について規定したものである[1]。その対象となるのは, 直接税では, 所得税と相続税, 贈与税であるが, 特に給与所得者(いわゆる「サラリーマン」)等の源泉徴収される所得税については, 既に納めた分についての還付までを規定している。間接税では, 災害を被った課税物品について, 軽減の規定が置かれている。その税目は, 酒税, 揮発油税, 地方道路税, 石油ガス税, 石油石炭税, たばこ税である。

(6) 国税犯則取締法

　国税犯則取締法は, 悪質な脱税者に対する取締手続, 例えば直接税における査察(いわゆる「マルサ」)や, 間接税における犯則取締りの方法を規定していた。一般の税務における調査や検査と異なって, 査察等の場合は犯則嫌疑者に対するものであるため, 調査や検査の方法は強制的なものとなる。すなわち, 臨検, 捜索, 差押え, 開扉等であるが, これらの手続を規定し, また犯則の証拠をつかんで, 検察当局に告発する手続を規定したのがこの法律であった。間接税関係における通告処分[2]なども, これに規定されていた。

　しかし, 2018(平成30)年4月1日に廃止され, 内容は国税通則法第11章

---

[1] 阪神・淡路大震災の被災者等の負担の軽減を図る等のため,「阪神・淡路大震災の被災者等に係る国税関係法律の臨時特例に関する法律(平成7年法律第11号)」が制定された。また, 東日本大震災の復旧, 復興のため,「東日本大震災からの復興のための施策を実施するために必要な財源の確保に関する特別措置法(平成23年法律第117号)」が制定された。

[2] 通告処分とは, 犯則の心証を得たとき罰金相当額につき納付を命ずる行政処分のことである。なお, 租税犯に対する罰則は, 各税法にそれぞれ規定されている。

（犯則事件の調査及び処分）に編入されている。

（7）租税条約

　経済活動の国際化に伴い，諸外国との間の各税の賦課徴収関係の調整など
を図るため，各国と租税条約が締結されている。租税条約の規定と国内法の
規定が異なる場合，租税条約の規定が優先して適用される[3]。［租税条約につ
いては**第 13 講**参照。］

2.1.3　租税法の分類

　租税法を内容的にまとめてみると，次の四つに分類される。

①　各税目に課税要件などを規定する実体法（**租税実体法**）

②　賦課徴収など租税債権の実現のための手続を規定する手続法（**租税手
続法**）

③　不服申立てや訴訟など，納税者の権利救済を規定する救済法（**租税救
済法**）

④　租税法違反に対する罰則等を規定する処罰法（**租税処罰法**）

　②の租税手続法としては，租税の納付や徴収などの共通事項を規定した国
税通則法および国税徴収法があり，③の租税救済法には国税通則法がある。
これらは①の各個別の税法に対する関係では，租税の納付，徴収，納税者救
済の面での一般法としての立場に立つ。また，国税通則法と国税徴収法相互
の関係は，国税徴収法が税の徴収に関し，滞納者に対する手続を規定してい
る点で国税通則法に対して特別法に立つが，反面，国税通則法に納税の猶予
など滞納処分の例外規定が設けられている面からすると，国税徴収法の特別
法ともいえるので，どちらが一般法でどちらが特別法かは一義的には論じら
れない関係にある。④の租税処罰法については，各個別税法に規定されてい
るほか，悪質な脱税者に対しての国税犯則取締法があることは前述のとおり
である。

---

[3] 憲法第 98 条第 2 項。

2.1.4　個別税法と租税特別措置法の関係

　所得税法，法人税法等の個別税法と租税特別措置法の規定が異なる場合はどのように取り扱われるか。一般法である個別税法に対し特別法である租税特別措置法の規定が優先適用される。例えば，交際費等について，法人税法では何ら規定されていないが，租税特別措置法の中に取扱いに関する条文があり，それが適用されることとなる。

2.1.5　政令・省令等

　経済社会は，常に進歩し，複雑化している。そうした中，複雑かつ多方面にわたる経済取引をすべて法律だけで規定することは極めて困難である。そこで，法律が委任するところにより，または，法律を実施するために，政令または省令が制定されている。これらの政令または省令は，法律を補足するものであり，法律と同じような形式で成文化されたものである。政令は，内閣が制定するものをいい，省令は，各省大臣が規定するものをいう。これらは，法律と同じく国の規則であり，法律と同様に守らなければならないものである。

(1)　法　令

　通常，法律，政令，省令の全部を総称して**法令**という言葉が使われている。租税法の中に「……の規定の適用に関し必要な事項は，政令で定める。」，「……その他財務省令で定める事項を記載した……」という文言が出てくるが，これは，法律が政令または省令で定めることを委任しているものである。こうした場合には，必ず政令なり省令なりでその事項が具体的に規定されている。

　政令や省令は，先に掲げた各税法に対応して，おおむね一つずつあり，対応関係は**図表2.1**のようになる。

(2)　告　示

　法令のほかに，**告示**がある。これは，各省大臣や外局の長が，その機関の所掌事務について法令の規定に基づいて必要な事項を決定し，広く一般に知らせるために公示するのが通例で，この告示は，法令の延長という性格を持ち，国の規則の一部とみられることになる。国税関係では，原則として，法

図表2.1　政令と省令

政　　令	省　　令
国税通則法施行令	国税通則法施行規則
〔直接税関係〕	
所得税法施行令	所得税法施行規則
法人税法施行令	法人税法施行規則
	減価償却資産の耐用年数等に関する省令
相続税法施行令	相続税法施行規則
〔間接税（消費税）関係〕	
酒税法施行令	酒税法施行規則
消費税法施行令	消費税法施行規則
揮発油税法施行令	揮発油税法施行規則
地方道路税法施行令	
石油石炭税法施行令	
石油ガス税法施行令	石油ガス税法施行規則
航空機燃料税法施行令	
電源開発促進税法施行令	
たばこ税法施行令	たばこ税法施行規則
〔流通税関係〕	
登録免許税法施行令	登録免許税法施行規則
印紙税法施行令	印紙税法施行規則
自動車重量税法施行令	自動車重量税法施行規則
〔その他〕	
租税特別措置法施行令	租税特別措置法施行規則
国税徴収法施行令	国税徴収法施行規則
国税収納金整理資金に関する法律施行令	国税収納整理資金事務取扱規則
災害減免法（略称）の施行に関する政令	

律または政令の規定に基づく告示は財務大臣が行い，省令の規定に基づく告示は国税庁長官が行っている。

（3）国民への公表

　法律に限らず，政令，省令，告示は，その制定と施行について，一般国民に公表されなければならないものである。この公表の形式は，現在では官報で公布するという方法で行われている[4]。

2.1.6 訓令と通達

　訓令と通達は，国税庁長官または国税局長が，国家行政組織法第 14 条第 2 項に基づいて下部機関や職員に対して発する職務上の命令であり，税務職員は，それによって職務を行わなければならない。**訓令は職務基準**であり，**通達は法令の解釈を行ったもの**である。訓令と通達の相違は，形式上のものであって職務命令という本質的な点からいえば相違ない。本来，通達は税務当局内のものであり，納税者を拘束するものではないが，実務上納税者も通達を法令の解釈として用いている。

(1) 訓　令

　訓令は，法令と同じような形式で規定され，そのすべてが例規となる。例規とは，一般的，基本的な先例準則となるものをいい，つまり税務職員にとっては，法令等の国の規則に準ずるものになるわけである。国税庁には，国税庁の行政文書の取扱いに関する訓令および国税庁事務分掌規程が規定されている。なお，国税局長の出す訓令は，各税事務の執行方法が上記のように国税庁訓令で規定されるため，文書取扱いなど機構関係のものに限られている。

(2) 法令解釈通達・事務運営指針（例規通達）

　例規通達は，法令や訓令と異なった形式で，国税庁長官が下部機関である国税局長に対し，また国税局長が下部機関である税務署長に対して，それぞれあて名を明示して行う命令である。長官通達は，国税局長を通じて税務職員全般に対する命令となる。例規通達は，通達のうちでも先例準則となるものであるから，一度規定されるとそれが改廃されるまでは効力を有することとなる。これは従前においては例規通達として一くくりにされていたが，1998（平成 10）年 12 月の文書取扱規程の改正により，法令の解釈を行う法令解釈通達と業務のやり方を規定している事務運営指針の二つに分類されている。

　① **法令解釈通達**　　法律の解釈は，各人がそれぞれ行うことであるが，人によって解釈が異なれば混乱を起こすことになる。特に税務では，前述の

---

4 国立印刷局により，電子化された官報がホームページで発行されている（https://kanpou.npb.go.jp）

とおり経済社会の発展に応じていろいろ複雑な事例が発生するので，租税法解釈は，非常に難しいことになる。それは，税務職員個々の見解であってはならず，また納税者独自の考え方であってもならない。内容は租税に関することであるから，公平で妥当な法律解釈が統一的に行われなければならない。国税庁は租税法解釈の統一を行い，国税庁長官が国税局等の下部機関に命令して税務職員が行う税法運用の統一を図っており，これが**法令解釈通達**である。法令解釈通達は，租税法の解釈であるから，法令違反はもちろん，法令の意図する範囲を越えてはならない。したがって，法令解釈通達を適用して更正等の処分を受けた納税者は，通達による取扱いが法令解釈からみて誤りだと考えれば，それを不法として不服申立てをしたり，訴訟を起こしたりすることができる［**第15講**参照］。

　法令解釈通達は，その形式により**基本通達**と**個別通達**の二つに分かれ，内容は**図表2.2**のとおりである。

　基本通達のうち，主要なものとして，国税通則法基本通達，所得税法基本通達，法人税法基本通達，相続税法基本通達，財産評価基本通達，消費税法基本通達，酒税法および酒類行政関係法令等解釈通達，国税徴収法基本通達が規定されている。基本通達であれ個別通達であれ，法令解釈通達は公表されている。なお，通達は法令ではないことから，通達に基づいた課税は租税法律主義に沿っていないこととなる。

　②　**事務運営指針**　　**事務運営指針**とは，事務運営すなわち，仕事のやり方を示した通達であるが，通常事務運営は随時状況に応じて変更されるものであるから，例規通達となるのは，相当定型化したものに限られる。近年，国

図表2.2　基本通達と個別通達の内容

種　類	内　容
基本通達	基本的に重要な事柄を網羅的に規定したものであり，したがって各税法に一つずつ発遣されており，多くの内容が盛り込まれているのが特徴である。
個別通達	個別の事例の取扱い，税法改正時における取扱いを個々に規定したものであり，個別税法ごとに多くのものが発遣されている。

税庁は事務運営指針を多発している。

　③　指　示　　指示とは，事務運営に関する通達のうち事務運営指針以外のもので，例規通達とならないものである。すなわち，一時的な取扱要領を示すものなど，1年限りの執務要領を規定したものである。したがって，個別的，具体的な命令事項が多い。そこで指示は，その全部が事務運営に関する通達ということができる。

　以上のように訓令，通達は，種類が多く，その内容も膨大なものになっている。税務会計を理解するには，法令を理解する必要があるが，実務においては通達を理解する必要がある。

　なお，近年通達とは別に国税庁が「文書回答事例」を公表しており，留意する必要がある［第15講参照］。

2.1.7　税制改正

　税制改正は，租税法の改正という形で行われる。法人税法の場合「法人税法の一部を改正する法律（案）」[5] として，国会に上程され，その議決を経て改正法として施行される。税制改正は，歳出歳入予算と同時に行われるものであり，国の会計年度に合せて3月末に改正が行われ，4月1日から施行となるのが通例である。

　租税法の改正と同時に政令や省令も改正される。租税関係の政令は，財務大臣が閣議に提出し，閣議を経た後，関係各大臣の署名と内閣総理大臣の連署を済ませることによって成立する。これに対し，省令は，財務大臣の署名だけで足りる。政令も省令も共に官報で公布されるが，形式は，法律と同様であり「○○○令の一部を改正する政令」または「○○○規則の一部を改正する省令」等である。施行日は，税制改正と合せて4月1日とされ，その旨が附則で規定される。このような政令と省令は，会計年度に合わせて改正されるのがほとんどであるが，省令については随時に改正が行われることもある [6]。

---

[5] 時には「○○○法の全部を改正する法律」とされることもある。

[6] 省令は，国会の議決を必要とせず，また重要度が少なくて決定手続が比較的に単純であるからである。

　租税法改正や政令，省令の改正が行われると，解釈通達を発遣（公表）する必要が生じ，また，執行通達も変更しなければならない場合が生じる。そこで改正法の施行に伴う新通達を発遣するなり，基本通達を改正するなりの措置が採られる。

　以上のように租税関係の法令，通達等は毎年改正されるので，留意する必要がある。

2.2　申告納税制度と賦課課税制度

　課税方式として，申告納税制度（申告納税方式）と賦課課税制度（賦課課税方式）がある。

2.2.1　申告納税制度

（1）申告納税方式の国税

　申告納税方式（Self-assessment method）は，納付すべき税額が納税者の納税申告によって確定することを原則とし，その申告がない場合またはその申告が不相当と認められる場合に限って，税務署長の決定または更正によって確定する方式である（通法 16 ①一）。申告納税方式によって，納税者に申告義務が課せられている国税には，申告所得税[7]，法人税，相続税，贈与税，消費税，酒税，揮発油税，地方道路税，石油ガス税，石油石炭税，たばこ税，電源開発促進税，航空機燃料税，印紙税（印法 11 および 12 に掲げるものに限る）などがある。

（2）納税申告

　各税目共通の呼び名として**納税申告**というが，法人税は**確定申告**という。納税申告には，期限内申告，期限後申告，修正申告がある。

　①　期限内申告　　納税者は，国税に関する法律の規定するところにより，

---

[7] 本来，所得税は一つであるが，申告所得税，源泉所得税に区分して用いられる。

課税標準等および税額等を記載した納税申告書を，法定申告期限までに，税務署長に提出しなければならない。この納税申告書を**期限内申告書**という（通法17）。なお，還付を受けるための申告書（所法122①）は，ここにいう期限内申告書には含まれない。

②　**期限後申告**　申告義務を負う納税者は，申告書の提出期限を経過した後でも，税務署長の決定があるまでは，いつでも納税申告書を提出することができる。この納税申告書を**期限後申告書**という（通法18）。期限内申告との相違は，その申告書が法定申告期限内に提出されたか否かであり，申告書の記載事項および添付書類は何ら相違ない。

③　**修正申告**　納税申告書を提出した者は，その申告税額が過少であることなどを理由として，税務署長の更正があるまでは，課税標準等または税額等を修正する納税申告書を提出することができることになっており，この納税申告書を**修正申告書**という（通法19①③）。さらに，税務署長の更正または決定した税額が過少であるとき，純損失の金額または還付金の額に相当する税額が過大であるときなども，修正申告書の提出ができる（通法19②③）。

このように修正申告は，既に確定した税額に不足があるか，純損失の金額（いわゆる赤字金額）が過大であるときなどに限られ，税額が過大であったとする修正申告書を提出することは認められず，その場合には**更正の請求**（通法23①②）を行わなくてはならない。

(3)　納税申告の性格

申告納税方式による国税の課税標準等や税額等は，国税に関する法律の規定するところにより納税義務の成立の段階で既に客観的に定まっているのであり，納税申告は，納税者が課税標準等や税額等の計算を行い，法定の方法に従って税額を算定した上，これを税務署長に通知する行為をいう。申告納税方式による国税にあっては，納税申告により，納税者の納付すべき税額が第一次的に確定する。

2.2.2　賦課課税制度

(1)　賦課課税方式の国税

賦課課税方式（Official-assessment method）は，税務署長の賦課決定により

納付すべき税額が確定する方式であるが，申告納税方式によることが困難な国税について例外的に採用されている。なお，固定資産税，自動車税等地方税では，賦課課税方式によるものが多い。

賦課課税方式による国税は，次のとおりである。

①　密造酒の製造者または不法所持者に課される酒税（酒法54⑤⑥）など，法律により規定された条件に違反したこと，違法な行為があったことその他の特殊な事情により，適正な申告納付を期待できないもの。

②　行政制裁として課される国税であって，本質的に申告納税方式になじまない各種の加算税（通法65〜68）および過怠税（印法20①②）。

ところで，賦課課税方式による国税のうち，課税標準申告を行うものがある（通法31①，33③）。この申告は，単に賦課決定に当たっての参考資料となるにとどまり，納付すべき税額を確定する効果を持たない点で納税申告と異なる。

（2）賦課決定

①　**賦課決定する事項**　賦課課税方式による国税の確定手続を**賦課決定**という。賦課決定は，図表2.3の区分に従い，図表2.3に掲げる決定事項について行われる（通法32①）。

なお，税務署長は賦課決定をした後に，その課税標準または納付すべき税額に過不足があることを知ったときは，調査によりこれらを変更する賦課決定を行う（通法32②）。

図表2.3　賦課決定事項

区　分	決定事項
課税標準申告書の提出があった場合において，その申告書に記載された課税標準が税務署長の調査したものと同じであるとき	納付すべき税額
課税標準申告書を提出すべき国税について，その申告書の提出がないときまたはその申告書に記載された課税標準が税務署長の調査したものと異なるとき	課税標準および納付すべき税額
課税標準申告書の提出を要しないとき	課税標準（加算税および過怠税についてはその計算の基礎となる税額）および納付すべき税額

②　賦課決定の手続　　賦課決定は，課税標準と納付すべき税額を記載した賦課決定通知書を送達して行う（通法 32 ③）。この通知書の附記事項は，更正通知書などと同じである（通法 32 ⑤）。なお，前記(1)の①に該当するときは，賦課決定通知書に代えて**納税告知書**を送達する（通法 32 ③かっこ書）。

●コラム 2　申告納税方式と賦課課税方式

　日本では，第 2 次世界大戦前は賦課課税方式が採られ，税務当局が所得を算定し税額を納税者に告知していた。しかし，戦後，シャウプ勧告（1949（昭和 24）年）により，税制を民主化するために所得税，法人税，相続税の 3 税について，申告納税方式が採用され，その後，多くの国税に適用されるようになった。

　この申告納税方式が適正に機能するためには，納税者が高い納税意識（コンプライアンス）を有し，憲法・法律に定められた納税義務を自発的にかつ適正に履行することが不可欠であり，このため税務当局は，納税者が自ら正しい申告と納税が行えるよう，相談，広報等様々な納税者サービスの充実を図ってきた。また，納税者の申告を確認したり，正しい申告へと導いたりするためには，的確な指導と調査を実施するとともに，税理士や関係民間団体などとの協力・協調も必要である。全国ベースおよび各地に組織された税理士会，青色申告会，法人会等の団体がコンプライアンスの維持・向上に大いに役立っているといえる。

　先進国では，多くの税目で申告納税方式を採用しているが，発展途上国では依然として賦課課税方式を採用している国が多い。日本は，自国の経験を基に，発展途上国が申告納税方式に移行できるよう，ODA（政府開発援助）の一環として税務職員を発展途上国に派遣する一方，発展途上国の税務職員を日本に招いて研修を実施するなど数々の支援を行ってきた。発展途上国の税務当局は，申告納税方式のほか，上記の税理士や関係民間団体に関心を示し，自国への導入を検討するケースも散見される。

2.3 加算税・附帯税

2.3.1 加算税の概要

　加算税は，申告納税方式による国税について，法定申告期限までに適正な申告がなされない場合，および源泉徴収による税について，法定納期限までに適正な納付がなされない場合に，その申告または納付を怠った程度に応じて課されるものであり，申告または納付の義務違反に対する一種の行政制裁の性格を有するものである（通法15②十四, 十五）。なお，不適正な申告ないし納付が，脱税犯，無申告犯または不納付犯に該当するときは，併せて刑事罰が課されることとなる。

　加算税制度は，各税に共通的な事項であることから，国税通則法に規定されているが，これは図表2.4のように分類される。

　税務調査の通知前に自主的に修正申告書を提出した場合は，過少申告加算税は課されない。源泉所得税が法定納期限までに納付されない場合に，不納付加算税が課されるのであるが，納付されないことに正当な理由がある場合には，不納付加算税は課されない。酒税，たばこ税，揮発油税，地方道路税，石油ガス税および石油石炭税については，別に通告処分の制度が設けられているので，重加算税の制度は適用しない（通法68④）。

2.3.2 加算税の課税要件

　各種の加算税の適用は，状況によって異なり，課税要件，課税割合などは図表2.5のとおりである（通法65，66，67，68）。なお，各加算税は，課税所

図表2.4　課税方式別の加算税

方　式	課される加算税
申告納税方式による国税	過少申告加算税（通法65），無申告加算税（通法66）および重加算税（通法68①②）
源泉徴収による国税	不納付加算税（通法67）および重加算税（通法68③）

図表2.5　各加算税の課税要件および課税割合

種　類	課税要件	課税割合
過少申告加算税	税務調査の通知以後更正・決定予知前に修正申告書を提出した場合	5%（10%）
	期限内申告で修正申告・更正があった場合	10%（15%）
無申告加算税	税務調査の前に自主的に期限後申告書を提出した場合	5%
	税務調査の通知以後更正・決定予知前に期限後申告書を提出した場合	10%（15%）
	期限後申告・決定があった場合	15%（20%）
不納付加算税	原則	10%
	納税告知を受けることなく法定納期限後に納付した場合	5%
重加算税	原則	35%
	無申告または期限後申告の場合	40%

（注）上記の税率で追徴税額が一定額を超える場合は超える部分についてかっこ内の税率が適用される。

得に対してではなく，法人税額等の本税額に対して課税割合を乗じて算出される。

2.3.3　附　帯　税

附帯税とは，加算税，延滞税，利子税等を総称したものである。

国税が定められた期限までに完納されない場合には，原則として法定納期限の翌日から起算して完納日までの日数に応じて利息に相当する延滞税が課される。また，法人税について確定申告書の提出期限の延長の特例を受けた場合の延長期間等について，延滞税の代わりに利子税が課される。

● 練習問題 ●

2.1　個別税法と租税特別措置法における条文において課税の取扱いが異なる場合，どう課税されるか説明しなさい。

2.2　申告納税制度について説明しなさい。

2.3　修正申告について説明しなさい。

第 3 講
税務会計の基礎と
法人税の概要

　本講では，税務会計の基礎，そして，法人税の概要について学習する。税務会計とは，法人税法等租税法の規定に従い課税所得および法人税額を算出するものであり，「租税法会計」等ともいわれる。そのため，法人税について概要，納税義務者，課税標準，事業年度，納税地，申告等の理解が不可欠である。

3.1　税務会計の基礎

3.1.1　税務会計の概要

　税務会計（Tax accounting）とは，納税者である企業が課税標準である課税所得と税額を算定するために，租税法の規定に基づいて行う会計である。したがって，「租税法会計」または「税法会計」ともいわれる。なお，企業といった場合，法人のほかに個人企業も含まれるが，本書では法人を対象とし，租税法の規定とは実質的に法人税法および租税特別措置法等の規定を指す。

　企業会計は，株主，債権者等の利害関係者に対する報告であるが，税務会計は国・地方公共団体といった公的利害関係者すなわち税務当局に対する報告であって，納税申告の形態をとる。

　企業と利害関係者との関係を簡単に表したのが**図表 3.1** である。

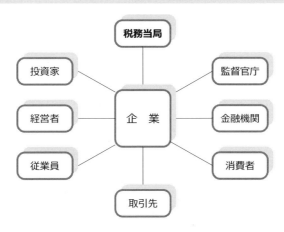

図表 3.1　企業の利害関係者

3.1.2　企業会計と税務会計の関係

(1)　税務会計が企業会計に及ぼす影響

　企業会計における取扱いが不明確な場合は，税務会計に関する規定，すなわち法人税法等の法令および通達に従うこととなる。また，減価償却費や貸倒引当金繰入額のように，税務会計において企業会計と異なる取扱いが行われるものもある。こうした項目について，企業は税務会計における規定を優先させることがあり，これは「逆基準性」といわれる。取扱いが異なることがあるが，税務会計と企業会計は相互に密接に関連し合っているといえる。

(2)　企業会計と税務会計の法的関係

　企業会計と税務会計の背景に法律があり，企業会計は，**会社法**，**金融商品取引法**に，税務会計は**租税法**に立脚している。これらの関係を示したものが図表3.2である。

(3)　トライアングル体制

　かつて，租税法，商法（現在は「会社法」），証券取引法（現在は「金融商品取引法」）の相互関係は，「トライアングル体制」と呼ばれていた。新井清光・白鳥栄一が，「日本では，……しばしばトライアングル体制と呼んでいます。」[1]と述べているように，1970年代までは，これらの関係は蜜月の時代であった

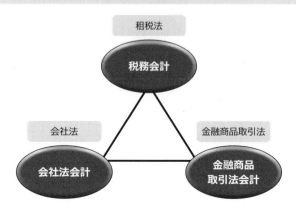

図表 3.2　企業会計と税務会計との関係図

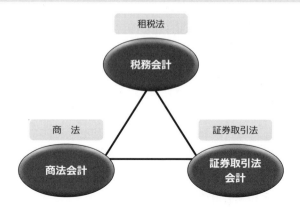

図表 3.3　トライアングル体制

ともいわれていた。トライアングル体制は**図表3.3**のとおりである。

　なお，トライアングル体制ではなく，**図表3.4**のような会計の三層構造[2] と説明されていたこともある。

　しかし，公法である租税法と私法である会社法および金融商品取引法を区

----

[1] 「日本における会計の法律的および概念フレームワーク」JICPA ジャーナル No.435（1991）29 頁。

[2] かつて，金子宏著『租税法』弘文堂では記載されていたが，現在この表現は用いられていない。

図表3.4 会計の三層構造

図表3.5 会計の二層構造

別し，**図表3.5**のように会計の二層構造と考える余地もある。

（4）企業会計と税務会計の乖離

近年，トライアングル体制は崩壊し，1998（平成10）年度の税制改正を契機として，それが一層進んだといわれている。その要因として，①費用収益の計上時期の適正化，②保守的な会計処理の抑制，③会計処理の選択制の抑制・統一，④債務確定主義の徹底，があげられる。

3.2 企業会計上の利益と法人税法上の所得

法人税法上の所得の金額は，基本的には企業会計上の利益の額に相当するものであるが，企業会計上の利益の額は法人税の所得の金額とは異なる。企業会計上の利益は，主として企業の財政状態および経営成績を正しく認識し，配当可能の財源を表示する目的で計算されるのに対し，法人税法上の所得は

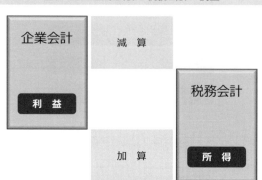

図表 3.6　企業会計と税務会計の調整

　課税の公平，適正な税負担のための調整等を目的とし，さらに産業政策上の目的も加味して計算することとされている。このため，法人税法には，各事業年度の所得の金額の計算の基本的な規定に対する例外規定として，「別段の定め」が設けられている。

　したがって，両者の間にはその目的の違いに応じて必然的に差異が生じることとなる。つまり，企業会計上は収益であっても法人税法上は「益金」とはしないもの，費用であっても「損金」とはしないものがある。逆に，企業会計上は収益としないものであっても法人税法上は益金とするもの，費用としないものであっても損金とするものがある［益金および損金については，第4講以降で詳しく述べる］。

　企業会計上の利益の額にこの別段の定めによる調整を加えたものが，法人税法上の所得の金額となる。法人税法において「別段の定め」として規定されている「益金の額に算入する」，「損金の額に算入しない」，すなわち，利益の額に加算するものと，「益金の額に算入しない」，「損金の額に算入する」，つまり利益の額から減算するもののそれぞれの事項を理解することが重要である（図表3.6）。

3.3 法人税の概要

3.3.1 法人税の意義・沿革

　法人税は，法人の事業活動によって生じた利益（所得）に対して課される租税であり，広い意味の所得税の一種である[3]。個人の所得に対し課される租税が所得税であり，法人の所得に対して課される租税が法人税である。

　法人税の性格に関する考え方として，法人を自然人である個人と並んで独立した納税者であると考える「**法人実在説**」と，法人は株主の集合体であり，独立した納税義務はなく，法人の所得に対する課税は個人の所得税の前払であると考える「**法人擬制説**」の二つの考え方があるが，これらについては**第6講**で触れる。

3.3.2 法人税の納税義務者

　法人税を納める義務のある法人[4]について，法人税法はまず「**内国法人**」と「**外国法人**」に区分している（法法4①，③）。内国法人とは，国内に本店，または主たる事務所のある法人をいい，外国法人とは，内国法人以外の法人をいう（法法2三，四）。法人の定義については，法人税法は何も規定しておらず，会社法等の法律により設立された**図表3.7**のような法人を前提としている[5]。

　次に，法人税法では，これらの種々の法律によって設立された法人等を，①公共法人，②公益法人等，③協同組合等，④人格のない社団等，および⑤普通法人に区分している（法法2五，六，七，八，九）。これらのうち公共法人に

---

[3] 法人税は，当初所得税の一種として導入され，所得税法で規定されていたが，1899（明治32）年所得税改正により新設された第一種所得（法人所得税）となり，1940（昭和15）年法人税法の制定により所得税から分離された。

　なお，米国では，所得税法と法人税法に分かれておらず，連邦所得税法に双方が規定されている。

[4] 2021（令和3）年度の申告法人数は，約287万社である（国税庁統計情報：国税庁ホームページ）。

[5] 他の法律の定義や概念を法人税法で借用することから「借用概念」という。

図表 3.7　法律のよる主な法人の種類

法　律	法　人
会社法の規定によるもの	株式会社，合名会社，合資会社，合同会社(注)
中小企業等協同組合法の規定によるもの	事業協同組合，信用協同組合等
中小企業団体の組織に関する法律の規定によるもの	協業組合，商工組合等
一般社団法人および一般財団法人に関する法律によるもの	一般社団法人，一般財団法人
公益社団法人および公益財団法人の認定等に関する法律によるもの	公益社団法人，公益財団法人
その他特別の法律によるもの	商工会（商工会法），宗教法人（宗教法人法），学校法人（私立学校法），医療法人（医療法），信用金庫（信用金庫法）

(注)　会社形態の一つに有限会社が存在していたことがあるが，2006（平成18）年に施行された会社法により，新たに有限会社を設立することができなくなった。現在社名に「有限会社」と付いていれば，会社法施行以前に設立された会社である。新会社法では，有限会社はそのまま有限会社として存在することも，株式会社など他の会社形態にすることもできるようになっている。

図表 3.8　法人の種類，法人の性格・目的等，具体的な法人の例

種　類	性　格	具体例
①公共法人（法法2五）	公共の性格を持つ法人〈法法別表第一〉	地方公共団体，独立行政法人，日本放送協会等
②公益法人等（法法2六）	公益を目的とする法人〈法法別表第二〉	宗教法人，学校法人，公益社団法人，公益財団法人等
③協同組合等（法法2七）	組合員の相互扶助を目的とする法人〈法法別表第三〉	農業協同組合，漁業協同組合，消費生活協同組合，信用金庫等
④人格のない社団等（法法2八）	法人でない社団または財団で代表者または管理人の定めのあるもの	PTA，同窓会，同業者団体等
⑤普通法人（法法2九）	①～④以外の法人	株式会社，合名会社，合資会社，合同会社，医療法人等

ついては，国や公共団体の拠出した資金で運用されており，国の業務を行っているともいえることから，法人税を納める義務がないものとしている（法法4②）。

　以上のように区分された法人税法上の内国法人を一覧表にすると，図表3.8 のとおりである。

　なお，人格のない社団や財団で代表者や管理人の定めがあるものを法人と
みなし，法人税を納める義務のある法人に含めており，留意する必要がある。
外国法人については，人格のない社団等（法法2八）と普通法人（法法2九）
に区分される。

3.3.3　法人税の課税標準と税額の計算

（1）課税標準

　法人税の**課税標準**の主なものは，各事業年度の所得であり，その事業年度
の益金の額から損金の額を控除した金額である。所得税が，所得を10種類に
区分して，その種類ごとに所得の金額の計算をするのに対し，法人税では法
人の得た利益は種類ごとに区分することなく課税所得の計算をする。益金の
額，損金の額は，法人の公正妥当な会計処理を前提としているので，企業会
計における収益および費用と基本的に異なるものではないが，課税の公平・
適正，政策目的などから法人の利益に対し，法人税法で特別に規定した「別
段の定め」により申告調整を加えて課税所得を算出することになる。

（2）税額の計算

　法人税額は，法人の各事業年度の所得金額に，一定の税率を乗じて算出す
る［第11講参照］。

3.3.4　課税所得の範囲

　法人税の納税義務のある法人であっても，課税所得の範囲は必ずしも同一
ではなく，法人の種類によって差異がある。

（1）法人税の対象となる所得

　法人税は，図表3.9の所得に対して課税される。

図表3.9　所得の種類と課税所得

所得の種類	課税所得
各事業年度の所得	法人が事業活動をしているときに課税されるもの
退職年金等積立金	退職年金業務を行う信託会社，生命保険会社等にだけ課税されるもの

図表 3.10 内国法人の種類別の課税所得の範囲

課税所得 法人の種類	各事業年度の所得	退職年金等積立金（注 1）
公共法人	納税義務なし（法法4②）	
公益法人等	収益事業（注 2）から生じた所得にのみ課税（法法4①ただし書，5，6）	退職年金業務等を行う法人（信託会社および保険会社等）に対して課税（法法 7）
人格のない社団等		
協同組合等	すべての所得（法法 4，5）	
普通法人		

(注 1) 退職年金等積立金に対する法人税は 1999（平成 11）年 4 月 1 日から 2026（令和 8）年 3 月 31 日までの間に開始する事業年度については，時限措置として，課税が停止されている（措法 68 の 5）。
(注 2) 収益事業とは，法人税法施行令第 5 条に列挙されている物品販売業等の 34 の事業で，継続して事業場を設けて営まれるものをいう（法法 2 十三）。例えば，宗教法人である寺院が境内の一部を駐車場として貸している場合は，収益事業（駐車場業）に該当し，学校法人である幼稚園が園児に制服・制帽等を販売する場合は，収益事業（物品販売業）に該当する。

　かつては，法人が解散した場合に清算所得に対して法人税が課税されていたが，2010（平成 22）年度税制改正により，解散後も清算所得課税は行われず，各事業年度の所得に対する法人税が課税されることとなった。

(2) 法人の種類による課税所得範囲の差異

　法人の具体的な課税所得の範囲については，法人の種類により異なっており，法人の種類別に課税所得の範囲を分類すれば，図表3.10 のとおりである。

3.3.5　実質所得者課税の原則

　法人の所得に対して法人税が課されるが，ある所得が誰の所得であるか明確でない場合がある。法人税法第 11 条では，「資産又は事業から生ずる収益の法律上帰属するとみられる者が単なる名義人であつて，その収益を享受せず，その者以外の法人がその収益を享受する場合には，その収益は，これを享受する法人に帰属するものとして，この法律の規定を適用する。」と規定している[6]。

　これが**実質所得者課税の原則**であり，所得の帰属について，その名義または形式と実質とが異なる場合には，これを経済的，実質的にみてこれを享受す

---

[6] 所得税法第 12 条にも同様の規定がある。

る者の所得として課税するという実質課税の原則を，確認的に明確にしたものである。したがって，この規定によってはじめて実質所得者に対する課税が行われるものではない。

3.3.6　事業年度

(1) 通常の事業年度

法人は，一定の期間ごとに損益を決算によって確定し，これに基づいて剰余金の配当等を行うが，この損益を計算する期間を一般に会計期間または会計年度という。法人税法では，このような会計期間やこれに準じた期間（「会計期間等」という）が法人の定款や法令で規定されているときには，これを**事業年度**といい，この期間ごとに課税所得を計算することとしている（法法13①）。したがって，法人の規定した会計期間等とは異なって法人税の事業年度だけを法人が独自に規定することはできない。

このように，事業年度とは原則として法人の規定した会計期間等であるが，その期間は1年以内とされており，法人税法の規定は，**図表3.11**のとおりである（法法13①〜④）。

なお，法人がその定款等に定める会計期間等を変更しまたは新たに規定し

図表3.11　事業年度

区　分	事業年度
定款または法令等に会計期間等の規定がある場合	① 会計期間が1年を超えないとき 　⇒　定款または法令等に規定した事業年度 ② 会計期間が1年を超えるとき 　⇒　その開始の日以後1年ごとに区分した期間
定款および法令等に会計期間等の規定がない場合	① 設立の日以後2か月以内に会計期間を規定して所轄税務署長に届け出たとき （a）会計期間が1年を超えないとき 　⇒　その期間 （b）会計期間が1年を超えるとき 　⇒　その開始の日以後1年ごとに区分した期間 ② 設立の日以後2か月以内に会計期間を規定した届出がないとき 　⇒　所轄税務署長が指定した期間 （人格のない社団等については，1月1日から12月31日までの期間）

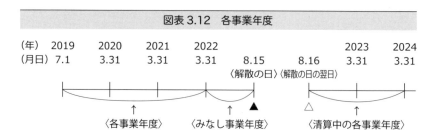

図表 3.12　各事業年度

た場合には，遅滞なく，変更後の会計期間等を所轄税務署長に届け出なければならないこととなっている（法法 15）。

（2）事業年度の中途で解散した場合の事業年度

　法人は永遠に継続するとは限らず，事情により解散することもある。法人が解散した場合には，課税所得の計算上，**図表 3.12** のように「その事業年度開始の日から解散の日までの期間」と「解散の日の翌日からその事業年度の末日までの期間」とに事業年度を区切ることとしている。このような特殊な事由による事業年度の区分によって生じた事業年度を「**みなし事業年度**」といい，それぞれ 1 事業年度とみなされる（法法 14）。

　このような取扱いを行うのは，法人税法では，解散後に生じた所得については，清算所得に対する法人税を課税することとしているからである。

　なお，株式会社が解散等をした場合のみなし事業年度については，会社法第 494 条《貸借対照表等の作成及び保存》第 1 項に規定する清算事務年度となる。すなわち，解散等があった場合には，その事業年度開始の日から解散等の日までの期間および解散等の日の翌日から清算事務年度終了の日までの期間（解散等の日の翌日から 1 年間）となる。

　X 株式会社の設立の日が 2019 年 7 年 1 日，決算日が毎年 3 月 31 日，解散の日が 2022 年 8 月 15 日である場合の事業年度は**図表 3.12** のとおりである。

●コラム3　解散と清算

　法人の解散とは，法人の事業活動をやめることを指し，清算とは，財産を清算し，債権債務を整理することである。株式会社の解散の原因として次の事由があげられている（会 471）。

① 定款で定めた存続期間の満了
② 定款で定めた解散の事由の発生
③ 株主総会の決議
④ 合併（合併により当該株式会社が消滅する場合に限る）
⑤ 破産手続き開始の決定
⑥ 会社法第 824 条《会社の解散命令》第 1 項または第 833 条《会社の解散の訴え》第 1 項の規定による解散を命ずる裁判

　解散により清算手続を開始する場合，清算人を選任する。清算人には従来の取締役が就任することが多いが，①定款に定められている場合はその者，②株主総会の普通決議と本人の承諾がある場合の本人，③設立無効の判決等があった場合に裁判所により選任された者が清算人に就任する。取締役以外では弁護士，税理士等が清算人になることが多いが，株主総会の普通決議と本人の承諾があり，一定の要件を充たせば資格の有無にかかわらず清算人になることは可能である。

　株主総会の解散決議（特別決議）をもって，清算手続が開始され，清算人は財産を清算し，債権債務を整理する。法務局で解散登記，清算人選任登記，清算結了登記を行う一方，税務当局に解散事業年度，清算事業年度，残余財産確定時に各々確定申告書を提出しなければならない。また，債権者がいる場合は，官報での解散公告も必要となってくる。

3.3.7　納　税　地

(1) 法人の納税地

　内国法人の法人税の**納税地**は，原則として，その本店または主たる事務所の所在地である（法法16）。納税地は，単に法人税を納付する場所だけを意味するのではなく，申告，申請，請求，届出等法人が法人税法に基づく義務の履行や権利を行使する場合のすべての事項の処理を行う場所であり，法人を管轄する税務署を定める基準となるものである（法法71，74，80，82等）。法人税法では，法人が新設された場合には，その設立の日から 2 か月以内に納税地等を記載した設立の届出書を所轄税務署長に提出しなければならないと規定しており，また，その届出をした納税地に異動があった場合には，異動前および異動後の納税地を記載した異動届出書をそれぞれの所轄税務署長に提出しなければならないと規定している（法法20，148，150，法令18）。

図表 3.13　納税地の指定者

区　分	指定者
指定されるべき納税地が，納税地の所轄国税局長の管轄区域以外にある場合	国税庁長官
上記以外の場合	所轄国税局長

図表 3.14　外国法人の納税地

区　分	納税地
① 国内に支店等の恒久的施設（注）を有する外国法人	その支店等の所在地（支店等が複数ある場合は，主たる支店等の所在地）
② 国内に支店等の恒久的施設を有しない外国法人で，国内にある不動産の貸付け等による対価を受けるもの	その資産の所在地（資産が複数ある場合は，主たる資産の所在地）
③ 上記以外の外国法人	(a) 上記①②の該当法人であった場合には，そのときの納税地 (b) 外国法人が申告するに当たって選択した場所 (c) 上記以外の場合は麹町税務署管轄区域内の場所

(注) 恒久的施設については，第13講参照。

（2）納税地の指定

　法人によっては，本店所在地とは異なる場所で実質的に事業を行っている法人もある。例えば，創業地において本店登記を行っているが，経営は別の場所で行っている場合がある。このような場合，その法人の事業内容や資産の状況からみて，納税地の所轄税務署長はその法人の実態を知ることが困難であり，一方，法人にとっても申告や納税について不便となるなど，法人税の納税地として適当でない場合がある。そこで，法人税法では，国税局長または国税庁長官は名義上ではなく，実質的に本店と認められる場所を納税地として指定することができることとしており，これを**納税地の指定**という（法法 18 ①，法令 17）。

　なお，納税地の指定者は，法人の納税地の次の区分に応じてそれぞれ**図表 3.13** によることとされている。

（3）外国法人の納税地

　日本国内に本店を有しない外国法人の納税地は，区分に応じて**図表 3.14**

のようになっている。

3.3.8　確定申告

　第2講において納税申告について概説したが，法人税については確定申告を行う。

(1) 確定申告

　法人税の納税義務は，各事業年度の終了のときに成立するが，納付すべき法人税の額は，法人税法が規定する租税債務の額の確定手続としての確定申告書，中間申告書等を法人が提出することにより確定する（通法15，16）。法人は，事業年度が終了した後に決算を行い，確定決算に基づいて所得金額や法人税額等，法人税法に規定された事項を記載した申告書を作成し，これを納税地の所轄税務署長に提出しなければならない（法法74）。この手続を「**確定申告**」といい，このようにして作成された申告書を「**確定申告書**」という（法法2三十一）。

　「**確定決算**」とは，株主総会等の承認を受けた決算をいい，このように確定決算に基づくことを「**確定決算主義**」という。このような考え方は，納税義務の確定に当たり，株主総会等の承認という法人の意志を表明させるとともに，確定申告の慎重性，正確性，さらには便宜性を考慮したからである。なお，欠損のため納付すべき法人税の額がない場合であっても，確定申告書の提出は必要である。

(2) 確定申告書の提出期限

　確定申告書は，原則として各事業年度終了の日の翌日から2か月以内に提出しなければならない（法法74①）。ただし，確定申告書が確定決算に基づいて作成されることから，災害その他やむを得ない理由等により，法人の決算が事業年度終了の日の翌日から2か月以内に確定しないと認められる場合には，法人は次の(3)のとおり申告期限の延長を申請することができる（通法11，法法75，75の2）。また，清算中の法人につきその残余財産が確定した場合には，その法人の残余財産の確定の日から1か月以内に確定申告書を提出しなければならない（法法14①五，74②）。なお，残余財産の確定の日の翌日から1か月以内に残余財産の最後の分配または引渡しが行われる場合に

は，その行われる日の前日までに確定申告書を提出しなければならない。

（3）提出期限の延長

　①　災害等による期限の延長　　税務当局の長[7]は，災害その他やむを得ない理由により，納税者が申告期限または納期限までに申告または納付をすることができないときは，その理由のやんだ日から2か月以内に限り，これらの期限を延長することができる（通法11，通令3）。これは法人税に限らず，すべての国税に共通して認められている。

（a）　都道府県の全部または一部にわたり災害その他やむを得ない理由が発生した場合（通令3①）

（b）　災害その他やむを得ない理由により，電子申告等をすることができない者が多数にのぼる場合（通令3②）

（c）　個別的に災害その他やむを得ない理由が発生した場合（通令3③）

　②　災害その他やむを得ない理由により決算が確定しない場合　　確定申告書を提出すべき内国法人が，災害その他やむを得ない理由により決算が確定しないため，当該申告書を提出期限までに提出することができないと認められる場合には，その事業年度終了の日の翌日から45日以内に，その理由，指定を受けようとする期日等を記載した申請書を税務署長に提出しなければならない（法法75①②）。

　やむを得ない理由には下記③の適用を受けることができる理由は除かれる。また，提出期限までに提出できないと認められる場合には上記①によりその提出期限が延長された場合は除かれる。

　税務署長は，法人から申請書の提出があった場合には，審査の上，その法人に対し，延長後の提出期限を書面で通知することとなっているが，もし事業年度終了の日の翌日から2か月以内に提出期限の延長または却下の処分がなかったときは，その申請に係る指定を受けようとする期日が提出期限とみなされる（法法75④⑤）。

　③　定款等の定めまたは特別の事情により各事業年度終了の日の翌日から2か月以内にその事業年度の決算について定時総会が招集されない常況（状

---

[7] 国税庁長官，国税不服審判所長，国税局長，税務署長または税関長をいう。

態）にあると認められる場合　　内国法人が，定款等の規定または特別の事
情により各事業年度終了の日の翌日から2か月以内にその事業年度の決算に
ついて定時総会が招集されない常況にあると認められる場合には，納税地の
所轄税務署長は，その内国法人の申請に基づき，確定申告書の提出期限を1
か月間延長することができる上，次のとおり期間が延長される（法法75の2
①）。

（a）　その内国法人が会計監査人を置いている場合で，かつ，その定款等
　　　の定めにより各事業年度終了の日の翌日から3か月以内にその事業年
　　　度の決算についての定時総会が招集されない常況にあると認められる
　　　場合（下記（b）の場合を除く）には，その定めの内容を勘案して4か
　　　月を超えない範囲内において税務署長が指定する月数の期間

（b）　特別の事情があることにより各事業年度終了の日の翌日から3か月
　　　以内にその事業年度の決算についての定時総会が招集されない常況に
　　　あることその他やむを得ない事情があると認められる場合には，税務
　　　署長が指定する月数の期間

申告書の提出期限が休日等に当たるときは，その翌日（休日等が連続すると
きは，最終の休日等の翌日）が提出期限となる。休日等とは，土曜日，日曜日，
国民の祝日に関する法律に規定する休日その他一般の休日および12月29日
〜31日をいう（通法10②，通令2②）。

(4) 確定申告書の記載事項

確定申告書には，その事業年度の所得金額（または欠損金額）およびその所
得に対する法人税額等次に掲げる事項を記載しなければならない。具体的に
は申告書別表一から別表十七（四）を用いて該当事項を記載する（法法74①，
法規34）。

①法人名，②納税地，③法人番号，④代表者名，⑤事業年度の開始および
終了の日，⑥所得金額または欠損金額，⑦法人税の額，⑧所得税額等の還
付金額，⑨中間納付額の控除金額，⑩中間納付額の還付金額，⑪欠損金の
繰戻しによる還付請求額，⑫その他参考となるべき事項

(5) 確定申告書の添付書類

法人税法では，法人の確定した決算を基礎として申告書を作成するという，

いわゆる確定決算主義を採っているため，その基礎となった決算書の提出を義務付けている。具体的には次に掲げる決算書等を添付しなければならない（法法74③，法規35）。

① 貸借対照表および損益計算書
② 株主資本等変動計算書もしくは社員資本等変動計算書または損益金の処分表
③ 貸借対照表および損益計算書に係る勘定科目内訳明細書
④ 事業等の概況に関する書類（完全支配関係がある法人がある場合，その法人との関係を系統的に示した図を含む）
⑤ 合併契約書，分割契約書，分割計画書等その他これらに類するものの写し
⑥ 組識再編成により合併法人等に移転した資産，負債その他主要な事項または被合併法人等から移転を受けた資産，負債その他主要な事項に関する明細書

なお，租税特別措置法（税額または所得の金額を減少させる規定等に限る）の適用を受けようとする場合には，適用額明細書を添付しなければならない（租税特別措置の適用状況の透明化等に関する法律3）。

3.3.9　中間申告

中間申告とは，事業年度の中間時点で納税をするための手続であり，事業年度が6か月を超える普通法人は，原則として事業年度開始の日以後6か月を経過した日から2か月以内に中間申告書を提出しなければならないこととなっている（法法71）。

中間申告には，①前事業年度実績を基準とする中間申告（「**予定申告**」という）と，②仮決算に基づく中間申告の2種類があり，法人はいずれかを選択することができることとなっており，それぞれの内容は次のとおりである（法法72）。

① 前事業年度実績を基準とする中間申告

次の算式で計算した税額を中間納付額として申告する。

$$中間納付額 = 前事業年度の法人税額 \times \frac{6}{前事業年度の月数}$$

　ただし，前事業年度実績に基づき計算した額（「前事業年度基準額」という）が10万円以下または納付すべき税額がない場合（災害損失金額がある場合を除く）は申告する必要はない。

② 仮決算に基づく中間申告

　その事業年度開始の日以後6か月の期間を1事業年度とみなして税額を計算して申告する。ただし，仮決算をした場合の中間申告書に記載すべき法人税の額が前事業年度基準額を超える場合には提出できない。中間申告書を提出すべき法人がその中間申告書をその提出期限までに提出しなかった場合には，その申告期限において，前事業年度実績による中間申告（予定申告）があったものとみなされる（法法73）。

3.3.10　青色申告

(1) 青色申告制度が設けられた理由

　法人は，自らの財政状態や事業成績を知るためには，合理的な帳簿組織と経理方針とを有する必要があり，それは法人自体のためだけではなく，法人を取り巻く多くの利害関係者のためにも必要なことである。特に，申告納税制度は自己の所得と税額を自ら計算し，申告する制度であることから，その成果を期するためには，帳簿組織の整備が不可欠である。

　そこで法人税法では，法人が同法の規定に基づき，一定の帳簿書類を備え付け，これに日々の取引を正確に記録し，納税地の所轄税務署長に青色申告の承認申請をして，その承認を受けた場合は青色申告書を提出することができることとし，これを**青色申告制度**という（法法121①）。

　この制度に基づいて青色申告をする法人は，所得金額の計算上一定の特典を受けられるとともに，その申告に対しては，帳簿書類を調査した上でなければ更正できないこととされている。これは，納税者を信頼し，適正な記帳による正しい申告納税を奨励することを目的としたもので，一般の申告書と区別するために青色の申告用紙を使用したので，この呼び名がある。青色申

告以外の申告を**白色申告**という。

(2) 青色申告書を提出するための要件

　法人が青色申告書を提出するためには，次の二つの要件を満たしていなければならない。

　　①　法定の帳簿書類を備え付けて取引を記録し，かつ，保存[8]すること（法法 126 ①）。

　　②　税務署長に「青色申告の承認申請書」を提出して，あらかじめ承認を受けること（法法 122）。

(3) 青色申告書の提出承認の手続き

　　①　原　則　　青色申告の承認を受けようとする法人は，青色申告書を提出しようとする事業年度開始の日の前日までに「青色申告の承認申請書」を納税地の所轄税務署長に提出しなければならない（法法 122 ①）。

　　②　新たに法人を設立した場合　　新たに設立した法人が，設立後最初の事業年度から青色申告書を提出しようとするときは，次のいずれか早い日の前日までに承認申請書を提出する必要がある（法法 122 ②）。

　（a）　設立の日以後 3 か月を経過した日

　（b）　最初の事業年度終了の日

(4) 青色申告のみなし承認

　青色申告の承認申請書の提出があった場合，その承認の対象となった事業年度終了の日までに書面により承認または却下の通知がなかったときは，その日において承認があったものとみなされる（法法 125）。なお，中間申告書を提出しなければならない法人は，その事業年度開始の日以後 6 か月を経過する日までに承認または却下の通知がなかった場合となる。

(5) 青色申告の承認申請の却下と取消し

　青色申告の承認申請の却下と取消しは次のように行われる。

　　①　却　下　　青色申告の承認申請書の提出があった場合において，次のいずれか一つに該当する事実があるときは，税務署長は，その申請を却下することができる（法法 123 一〜三）。

---

[8] 帳簿書類は紙媒体だけでなく，電子データ等による保存も認められる。

（a）　その法人の帳簿書類の備付け，記録または保存が青色申告法人の帳簿書類の要件を定める規定（法法 126 ①）に従って行われていないこと。

（b）　その備え付ける帳簿書類に取引の全部または一部を隠ぺいしまたは仮装して記載しまたは記録していること，その他不実の記載または記録があると認められる相当の理由があること。

（c）　青色申告の承認の取消しの規定による通知（法法 127 ②）を受け，または青色申告の取りやめの規定（法法 128）による届出書の提出をした日以後 1 年以内にその申請書を提出したこと。

②　取 消 し　　青色申告が承認された場合でも，その後に青色申告の要件を充たさなくなった場合またはこの制度を維持するため秩序が乱される場合は，その承認が取り消されることがある。すなわち，法人税法上，次のいずれか一つに該当する事実があるときは，税務署長は，その該当する事実がある事業年度までさかのぼって，その承認を取り消すことができる（法法 127 ①）。

（a）　その事業年度に係る帳簿書類の備付け，記録または保存が法令で定めるところに従って行われていない場合

（b）　その事業年度に係る帳簿書類について税務署長の必要な指示に従わなかった場合

（c）　その事業年度に係る帳簿書類に取引の全部または一部を隠ぺいしまたは仮装して記載し，その他その記載事項の全体についてその真実性を疑うに足りる相当の理由がある場合

（d）　確定申告の規定による申告書をその提出期限までに提出しなかった場合

（6）青色申告の特典

青色申告法人には，法人税法および租税特別措置法によって**図表 3.15** のような特典が与えられている。

3.3.11　納　付

中間申告書や確定申告書を提出した法人は，その申告書に記載された法人税額を，その申告書の提出期限までに納付しなければならない（法法 76，77）。

図表 3.15 青色申告の特典の内容

法　律	特典の内容
法人税法	○青色申告書を提出した事業年度に生じた欠損金の10年間繰越控除（法法57） ○欠損金の繰戻しによる法人税額の還付（法法80） ○帳簿書類の調査に基づかない更正の原則禁止（法法130①） ○更正を行った場合の更正通知書への理由附記（法法130②） ○推計による更正または決定の禁止（法法131）
租税特別措置法	○特別償却または割増償却（措法42の6①，他） ○各種準備金の積立額の損金算入（措法55〜57の6，他） ○各種の法人税額の特別控除（措法42の4，他） ○各種の所得の特別控除（措法59，60） ○中小企業者等の少額減価償却資産の取得価額の損金算入（措法67の5） ○課税の特例等（措法59の2，他）

この場合，「中間申告書を提出した」には，中間申告書の提出があったものとみなされるものも含まれる（法法73）。なお，その期限までに納付できなかった法人税については，延滞税が課される（通法60）。

● 練習問題 ●

3.1 企業会計と税務会計との関係について説明しなさい。

3.2 内国法人の種類によって課税範囲がどのように異なるか説明しなさい。

3.3 確定決算主義について説明しなさい。

第4講

課税所得の計算構造

法人税に係る課税標準は、法人の事業活動によって得た各事業年度の所得金額である。本講では課税所得の計算構造を学習する。

4.1 各事業年度の所得の金額

4.1.1 各事業年度の所得の金額の求め方

法人税の課税標準である各事業年度の所得の金額は、当該事業年度の「益金の額」から「損金の額」を控除した金額とすると規定されている（法法22①）。「益金の額」とは、企業会計上の売上高や販売高等の収益の額に相当するものであり、「損金の額」とは、企業会計上の売上原価、販売費、一般管理費等の費用および損失の額に相当するものである。

法人の利益は公正妥当な会計処理の基準によって計算されるものであり、本質的には企業会計の利益の計算に基づくこととなっている。したがって、「一般に公正妥当と認められる会計処理の基準」によって会計処理が行われていれば、法人税法上これを認めることとしている（法法22④）。

企業会計の利益および法人税法上の所得金額を算式で表すと以下のとおりである。

〔企業会計の利益〕

> 利益の金額 ＝ 収益の額 － 原価・費用・損失

〔法人税法上の所得金額〕

> 所得の金額 ＝ 益金の額 － 損金の額

　この算式に，企業会計と法人税法上の所得金額の関係を当てはめると，次の算式となる。

> 所得の金額
> ＝（収益の額 ± 税務調整）－（原価・費用・損失の額 ± 税務調整）
> ＝ 企業会計の利益 ± 税務調整

4.1.2　益金の額に算入すべき金額

　益金の額に算入すべき金額とは，法人税法等の規定で「益金の額に算入する」または「益金の額に算入しない」と定められているものを除いて，その事業年度における取引によって生じる次の収益の額[1]で資本等取引に係るもの以外のもののすべてが含まれる（法法22②）。資本等取引とは，法人税法上の概念であり，法人の資本金等の額の増加または減少を生ずる取引ならびに法人が行う利益または剰余金の分配および残余財産の分配または引渡しをいう（法法22⑤）。

①　商品，製品等の資産の販売による収益の額
②　固定資産，有価証券等の資産の譲渡による収益の額
③　請負等の役務の提供による収益の額
④　無償による資産の譲渡や役務の提供による収益の額
⑤　無償による資産の譲受けによる収益の額
⑥　その他の取引（資本等取引を除く）による収益の額

---

[1] 「収益の額」とは，各取引によって生じた損益の純額をいうのではなく，例えば，商品の販売の場合には売上高，役務（サービス）の提供の場合には収入高のように各取引の総額をいう概念であるから留意する必要がある。

図表 4.1　収益に関する留意点

収　益	留意点
無償による資産の譲渡や役務の提供による収益の額	単なる資産の贈与を行っただけであり，何も収益が発生していないと思われがちであるが，法人税法ではその資産をその時における価額（時価）で譲渡し，受領した金銭を直ちに相手方に渡したのと同じ経済的効果があるとみて，時価相当額を収益として益金の額に算入する。
無償による資産の譲受けによる収益の額	資産の贈与を受けた場合は，それだけ法人の正味資産が増加するので，その資産の時価相当額を収益として益金の額に算入する。
その他の取引（資本等取引を除く）による収益の額	その他の取引には，増資のような資本等取引を原因とするものを除いた法人の正味資産を増加させる一切の事実に基づく金額が含まれる。 すなわち，法人税法では，増資や合併といった資本等取引とされる取引以外の取引で，正味資産が増加した場合，実際に金や物が動いたかどうかにかかわらず収益が発生したと考える。

　これらの取引の例示のうち，①，②，③，および⑤については，企業会計上収益に計上されるが，④および⑥は企業会計上収益とは認識されず，法人税法特有の考え方であるので**図表 4.1** のような点に留意する必要がある。

　なお，収益という用語は企業会計でも広く使われているが，法人税法上の収益には資産の贈与により生ずる収益等が含まれているので，企業会計上の収益と同一のものではなく，その範囲が若干異なる。

4.1.3　損金の額に算入すべき金額

　損金の額に算入すべき金額とは，法人税法等の規定で「損金の額に算入する」または「損金の額に算入しない」と定められているものを除いて，損金の額を次の3種類に区分して規定している（法法22③）。

　①　収益に対応する売上原価，完成工事原価等の原価の額

　②　販売費，一般管理費等の費用（償却費を含む）の額

　③　災害等による損失の額（資本等取引を除く）

　これらの原価，期間費用および損失について**図表 4.2** のような点に留意する必要がある。

図表 4.2　原価，期間費用および損失についての留意点

項　目	留意点
売上原価等の額	商品の売上高に対応する売上原価や譲渡した資産の原価等のこと。売上原価については，特にその事業年度の収益としたものに対応する原価を計上する「費用収益対応の原則」が重視されている。したがって，収益に対応する原価について事業年度末までに確定しないものがある場合には，その金額を適正に見積って損金の額に算入する必要がある（法法 22 ③一）。
販売費，一般管理費，その他支払利息等の営業外費用の額	これらの費用は，収益と個別対応で計算することが困難な費用，いわゆる「期間費用」である。償却費を除いて，その費用が事業年度末までに債務として確定[2] していることが必要である。したがって，法人が将来発生することが見込まれる費用を任意に見積もって計上しても，法人税法で認められているもの以外は損金の額に算入できない（法法 22 ③二）。
災害等による損失の額	災害・盗難等の偶発的な原因による損失は，元来，収益や期間の対応になじまないものであるから，その事実が発生したときの事業年度の損金の額とすることとされている（法法 22 ③三）。

4.1.4　発生主義と実現主義および費用収益対応の原則

(1) 発生主義と実現主義

　企業会計においては，発生主義および実現主義を適用して損益を算定すべきものとされている（企業会計原則第二等）。税務会計においても，原則として，費用収益の認識に**発生主義**（Accrual basis）が採られている。しかし，発生はしているものの，現実にその収益が実現していなければ収益の確実性はないといえる。したがって，発生主義の内容を限定する**実現主義**（Realization basis）の考えが確立されている。収益の実現は，販売基準に基づく。したがって，法人税法第 22 条第 2 項では，「当該事業年度の収益の額」と規定しているが，「当該事業年度に実現した収益の額」と考えるべきである。

(2) 費用収益対応の原則

　費用収益対応の原則とは，期間損益の計算において，一定の期間に実現した収益に対してそれに要した費用を計上することによって正確な期間損益を算

---

[2] 債務が確定しているかどうかは，その事業年度終了の日までに次のすべての要件に該当するかどうかで判定する（法基通 2-2-12）。
　① その費用の債務が成立していること。
　② その債務に基づいて具体的な給付をすべき原因となる事実が生じていること。
　③ その債務の額を合理的に算定することができること。

定する会計基準である。

4.1.5　資本等取引

　資本等取引とは，増資，減資，合併等，法人の資本金等の額を増加あるい
は減少させる取引のほか，法人が行う利益または剰余金の分配のことをいう
（法法22⑤）。これらの取引によって法人の正味資産に増減が生じても，法人
税法ではその増減を益金の額または損金の額に関係させないこととしている
（法法22②，③三）。その理由は，元来，法人の利益は損益取引から生ずるも
のであり資本の増減によって生ずるものではないとの考えによる。

4.1.6　一般に公正妥当と認められる会計処理の基準

　法人税法は，法人の各事業年度の所得の金額の計算に関して，別段の定め
によって税法独自の計算方法を規定しているもののほかは，法人が継続して
「**一般に公正妥当と認められる会計処理の基準**」に従った会計処理をしていれ
ば，その会計処理を認めることとしている（法法22④）。

　ここでいう，一般に公正妥当と認められる会計処理の基準とは，客観的，
常識的にみて規範性があり，公正で妥当と認められる会計処理の基準という
意味であり，具体的な明文による基準があることを予定しているわけではな
い。したがって，この基準は「企業会計原則」のみを指すものでもなく，ま
た，会計処理の実務の中でただ単に慣習として一般に行われているというだ
けでもなく，客観的な規範にまで高められた基準という意味である。

　換言すれば，法人税法のこの規定は，法人の会計処理において用いている
基準ないしは慣行のうち，一般に公正妥当と認められないものについては法
人税法においても認めないこととし，それ以外のことについては原則として
法人の会計処理を認めるという基本方針を示したものであるということがで
きる。

　しかしながら，企業会計の高度化，複雑化に伴い，法人税法第22条第4項
にいう「一般に公正妥当と認められる会計処理の基準」は，企業会計の慣行，
さらには財務諸表規則第1条第2項，連結財務諸表規則第1条第2項にいう
「一般に公正妥当と認められる企業会計の基準」として認められる基準から

乖離しているといわれている。

●コラム4　一般に公正妥当と認められる会計処理の基準について裁判で争われ
**　　　　　たケース**

　法人が，資金調達の目的で自己が有する土地および建物等を信託財産とする信
託契約を締結し，それに基づく受益権を第三者に譲渡するという不動産流動化取
引を行った。そして，課税所得の計算に際し，この取引について信託財産の譲渡
（売却取引）と認識し，算出された法人税額を納付した。しかし，その後，証券取
引等監視委員会が，不動産流動化実務指針に基づき，この信託財産の譲渡を金融
取引として会計処理すべきと指導したことから，法人は過年度の会計処理を訂正
した。そして，過年度について法人税額が過大であったとして減額する更正を行
うよう所轄税務署長に求めた。これに対し，所轄税務署長は，減額を認めなかっ
たことから，法人が出訴した。第一審である東京地裁は，同指針は公平な所得計
算とは別の観点に立って定められたものであるから，一般に公正妥当と認められ
る会計処理の基準とは認められないと判示し，納税者である法人が敗訴した。控
訴審である東京高裁もおおむね同様に判示し，納税者である法人が敗訴，確定し
た（東京高裁平成25年7月19日判決）。このことから，一般に公正妥当と認められ
る会計処理の基準は，あくまで公平な所得計算という要請に適合する範囲に限定
されるものとの姿勢が伺える。

4.2　税務調整

　法人税の課税所得は，企業会計上の利益または損失を基礎として算出する
が，決算の段階で法人税法の規定に基づいたり，申告書において法人税法上
定められている所要の加算または減算を行うことにより算出される。この課
税所得の計算過程を**税務調整**といい，税務会計の重要項目である。

4.2.1　損金経理
　法人の決算は，会社法等の規定に基づき作成した貸借対照表や損益計算書

などの計算書類を株主総会等に提出し，その承認等を得ることによって確定する。

　法人の各事業年度の所得の金額の計算は，この法人の確定した決算を重視し，益金や損金に算入するかどうかについて法人の意思に任せている事項があることから，法人税法上では，法人の意思を明らかにさせるため，株主総会の承認等を受け確定した決算において，あらかじめ費用や損失として計上することを条件として損金の額に算入するという規定がある。このように，法人の確定した決算において費用や損失として経理することを**損金経理**という（法法2二十五）。

4.2.2　税務調整事項

　法人が一般に公正妥当と認められる会計処理の基準に従って計算した利益は，必ずしも法人税法に規定する所得の計算規定に従って計算されているわけではないため，これを基礎に法人税法の規定に基づく所要の加算または減算を行い，各事業年度の所得の金額を求めることとなる。この調整を「税務調整」といい，具体的には企業会計の決算段階で調整するものと法人税申告書に添付する各種の明細書（「別表」という）を用いて行うものがある。税務調整は，「決算調整事項」と「申告調整事項」とに区分する[3]ことができる。

4.2.3　決算調整事項

　決算調整事項とは，法人が決算において処理するかどうかは法人の任意であるが，法人税法の適用を受けるためには，法人の確定した決算で損金経理等の処理をする必要があり，確定申告書の上だけで調整することは認められないものをいう。

　例えば，減価償却はその資産に投下した費用の配分手続であるから減価償却費は損金の額に算入されるべきものと考えられる。しかし，その費用配分手続をすべて法人の意思に任せると，恣意的な処理を行う可能性が生じ，課税の公平性が確保できないこともありうるため，法人税法第31条第1項で

---

[3] これらの区分は，法令上体系的に区分されているわけではなく，該当条項に個々に示されている取扱いにより区分される。

は，法人が当該事業年度においてその償却費として損金経理をした金額のうち，その法人が選定した償却の方法に基づいて計算した金額に達するまでの金額について損金の額に算入すると規定している。

　これは，法人税法上は常に法人が行った損金経理による償却費を基礎として課税所得の計算上損金算入限度額の算定を行うということであり，原則として法人が減価償却費として計上していないものについては税務当局が積極的に損金算入を認めることはしないということである。換言すれば，法人の企業会計上の減価償却にまで税務当局は介入しないということであるが，実際には法人は税務上の減価償却費の限度額を企業会計上の減価償却費とする傾向にある。本来，会計基準に基づいて行われるべき処理が，税務目的に合わせて行われることから，税務会計の逆基準性といわれている。

4.2.4　申告調整事項

　申告調整事項とは，確定申告書の上だけで調整する事項であり，任意の申告調整事項と必須の申告調整事項とがある。

(1)　任意の申告調整事項

　任意の申告調整事項とは，法人の決算上の経理処理に関係なく法人の選択により，法人が自ら確定申告書で調整を行った場合にのみ適用される事項である（法法23⑦等）。

(2)　必須の申告調整事項

　必須の申告調整事項とは，法人による申告調整実施の有無にかかわらず，税務上当然に益金不算入，損金不算入等の計算を行い，企業利益を修正しなければならない事項である（法法25①等）。また，法人の利益計算が事実に基づいていないなど，公正妥当な会計処理の基準に従っていない場合，例えば，売上，費用，原価，損失の計上漏れまたは過大計上があるような場合にも，申告調整により法人の企業利益を修正しなければならない。したがって，法人が申告調整をしていない場合は，税務署長は進んでこれらの事項について更正や決定をしなければならない。

　税務調整事項には主に**図表4.3**のようなものがある。

図表 4.3 税務調整事項

税務調整	決算調整		・減価償却費の損金算入（法法 31） ・繰延資産償却費の損金算入（法法 32） ・圧縮記帳の損金算入（法法 42 等） ・引当金繰入額の損金算入（法法 52 等） ・準備金の積立額の損金算入（措法 55 等） ・リース譲渡による経理（法法 63）
	申告調整	任意	・受取配当等の益金不算入（法法 23） ・外国子会社から受ける配当等の益金不算入（法法 23 の 2） ・所得税額の控除（法法 68）
		必須	・資産の評価益の益金不算入（法法 25） ・完全支配関係のある他の内国法人から受けた受贈益（法法 25 の 2） ・還付金等の益金不算入（法法 26） ・資産の評価損の損金不算入（法法 33） ・役員給与の損金不算入（法法 34） ・過大な使用人給与の損金不算入（法法 36） ・寄附金の損金不算入（法法 37） ・法人税額等の損金不算入（法法 38） ・外国子会社から受ける配当等に係る外国源泉税等の損金不算入 　（法法 39 の 2） ・法人税から控除する所得税額の損金不算入（法法 40） ・不正行為等に係る費用等の損金不算入（法法 55） ・繰越欠損金の損金算入（法法 57） ・減価償却費の償却超過額，引当金の繰入限度超過額，準備金の積立 　限度超過額の損金不算入（法法 31 等） ・交際費等の損金不算入（措法 61 の 4）

4.3 消費税の会計処理

4.3.1 概　要

（1）　税込経理方式と税抜経理方式

　法人税の課税所得金額の計算に当たり，法人が行う取引に係る消費税（地方消費税を含む）[4] の会計処理としては，**税込経理方式**と**税抜経理方式**の二つが

---

[4] 2019（平成 31）年 10 月 1 日以降，消費税の標準税率は 10％であるが，このうち 7.8％は国税，2.2％は地方税となっている。軽減税率は 8％であるが，このうち 6.24％は国税，1.76％は地方税となっている。

図表4.4 税込経理方式と税抜経理方式

方 式	内 容
税込経理方式	消費税に相当する額を売上高，仕入高等に含めて処理する方法
税抜経理方式	消費税に相当する額を売上高，仕入高等に含めないで，売上げ，仕入れ等の対価の額（本体価格）と消費税額等を区分して処理する方法

あり（**図表4.4**），いずれを選択するかは法人の任意である。

　いずれの方式を選択しても，納付すべき消費税額は同一となるが，所得税や法人税の課税所得金額は異なってくる場合がある。その理由は，税込経理方式の場合は，期末棚卸資産の価額に消費税額が含まれていることから，その分だけ利益が多く計上されていること，または，減価償却資産の取得価額に消費税額が含まれていることから，消費税額に見合う価額の分も各年度の償却額になって経費として処理されていくのに対し，税抜経理方式の場合は，消費税額を損益に反映させないからである。

（2）仕 訳

　例えば，次のような売上および仕入取引があった場合の両方式の仕訳は次のとおりとなる。

　① 商品770,000円（税込み）を売上げ，代金を売掛金とした。

　　〈税込経理方式〉

　　（借）売掛金　　　　770,000円　　（貸）売　上　　　　770,000円

　　〈税抜経理方式〉

　　（借）売掛金　　　　770,000円　　（貸）売　上　　　　700,000円
　　　　　　　　　　　　　　　　　　　　　仮受消費税等　　 70,000円

　② 商品550,000円（税込み）を仕入れ，代金を買掛金とした。

　　〈税込経理方式〉

　　（借）仕 入　　　　550,000円　　（貸）買掛金　　　　550,000円

　　〈税抜経理方式〉

　　（借）仕 入　　　　500,000円　　（貸）買掛金　　　　550,000円
　　　　仮払消費税等　　50,000円

4.3.2　会計処理

　法人が行うすべての取引について税抜経理方式または税込経理方式のいずれかの方式に統一していない場合には，すべての取引についていずれかの方式を適用して課税所得の計算を行う。ただし，法人が売上等の収益に係る取引について税抜経理方式を適用している場合には，一定のグルーピングにより，そのグループごとにその経理方式を選択適用することも認められる。

　なお，個々の固定資産または個々の経費ごとに異なる方式を適用することはできない。

● 練習問題 ●

4.1　益金の額に算入すべき金額とはどのようなものか説明しなさい。

4.2　損金の額に算入すべき金額とはどのようなものか説明しなさい。

4.3　損金経理とはどのようなものか説明しなさい。

4.4　決算調整事項とはどのようなものか説明しなさい。

第5講
益金 (I)

　法人税の課税標準である所得金額は，益金の額から損金の額を控除して求められるが，ここで重要なことは，①益金とは何か，②いつの時点で益金として計上するのかという点である。

　法人税法第22条第2項は，「各事業年度の所得の金額の計算上当該事業年度の益金の額に算入すべき金額は，別段の定めがあるものを除き，資産の販売，有償又は無償による資産の譲渡又は役務の提供，無償による資産の譲受けその他の取引で資本等取引以外のものに係る当該事業年度の収益の額とする。」と規定している。ここで，当該事業年度の益金の額は，企業会計上の収益の額に別段の定めによる益金算入額または益金不算入額をそれぞれ加算または減算した金額であることを明らかにしている。

　法人税法が規定する別段の定めには，例えば次のようなものがある。

① 　受取配当等の益金不算入（法法23）

② 　資産の評価益の益金不算入（法法25）

③ 　還付金等の益金不算入（法法26）

5.1　棚卸資産の販売による収益の額

　収益とは，各事業年度の所得の金額の計算上プラスの要素となるものをいい，商品・製品等の資産の販売による収益等，法人税法上の益金の額を構成

する取引により収受する対価の額をいう。

　商品，製品等を販売した場合の収益の計上時期，すなわち，その収益の額をどの事業年度に計上すべきかについては，法人の取引態様（事業の種類）等によって異なる。

5.1.1 商品や製品等の販売による収益の計上時期

　通常，商品や製品等を販売した場合には，**図表 5.1** のような段階を経る。

　商品や製品等の販売による収益をいつの時点，すなわちどの事業年度に計上するかによって当該事業年度の収益の額が変わり，さらに，課税所得にも影響を及ぼすこととなる。例えば，ある商品を販売した場合に，その代金が入金したときに売上に計上する（現金主義）か，それとも代金の入金の有無にかかわりなく販売が行われたときに売上に計上する（発生主義や実現主義）

図表 5.1　商品・製品等販売の流れ

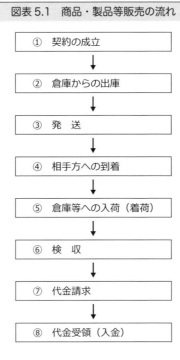

① 契約の成立

② 倉庫からの出庫

③ 発　送

④ 相手方への到着

⑤ 倉庫等への入荷（着荷）

⑥ 検　収

⑦ 代金請求

⑧ 代金受領（入金）

図表 5.2　各計上基準と計上日

計上基準	計上日
出荷基準	相手方の注文に応じて商品等を出荷した日 ・倉庫，工場から出荷した日 ・トラック等に積み込んだ日 ・船積みした日
着荷基準	相手方に商品が着荷した日
検収基準	相手方が商品を検収して引き取った日
使用収益基準	相手方が使用収益できることとなった日
検針日基準	検針等により販売数量を確認した日

か，さらに，販売が行われたときといっても契約成立のときか，倉庫から出荷したときか，あるいは相手方に到着したときか，といった種々の時点が考えられ，いずれの時点を基準として収益を認識するかによって当該事業年度の収益の額は異なることとなる。

　法人税法は，収益の計上時期について法人の意志に任せると，恣意的な処理を行う可能性が生じ，課税の公平性が確保できないこともありうるため，統一的に取り扱うこととしている。すなわち，法人が商品等を販売した場合には，それによる収益は商品等の引渡しがあった日に収益に計上することとしている。つまり，商品等の買主への引渡しという事実に基づいて収益が実現したものとする（これを「販売基準」ともいう）ものである。したがって，その販売の目的物の引渡しの時に販売収益を計上することとなる。

　しかし，引渡しがあった日といってもいくつかの考え方があり，小売業者のように店頭で商品を販売している場合には，商品を現実に相手方に手渡したときに引渡しがあったものと容易に判断できるが，製造業者，卸売業者等が遠隔地にある取引先（相手方）に販売している場合には，現実問題としていつの日をもって引渡しとみるかについては，必ずしも明らかではない[1]。この判断の基準としては通常，**図表 5.2** のようなものがある。

　法人がその商品の種類や販売形態等に応じていずれかの合理的な基準を収益実現の認識基準として選び，毎期継続して適用していれば税法上もその計

---

[1] 出荷日と検収日が決算日をまたがっている場合，どちらの決算期の売上に計上するかによって所得が異なる。

算が認められる。**図表 5.2** の計上基準は，一般的な商品や製品等の販売形態の下における収益の計上基準であるが，例えば，委託販売，試用販売，予約販売等のような特殊な販売形態の場合には，その内容に応じてそれぞれ適切な収益の計上基準によらなければならない（**5.1.3** 参照）。

5.1.2　返品，売上値引および売上割戻しによる損益

商品や製品等の販売した後，返品，売上値引および売上割戻しが行われることがある。これらを売上高から控除するか，またはその事実が発生した事業年度の損金とするかの問題があり，次のように取り扱う。

（1）返　品

当初販売した商品等について物的な瑕疵等があったことにより，他の商品等と取り替えた場合には，販売損益について別段修正を行わない。しかし，代金を払い戻す場合には，返品事実が生じた事業年度の損金の額に算入する。原則として，返品の発送の通知を受けた日，または，返品について承諾を要する場合には承諾の日の属する事業年度の総売上高から控除する。ただし，継続適用を条件に返品等を現実に受け取った日の属する総売上高から控除することも認められる。

なお，返品された商品に係る販売年度が明らかであっても，その年度に遡って決算を修正することはしない。

（2）売上値引

売上値引とは，販売した商品等の品数不足，品質不良，破損等の理由により，代価から控除されるものである。この場合の処理は，返品と同様である。

（3）売上割戻し

売上割戻しとは，一定期間に多額の取引をした得意先に対する売上代金の返戻額（リベートともいう）のことである。計上日は，契約の内容によって異なる。

①　算定基準があらかじめ契約等で示されており，相手方がその金額を算定できる場合は，販売した事業年度で計上するが，継続適用を条件に，相手方に通知した日あるいは支払った日の事業年度とすることも認められる。

②　①に該当しない場合は，通知した日あるいは支払った日の事業年度に計上する。

　ただし，継続適用を条件に，次のいずれにも該当する場合は，未払金を計上した事業年度とすることも認められる。

(a) 年度終了の日までに割戻しの金額が相手方に示されていないが，内部的には算定基準が決定されていること。

(b) 決算において未払金として計上され，確定申告期限までに相手方に通知していること（確定申告書の提出期限が延長されている場合には，その延長された期限となる）。

5.1.3　特殊な販売形態

(1) 委託販売

　委託販売に係る損益は原則として受託者が販売した日に計上する。しかし，委託者は，受託者から委託品の売上計算書を受領するまでは，いつ販売されたかわからない。したがって，売上の都度売上計算書が作成，送付されている場合には，継続適用を条件に，法人が売上計算書の到達した日の属する事業年度に計上することも認められる（法基通2-1-3）。

(2) 試用販売

　試用販売とは，得意先に試用品を送り，得意先が購入する意思があるときは引き取り，その意思がないときは返品する契約によって行う販売方法である。このような場合，相手方が売買申込みに対し承諾をしたときに売買契約の効力が発生し，そのような条件付きで商品等を引き渡してあると考えられることから，相手方が購入の意思を表示した日の属する事業年度に属することとなる。

(3) 予約販売

　予約販売とは，商品等を将来引き渡すなどの約束で，あらかじめ予約金を受け取るもので，商品の引渡しまたは役務の提供が完了した日の属する事業年度に計上する。

5.2　請負等による収益の計上時期

5.2.1　原　則

　請負とは，建設，運送といった業務を提供し，それに対する報酬を支払うことであり，以下の二種類がある。

① 建設請負のように物の引渡しを必要とするもの

② 運送や技術指導のように物の引渡しを必要としないで，役務の提供だけで完了するもの

　これらの収益については，原則として，①についてはその物の全部を引渡した日，②については役務提供の全部を完了した日に収益に計上する（法法22の2①）。これを完成引渡基準という。ただし，1つの建設工事等であっても，工事等の一部が完成し，その完成した部分を引き渡した都度，その引渡割合等に応じて工事代金を収入する旨の特約等がある場合など，その完成した部分（引渡量または引渡割合）に対応する収益を計上しなければならない。これを部分完成基準という。請負契約による収益の計上時期は**図表5.3**のとおりである。

5.2.2　建設工事等

（1）完成引渡基準

　建設工事等については，上記のとおり，**完成引渡基準**により収益計上を行うが，引渡日がいつかが重要となる。次のように，建設工事等の種類および性質，契約の内容等に応じその引渡しの日として合理的であると認められる日

図表5.3　請負契約による収益の計上時期

区　分		適用する基準	計上時期
物の引渡し要する契約	原則	完成引渡基準	目的物を全部引き渡した日
	例外	部分完成基準	完成部分を引き渡した日
物の引渡しを要しない契約	原則	役務完了基準	役務の全部を完了した日
	例外	部分完成基準	部分的に収益金額が確定した日

のうち法人が継続してその収益計上を行うこととしている日を引渡日とする。

① 作業結了基準 ⇒ 作業を結了した日

② 受入場所搬入基準 ⇒ 相手方の受入場所に搬入した日

③ 検収完了基準 ⇒ 相手方が検収を完了した日

④ 管理権移転基準 ⇒ 相手方において使用収益ができることとなった日

　なお，建設工事等について，完成して引渡しを了した場合は，その工事代金の額またはそれに対応する完成工事原価の全部または一部が確定していなくても，その収益の計上を確定時まで遅らせることはできない。

（2）部分完成基準

　建設工事等の全部の完成引渡しに先行して収益を計上するものが**部分完成基準**である。次のような事実がある場合には，その建設工事等の全部が完成していなくとも，その事業年度において引き渡した建設工事等の量または完成した部分に対応する工事収入をその事業年度の益金の額に算入することとされている（法基通 2-1-1 の 4）。

① 一つの契約により同種の建設工事等を多量に請け負ったような場合で，その引き渡した量に応じて工事代金を収受する旨の特約または慣習がある場合

② 1 件の建設工事等であっても，その建設工事等の一部が完成し，その完成した部分を引き渡した都度その割合に応じて工事代金を収受する旨の特約または慣習がある場合

5.2.3　不動産の仲介あっせん

　不動産業者等が土地，建物等の売買，交換または賃貸借（「売買等」という）の仲介またはあっせんを行ったことにより受ける報酬については，原則としてその売買等に係る契約の効力が発生した日の属する事業年度の益金の額に算入する。ただし，法人が，売買または交換の仲介またはあっせんを行ったことにより受ける報酬の額について，継続してその契約に係る取引の完了した日（その日以前に実際に収受した金額があるときは，その金額についてはその収受した日）の属する事業年度の益金の額に算入しているときは，その計算を認める（法基通 2-1-21 の 9）。

5.2.4 技術役務の提供

（1）収益の計上時期

　設計，作業の指揮監督等のいわゆるスーパーバイジング，技術指導その他のいわゆる技術役務の提供（技術コンサルティング）を行ったことにより受ける報酬の額は，原則として，その約した役務の全部の提供を完了した日の属する事業年度の益金の額に算入するのであるが，次に掲げる事実がある場合には，その支払いを受けるべき報酬の額が確定する都度その確定した金額をその確定した日の属する事業年度の益金の額に算入する（法基通 2-1-1 の 5）。ただし，その支払いを受けることが確定した金額のうち役務の全部の提供が完了するまで，または 1 年を超える相当の期間が経過するまで担保的にその支払いが留保されて現実に支払いを受けることができない部分の金額については，その完了する日と現実にその支払いを受ける日とのいずれか早い日まで収益に計上することを見合わせることができる。

① 　報酬の額が現地に派遣する技術者等の数および滞在期間の日数等により算定され，かつ，一定の期間ごとにその金額を確定させて支払いを受けることとなっている場合

② 　例えば，基本設計に係る報酬の額と部分設計に係る報酬の額が区分されている場合のように，報酬の額が作業の段階ごとに区分され，かつ，それぞれの段階の作業が完了する都度その金額を確定させて支払いを受けることとなっている場合

　なお，役務提供に係る契約に関連して着手費用に充当する目的で相手方から収受する仕度金，着手金等の額は技術役務の提供に係る報酬とは切り離して，後日精算して剰余金があれば返還することとなっているものを除いては，その収受した日の属する事業年度の益金の額に算入する。

（2）原価の計上時期

　技術役務の提供の報酬については，収益と原価の対応が困難であることから，厳密な対応を求めず，法人が継続して技術役務提供のために要する費用のうち次に掲げるものの額をその支出の日の属する事業年度の損金の額に算入している場合には，その計算が認められる（法基通 2-2-9）。

① 　固定費[2]の性格を有する費用

②　変動費[3]の性質を有する費用のうち一般管理費に類するものでその額が多額でないものおよび相手方から収受する仕度金，着手金等に係るもの（ただし，その収受した日の属する事業年度の益金の額に算入するものに限る）

5.2.5　運　送

陸上運送，海上運送，航空運送といった運送契約は請負契約に属する。

（1）収益の計上時期

運送契約に係る運送収入については，運送に係る役務の提供を完了した日の属する事業年度の益金の額に算入される。ただし，法人が運送契約の種類，性質，内容等に応じ，例えば次に掲げるような方法のうち，その運送収入に係る収益の計上基準として合理的であると認められるものにより継続してその収益計上を行っている場合には，その計算を認める（法基通 2-1-21 の 11）。

①　発売日基準

乗車券，乗船券，搭乗券等を発売した日にその発売に係る運送収入の額を収益計上する方法

なお，自動発売機によるものについては，集金をした日

②　積切り出帆基準

船舶，航空機等が積地を出発した日にその船舶，航空機等に積載した貨物または乗客に係る運送収入の額を収益計上する方法

③　航海完了基準

一の航海[4]に通常要する期間がおおむね 4 か月以内[5]である場合において，その一の航海に係る運送収入の額を一の航海を完了した日に収益計上する方法

④　発生日・月割基準

一の運送に通常要する期間または運送を約した期間の経過に応じて日割

---

[2] 固定費とは作業量の増減にかかわらず変化しない費用をいう。

[3] 変動費とは作業量に応じて増減する費用をいう。

[4] 一の航海とは，船舶が発港地を出発してから寄港地に到着するまでの航海をいう。

[5] 4 か月としたのは，外航航路における一の航海が通常この程度の期間内に終了することによる。

りまたは月割り等によりその運送収入の額を計上する方法

⑤　複数法人の交互計算・共同計算

　　鉄道会社の相互乗入れの場合や海上運送業における運賃同盟などのように，運送業を営む複数の法人が交互計算または共同計算を行っている場合には，その交互計算または共同計算により複数の法人が配分を受けるべき収益の額については，その配分が確定した日の属する事業年度の益金の額に算入することができる。

　　また，海上運送業を営む法人が船舶による運送に関連して受払いする滞船料[6]または早出料[7]については，当事者間の協議が整い，その額が確定した日の属する事業年度の損益とすることができる。

(2) 原価の計上時期

　運送業の運送収入に対応する原価については，運送収入の収益計上との対応関係において損金に算入するが，法人が継続してその行う運送のために要する費用の額をその支出の日の属する事業年度の損金の額に算入している場合には，その計算は認められる（法基通2-2-10）。

　ただし，海上運送の場合には，航海完了基準による収益計上が認められていることから，海上運送のために要する費用のうち貨物費，燃料費等運送のために直接要する費用に限っては，収益との対応関係を要求することとし，その支出時の損金算入は認められない。

5.3　収益および費用の計上基準についての特例

5.3.1　収益の計上時期を繰り延べるもの

　2018（平成30）年改正前は，長期割賦販売等（特定資産の長期割賦販売等お

---

[6] 船舶が約定期間を超過して停泊した期間の港費(とん税や港湾施設使用料など)その他諸経費，あるいは次の航海にかかわる損失などに対して，用船者または荷主から船主に対して支払われる料金。

[7] 港で，定められた停泊期間満了の前に荷役作業が終了したときに船主が荷主に支払う割戻金。

よびリース譲渡）による収益の額および費用の額を延払基準の方法により経
理した場合は，収益の計上時期を繰り延べることが認められていた。しかし，
改正により，特定資産の長期割賦販売等について経過措置を設けて廃止され
た。リース譲渡，すなわち法人税法第64条の2第3項に規定するリース資産
の引き渡しについては，引き続き延払基準の適用が認められている（法法63
①）。改正前の取扱いは次のとおりであった。

　長期割賦販売等とは，一定の契約により資産の販売等の代価を比較的長期
にわたり月賦，年賦等の分割払の方法で決済する販売等の形態をいい（旧法
法63），長期割賦販売について，販売基準（目的物の引渡しのあったときに収
益に計上する基準）に代えて，延払基準の方法により経理した場合には，収益
等の一部を繰り延べることが認められていた。

5.3.2　延払基準

　リース譲渡を行い，販売基準に代えて，延払基準により経理した場合には，
収益等の一部を繰り延べることができる。延払基準の方法による各事業年度
の収益および原価の額は，次の算式により計算する（法令124）。

$$当期の収益の額（費用の額）= 対価の額（原価の額）\times 賦払金割合$$

$$賦払金割合 = \frac{分母のうち当期中に支払期日が到来する賦払金の合計額}{長期割賦販売等の対価の額}$$

5.3.3　工事進行基準

(1) 概　要

　収益の計上時期の特例として，収益の計上時期を繰り上げる工事進行基準
があり，特に長期大規模工事については工事進行基準が強制適用される（法
法64①）。

　また，長期大規模工事以外の工事については，個別の工事ごとに工事進行
基準を選択適用できるが，いったんそれを適用したら継続して適用しなけれ
ばならない（法法64②）。なお，長期大規模工事以外の工事で工事損失が生
ずると見込まれるもの等については工事進行基準は適用できない。

(2) 要　件

長期大規模工事とは，次の 3 つの要件を満たす工事をいう。

① 工事の着手の日からその工事に係る契約において定められている目的物の引渡しの期日までの期間が 1 年以上であること（法法 64 ①）。

② その工事の請負の対価の額が，10 億円以上[8]であること（法令 129 ①）。

③ 工事の契約において，その請負の対価の額の 2 分の 1 以上がその工事の目的物の引渡しの期日から 1 年を経過する日後に支払われることが定められていないものであること（法令 129 ②）。

(3) 計　算

工事進行基準は，次の算式により計算された収益の額および費用の額をその事業年度の益金の額および損金の額に算入する方法である（法令 129 ③）。

〔工事中の事業年度〕

$$
\begin{array}{l}
\text{当期に計上} \\
\text{すべき収益の額}
\end{array}
=
\text{請負の対価の額} \times \text{進行割合} -
\begin{array}{l}
\text{既に収益の額として} \\
\text{計上した金額}
\end{array}
$$

$$
\begin{array}{l}
\text{当期に計上} \\
\text{すべき費用の額}
\end{array}
=
\begin{array}{l}
\text{期末の現況により見積} \\
\text{もられる工事原価の額}
\end{array}
\times \text{進行割合} -
\begin{array}{l}
\text{既に費用の額として} \\
\text{計上した金額}
\end{array}
$$

〔引渡事業年度〕

$$
\begin{array}{l}
\text{当期に計上} \\
\text{すべき収益の額}
\end{array}
=
\text{請負の対価の額} -
\begin{array}{l}
\text{既に収益の額として} \\
\text{計上した金額}
\end{array}
$$

$$
\begin{array}{l}
\text{当期に計上} \\
\text{すべき費用の額}
\end{array}
=
\text{工事原価の額} -
\begin{array}{l}
\text{既に費用の額として} \\
\text{計上した金額}
\end{array}
$$

進行割合とは，次に掲げる算式による割合その他の工事の進行の度合を示すものとして合理的と認められるものに基づいて計算した割合をいう（法令 129 ③）。

---

[8] これは，2008（平成 20）年 4 月 1 日以降であり，それ以前は請負契約を締結した日の属する事業年度によって金額が異なっていた。

$$\text{進行割合} = \frac{\text{既に要した原材料費, 労務費その他の経費の額の合計額}}{\text{期末の現況により見積もられる工事原価の額}}$$

なお，次に掲げる場合のいずれかに該当するときは，長期大規模工事の請負の収益の額および費用の額はないものとすることができる（法令129⑥）。

① その事業年度終了のときにおいて，その着手の日から6か月を経過していないもの

② 進行割合が20％に満たないもの

5.4　固定資産の譲渡による収益および費用

5.4.1　固定資産の譲渡

(1) 通常の固定資産

固定資産の譲渡による収益については，原則として，その引渡しがあった日の属する事業年度の益金の額に算入する。ただし，その固定資産が土地，建物その他これらに類する資産であって，法人がその固定資産の譲渡に関する契約の効力発生の日の属する事業年度の益金の額に算入することも認められる（法基通2-1-14）。

なお，引渡しの日については，棚卸資産の場合の取扱いと同様である。引渡しの日が明らかでない場合には，次のうちいずれか早い日にその引渡しがあったとすることも認められている。

① 代金の相当部分（おおむね50％以上）を収受した日

② 所有権移転登記の申請をした日

(2) 農　地

農地については，農地法上，譲渡に関する契約は，その譲渡に関する許可または農地転用に関する許可がなければ，その効力が生じないとされている（農地法3）。このため，農地の譲渡による収益に関して，法人がその譲渡による収益の額を農地法上の許可があった日の属する事業年度の益金に算入して

いるときは，この計算を認めることとしている（法基通2-1-15）。

5.4.2　工業所有権等の譲渡等による収益

(1) 工業所有権等の譲渡

　工業所有権[9]等の譲渡または実施権[10]の設定により受ける対価（ただし使用料は除く）については，原則としてその譲渡または設定に関する契約の効力発生の日の属する事業年度の益金の額に算入するものとされる。ただし，その譲渡または設定の効力が登録によって生ずることとなっており，法人がその登録の日の属する事業年度の益金の額に算入しているときは，その計算を認めることとされている（法基通2-1-16）。

(2) ミニマム・ロイヤリティ

　工業所有権に係る実施権の設定契約等に際しては，その設定の対価として授受した一時金（イニシャル・ペイメント）の額がその後一定期間内に売上高や生産高ベース等により支払いを受けるべき使用料（ランニング・ロイヤリティ）の額に充当される旨の条項が置かれることがあり，これを最低使用料（ミニマム・ロイヤリティ）という。このような条項によって当初授受された一時金の額は，その事業年度終了の日においてまだ使用料の額に充当されていない部分の金額がある場合であっても，その部分の金額を前受金として繰り延べることはできない。

5.4.3　ノウハウの頭金等

　ノウハウの契約に際して支払いを受ける一時金または頭金については，原則として，そのノウハウの開示を完了した日の属する事業年度の益金の額に算入する。ただし，ノウハウの開示が2回以上にわたって分割して行われ，かつ，その一時金または頭金の支払いがほぼこれに見合って分割して行われることとなっている場合には，開示をした都度それに見合って支払いを受けるべき金額を，開示した日の属する事業年度の益金の額に算入するものとさ

---

[9] 特許権，実用新案権，意匠権および商標権並びにこれらの権利に係る出願権および実施権をいう。

[10] ライセンス契約（実施権許諾契約）。

れている（法基通 2-1-1 の 6）。

●コラム 5　無形資産

　会社計算規則第 74 条第 3 項 3 号では，無形資産は，①特許権，②借地権（地上権を含む），③商標権，④実用新案権，⑤意匠権，⑥鉱業権，⑦漁業権（入漁権を含む），⑧ソフトウェア，⑨のれん，⑩リース資産，⑪その他の無形資産であって無形固定資産に属する資産とすべきもの，と規定されている。このような会計学上の「無形資産（Intangible assets）」に対し，法律上では，一般に「無体財産権（Intangible property）」という用語が使用されてきた。しかし，近年「知的所有権」または「知的財産権（Intellectual property）」と呼ばれるようになってきた。知的財産は，技術やアイディア，ブランドなどの知的創造物を事実上支配している状態の資産であり，知的財産権は，知的財産に法的保護を与える権利である。したがって，知的財産権には，特許権，商標権，著作権（ソフトウェアを含む）等の権利が，知的財産には，知的財産権に加え，発明，ノウハウ，商号，デザイン，顧客名簿，経営管理システム等が，さらに，無形資産には知的財産に加え，水利権，鉱業権，漁業権等が含まれるものと考えられる。

　法人税法では，前記 5.4.2 のように「工業所有権」の用語が用いられる一方，減価償却資産としての「無形資産」には，水利権，鉱業権，漁業権等が列挙されている。法人税法では，知的財産や無形資産について独自に定義せず，他の法律の概念を借用している。それはある程度やむを得ない面もあるが，法人税法等の租税法が，知的財産取引を念頭に置いていない，または，最新の知的財産取引に追いついていないことは問題であろう。

5.5　資産の無償譲渡・低廉譲渡による収益の額

　法人が資産を無償で譲渡した場合や通常より低額で譲渡した場合であっても，その資産の時価相当額が収益の額に含まれ，企業会計と異なる取扱いとなっているので留意する必要がある。

5.5.1　資産を無償譲渡した場合の収益計上

　法人が無償で資産を譲渡（「無償譲渡」という）した場合には，企業会計では現実には金銭等の授受がないので，これを収益とはしない。しかし，法人税法では，法人が他の法人，個人（代表者を含む）と取引を行う場合には，すべての資産は，時価によって取引されたものとみなして課税所得を計算するのが原則的な取扱いとなっている（法法22の2④）。

　したがって，法人が自己の所有する土地等の資産を第三者に無償譲渡した場合には，その譲渡によって収入すべき金額は，その法人の収益として益金の額に算入すると同時に，その金額を相手方に対して贈与したものとされ，それによって生じた損失は原則として寄附金となる。これは，いったん時価で金銭を授受したのち，同額を相手方に贈与したことと同様であるからである。そして，寄附金には損金算入限度額があり，限度額を超えた部分は損金に算入されないことから，課税所得に影響がある［第9講参照］。なお，相手方が法人の役員または使用人の場合はその者に対する給与となる（法法37⑦⑧，34，35，36）［第8講参照］。

5.5.2　資産を低廉譲渡した場合の収益計上

　時価よりも低額で譲渡することを低廉譲渡という。法人が資産を低廉譲渡した場合には，企業会計では現実に収受した金額を収益とする。しかし，前述のように，法人税法では，法人が他の者と取引を行う場合には，すべての資産は，時価によって取引されたものとみなして課税所得を計算するのが原則的な取扱いとなっている。

　したがって，法人が自己の所有する土地等の資産を第三者に低廉譲渡した場合には，譲渡によって収受した金額のほか，時価と実際に収受した金額との差額についても，法人の収益として益金の額に算入する。そして，時価と実際に収受した金額との差額については，相手方に対して贈与したものとされ，それによって生じた損失は原則として寄附金となる。

5.5.3　無償譲渡および低廉譲渡を行った場合の仕訳

　図表5.4のとおり，X株式会社（X社）が所有していた土地（帳簿価額1,000

万円，時価 5,000 万円）を，Y 社に①無償譲渡した場合および②低廉譲渡（譲渡価額 2,000 万円）した場合の仕訳は以下のとおりである。なお，X 社と Y 社との間に完全支配関係はないものとする。完全支配関係とは，①一の者が法人の発行済株式等の全部を直接または間接に保有する関係，または，②一の者との間に当事者間の完全支配の関係がある法人相互の関係をいう（法法 2 十二の七の六）。

　仮に X 社と Y 社との間に完全支配関係がある場合は，譲渡損益の繰延べが行われる［**第 12 講参照**］。

①　無償譲渡の場合

（a）企業会計上の仕訳は以下のようになる。

［X 社（譲渡法人）］

（借）土地譲渡原価　　1,000 万円　　（貸）土　地　　　　　1,000 万円

［Y 社（譲受法人）］

（借）土　地　　　　　5,000 万円　　（貸）受贈益　　　　　5,000 万円

（b）税務上の仕訳は以下のようになる。

［X 社（譲渡法人）］

（借）土地譲渡原価　　1,000 万円　　（貸）土　地　　　　　1,000 万円

　　　寄附金　　　　　5,000 万円　　　　　土地譲渡収益　　5,000 万円

［Y 社（譲受法人）］

（借）土　地　　　　　5,000 万円　　（貸）受贈益　　　　　5,000 万円

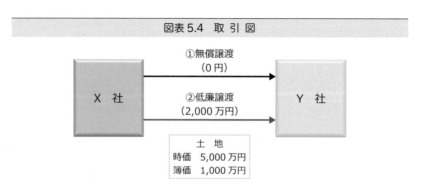

図表 5.4　取　引　図

② 低廉譲渡の場合

（a）企業会計上の仕訳は以下のようになる。

［X社（譲渡法人）］

（借）現　金　　　　2,000万円　　（貸）土　地　　　　1,000万円
　　　　　　　　　　　　　　　　　　　土地譲渡収益　　1,000万円

［Y社（譲受法人）］

（借）土　地　　　　5,000万円　　（貸）現　金　　　　2,000万円
　　　　　　　　　　　　　　　　　　　受贈益　　　　　3,000万円

（b）税務上の仕訳は以下のようになる。

［X社（譲渡法人）］

（借）土地譲渡原価　1,000万円　　（貸）土　地　　　　1,000万円
　　　現　金　　　　2,000万円　　　　　土地譲渡収益　　5,000万円
　　　寄附金　　　　3,000万円

［Y社（譲受法人）］

（借）土　地　　　　5,000万円　　（貸）現　金　　　　2,000万円
　　　　　　　　　　　　　　　　　　　受贈益　　　　　3,000万円

5.6　資産の無償譲受けによる収益の額

　法人が他の者から資産等を贈与された場合，その資産の時価相当額が収益の額に含まれる。すなわち，法人が他の者から資産を無償で贈与されたり，債務の支払いを免除されたりした場合には，贈与されたときの時価に相当する金額や免除された債務の金額に相当する経済的利益の額を益金に算入する（法法22②）。

● 練習問題 ●

5.1   引渡しの日とはどのように決定されるか説明しなさい。

5.2   工事進行基準とはどのようなものか説明しなさい。

5.3   Ｘ株式会社は第三者であるＹ社に無利息で融資を行った。ある事業年度では通常受け取るべき利息相当額は 100 万円であった。この際Ｘ社の税務上の取扱いについて法人税法の条文を示して説明しなさい。

第6講

益金（Ⅱ）

　本講では，受取配当等および受贈益，評価益等その他の益金について学習
する。企業会計と異なる取扱いをするので留意されたい。

6.1 受取配当等

6.1.1 企業会計の取扱いと税務会計の取扱い

　法人が他の内国法人から配当等を受けた場合，その受取配当等は企業会計
上では営業外収益として計上されるが，法人税法上は異なる取扱いとなる。
すなわち，一定の申告手続を条件に，その配当等に係る株式等の区分に応じ
て，その配当等の額の全額または一定の算式により計算した金額を益金の額
に算入しないこととしている（法法23）。

6.1.2 受取配当等を益金の額に算入しない理由
(1) 法人の性格に関する考え方

　法人税法上，受取配当等を益金に算入するか否かは，法人の所得に対し法
人税を課税すると同時に，法人から配当を受けた個人株主に対して所得税を
課税することとの関連をどのように考えるかという点にある［第3講参照］。
　この点について，法人の性格に関する考え方として，従来から**法人実在説**
と**法人擬制説**の二つの考え方がある（**図表6.1**）。

図表6.1　法人実在説と法人擬制説

説	考え方	処　理
法人実在説	法人を自然人である個人と並んで独立した納税者であるとする考え方。	法人は個人株主とは別個の課税単位であって，個人株主とは無関係に独立して法人税が課税されることとなるから，法人税が課税された所得から支払われた配当金に対して所得税を課税しても，法人・個人間の調整は必要としないこととなる。
法人擬制説	法人は単に株主の集合体であり，独立した納税義務はなく，法人の所得に対する課税は個人の所得税の前払であるとする考え方。	配当金は法人の段階で既に法人税に相当する金額を課税されているのであるから，配当金を受け取った個人は，この法人税に相当する金額を個人の納付する所得税額から控除することが必要になる。

(2) 現行税制の考え方

　現行の税制では，基本的には，法人税は所得税の前払とする法人擬制説の考え方が採用されており，法人の段階で納付した法人税に相当する金額を，その配当を受けた個人が納付する所得税額から控除するというシステムとなっており，これを**配当控除**という（所法92）。

　なお，受取配当等に係る法人税と所得税の二重課税を排除する方法として，インピュテーション方式がある。配当を受領した個人株主は，法人税引後の受取配当等を税引前の配当金の状態に引き戻し，これを他の所得を合算して所得税額を計算し，法人税額のうち持分相当額を控除して，差引税額を納付するものであり，一部の国で採用されている。

(3) 受取配当等を益金不算入とする理由

　内国法人とその株主である個人との中間段階に，他の法人が株主として存在することが多い。このようなときは，その中間段階にある法人が受け取る配当金を益金に算入して課税すると，最終的に個人段階で納付する所得税額から法人税相当額を控除する際に，中間段階で法人税が課税された回数に応じてその都度配当控除を行わなければならない。しかし，そのように計算することは技術的に困難であることから，株主である法人が受け取った配当金については益金の額に算入しないこととし，問題を解決している（図表6.2）。

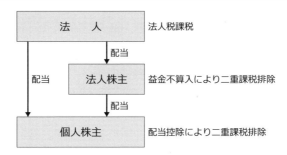

図表 6.2　二重課税排除

なお，法人が投資目的で他社の株式を保有する傾向が高まっていることを勘案し，持株比率が低い株式等に係る配当等の額については，二重課税を完全には調整せず，益金の額に算入することとしている。

6.1.3　受取配当等の範囲

受取配当等の益金不算入の規定は，法人個人間の二重課税を避けることが目的であり，その適用を受ける剰余金の配当もしくは利益の配当または剰余金の分配は出資に係るものに限られる。したがって，同じ配当という用語が使われていても，益金不算入の対象となるものとならないものとがあるので留意する必要がある。

(1) 益金不算入となる受取配当等

以下のものは益金に算入されない。

① 剰余金の配当もしくは利益の配当または剰余金の分配の額（法法23①一）。ただし，剰余金の配当は，株式等に係るものに限るものとし，資本剰余金の額の減少に伴うもの並びに分割型分割によるものおよび株式分配は除かれる。また，利益の配当からは分割型分配によるものおよび株式分配は除かれる。

② 投資信託及び投資法人に関する法律第137条（金銭の分配）の金銭の分配の額（法法23①二）。なお，出資総額等の減少に伴う金銭の分配を除く。

③　資産の流動化に関する法律第115条第1項（中間配当）に規定する金銭の分配の額（法法23①三）

④　特定株式投資信託の収益の分配額（措法67の6）。ただし，外国株価指数連動型特定株式投資信託を除く。

（2）外国子会社から受ける配当等の益金不算入

　内国法人が外国子会社から受ける剰余金の配当等の額については，一定の申告手続を条件に，外国子会社から受ける配当等の額の95％相当額を，その内国法人の各事業年度の所得の金額の計算上，益金の額に算入しないこととしている（法法23の2，法令22の4）。

　外国子会社とは，その内国法人の持株割合が25％以上で，かつ，その配当等の支払義務が確定する日以前6か月以上引き続き保有しているものをいう。

　かつては外国子会社から受ける配当等は益金に算入されていたが，外国子会社利益の国内還流[1]に向けた環境整備が求められる中，税制の中立性の観点に加え，二重課税の排除および税制の簡素化の観点から，益金不算入となったものである。

（3）益金に算入される受取配当等

　以下のものは益金に算入される。

①　外国法人（上記(2)を除く），公益法人等または人格のない社団等から受ける配当等の額（法法23①）

②　保険会社の契約者配当の額（法法60①）

③　協同組合等の事業分量配当の額（法法60の2）

④　証券投資信託の収益の分配の額（旧法法23①三，旧法令19）

⑤　特定目的会社および投資法人から受ける配当等の額（措法67の14④）

6.1.4　受取配当等の益金不算入額の計算

（1）益金不算入割合

　法人の保有する株式等を**図表6.3**のようにグループに区分して，それぞれの算式により計算した額の合計額が受取配当等の益金不算入額となる（法法

---

[1] 外国子会社に生じた利益についての国内還流方法の典型は受取配当によるものであるが，知的財産権の使用許諾がある場合には，使用料（ロイヤリティ）の形で還流する方法もある。

区　分	益金不算入割合
完全子法人株式等 （株式等保有割合 100％）	100％
関係法人株式等 （株式等保有割合 3 分の 1 超）	100％ （負債利子の控除あり）
その他の株式等 （株式等保有割合 5％超 3 分の 1 以下）	50％
非支配目的株式等 （株式等保有割合 5％ 以下）	20％

図表 6.3　益金不算入割合

23①④⑤⑥）。

　完全子法人株式等とは，株式等保有割合 100％の法人の株式等であり，関係法人株式等とは，発行済株式（または出資）の 3 分の 1 超を保有している法人の株式等である。完全子法人株式等および関係法人株式等の配当等については，企業支配的な関係に基づくいわば同一企業の内部取引的なものであり，仮にこれに課税すると子会社形態で営むより事業部門の拡張や支店の設置等による方が税制上有利となり，税制が組織再編を阻害することから全額を益金不算入としている（法法 23①⑤，法令 22 の 2①）。

（2）負債利子控除

　負債利子とは，その株式等の取得に要した借入金等の利子のことをいうが，図表 6.3 において，関係法人株式等に係る負債利子を益金不算入額から控除することとしているのは，仮に受取配当等の全額を益金不算入とし，期中における支払利子を損金の額に算入することとすると，借入金により株式を取得したような場合には，受取配当等は益金不算入となった上，さらにその借入金の利子が損金の額に算入されることとなる。例えば，図表 6.4 のように，

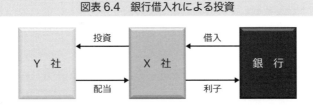

図表 6.4　銀行借入れによる投資

X社が銀行からの借入金をベースにY社に投資した場合，Y社からの配当金は益金不算入となるが，X社が銀行に支払った利子は損金に算入される。このように不合理な結果となるので負債利子についてこのような取扱いとしている（法法23）。

(3) 短期所有株式等に係る適用除外

　配当等の額の元本である株式等をその配当等の額の支払基準日以前1か月以内に取得し，かつ，その株式等またはその株式等と同一銘柄の株式等をその配当等の額の支払基準日後2か月以内に譲渡した場合には，譲渡した株式等（「短期保有株式等」という）の配当等の額については益金に算入する。

　これは，配当等の額に対する課税を回避する行為を防止するための規定である。すなわち，個人株主が配当の支払に係る基準日の直前に株式を配当含み価額で法人に譲渡し，配当の権利確定後に配当落価額で買い戻すことにより，法人が受けるその株式等に係る配当等の額は益金不算入となり，さらに法人における買入価額と売却価額との差額は損金の額に算入される結果となることから，配当等の額に対する課税を回避する行為を防止するためである。

(4) 2009（平成21）年度の税制改正による変更

①　2009（平成21）年度の税制改正前は，証券投資信託の収益の分配の額について益金不算入とされていたが，改正後は益金不算入の対象となる配当等の額からが除外され，その全額を益金に算入することとされた。ただし，外国株価指数連動型特定株式投資信託を除く特定株式投資信託の収益の分配の額については，その受益権を株式等と同様に扱い，非支配目的株式等として，その収益の分配の額の100分の20相当額を益金不算入とすることとされた（措法67の6）。

②　受取配当等の益金不算入は，国内における法人税と所得税の二重課税の排除を目的とすることから，従来外国法人からの受取配当等は益金に算入することとしていた。しかし，外国子会社からの配当について益金算入となっていたことから，配当をせず利益を子会社に留保する傾向が強くなってきた。そこで，利益を国内に還流することを促進するために，2009（平成21）年度の税制改正により，一定の外国子会社からの受取配当については益金不算入とされた[2]。

6.1.5 受取配当等の益金不算入制度の適用要件

受取配当等の益金不算入の規定は，確定申告書等に益金不算入の金額の記載とその計算に関する明細書の添付がある場合に限り，その記載された金額を限度として適用される（法法23⑦）。したがって，法人が確定申告書等で益金不算入の金額の記載をしていない場合において，税務署長が自ら適用するものではない。

6.2 還付金等

法人税や住民税等を納めすぎた場合は，その税額が還付されるが，還付金等は益金に算入されない。これは，法人の所得等を課税標準として課税される法人税や地方税である住民税（都道府県民税，市区町村民税）等は，課税所得金額の計算上損金の額に算入されない（法法38）からである。

このように，納付しても損金の額に算入されない法人税等が過誤納[3]等により還付された場合には，その還付金の受入れによる収益は益金の額に算入されない。また，還付を受ける金額が他の未納の税額に充当される場合も同様である（法法26）。益金の額に算入されないのは，納付したとき損金とならなかった法人税等の還付金を益金として所得の計算を行えば，二重課税となるからである。

---

[2] 2021（令和3）年度分国税庁会社標本調査では，外国子会社等から受ける配当等で益金不算入となった金額は6兆8,789億円と公表されている（国税庁ホームページ）。

[3] 過納金とは，納付すべき確定税額を超えて納付されたその超過額である。一方，誤納金とは，二重に納付するなど誤って納めた税額である。両方合わせて過誤納金という。

6.3　その他の益金

6.3.1　受　贈　益
(1) 原　則
　法人が他者から，資産を無償で譲り受けた場合には，当該資産の時価をもって，収益として益金の額に算入される（法法 22 ②）。資産を低額で譲り受けた場合は，当該資産の譲受価額と時価との差額を収益として益金の額に算入される[4]。なお，債権放棄を行った側が損金算入しているか否かにかかわらない。

(2) 例　外
　内国法人が各事業年度において当該内国法人との間に完全支配関係があるほかの内国法人から受けた受贈益の額は，所得の計算上，益金の額に算入されない（法法 25 の 2）。完全支配関係とは，一社または一人（「一の者」という）が法人の発行済株式等の全部を直接もしくは間接に有する関係または一の者との間に当事者間の完全支配の関係がある法人相互の関係をいう（法法 2 十二の七の六）。

6.3.2　資産の評価益
　法人の有する資産の時価が帳簿価額を上回った場合に，評価換えをしてその帳簿価額を増額したときには評価益が発生するが，この評価益については益金に算入しない。

(1) 資産の評価益の益金不算入
　会社法や企業会計では資産の帳簿価額は，原則としてこれを取得するために要した金額を基礎とする，いわゆる取得原価主義が採用されている（会 431，会計規 5 ①）。法人税法上も，評価換えに基づく課税所得の恣意的調整等が行われる可能性を考慮し，法人が資産の評価換えを行い評価益を計上し

---

[4]　最高裁平成 7 年 12 月 19 日第三小法廷判決（民集第 49 巻 10 号 3121 頁）参照。

ても，原則として評価換えがなかったものとし，その評価益は益金不算入と
している（法法25）。

(2) 資産の評価益の益金算入

　資産の評価換えは原則的には認められないが，例外として次のような特別
な場合の評価益については，その資産の時価を限度として益金の額に算入す
ることとしている。

　①　内国法人が会社更生法または金融機関等の更生手続の特例等に関する
　　　法律の規定に従って評価換えをする場合（法法25②）。

　②　内国法人について民事再生法の規定による再生計画認可の決定があっ
　　　たこと等により評価換えをする場合（法法25③）。

　③　保険会社が保有株式の評価換えをする場合（法法25②，法令24）。こ
　　　の場合の評価換えは保険業法第112条（株式の評価の特例）の規定に基づ
　　　くものである。

6.3.3　利子，配当に係る収益

(1) 貸付金利子等

　①　原　　則　　貸付金，預金，貯金または有価証券（以下「貸付金等」とい
う）から生じる利子については，その利子の計算期間の経過に応じその事業
年度に係る金額をその事業年度の益金に算入する（法基通2-1-24）。

　②　例　　外　　主として金融および保険業を営む法人以外の法人がその有
する貸付金等から生じる利子でその支払期日が1年以内の一定の期間ごとに
到来するものの額につき，継続してその支払期日の属する事業年度の益金に
算入している場合には，その計算は認められる。なお，その法人が金融およ
び保険業を兼業する場合には，金融および保険業に係るものを除くこととな
る。

　また，貸金の転貸等で貸付金と借入金とが明らかにひも付きの関係にある
場合に，借入金に係る支払利子につきその計算期間の経過に応じて損金の額
に算入するときは，貸付金から生ずる利子については，例外規定は適用され
ない。

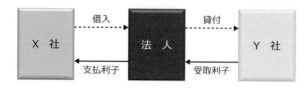

図表6.5　貸付金と借入金とが明らかにひも付きの関係である例

（2）剰余金の配当等の帰属の時期

　法人が他の法人から受ける剰余金の配当，利益の配当，剰余金の分配など一定のもの（以下「剰余金の配当等」という）については，次に掲げる日の属する事業年度の収益とされる（法基通2-1-27）。

① 剰余金の配当については，当該配当の効力を生ずる日。

② 利益の配当または剰余金の分配については，その配当または分配をする法人の社員総会その他正当な権限を有する機関においてその利益の配当または剰余金の分配に関する決議のあった日。

　　法人が，配当落ち日に未収配当金の見積計上をしている場合であっても，その未収配当金の額は，未確定の収益としてその配当落ち日の属する事業年度の益金に算入しない。

　ただし，例外がある。法人が他の法人から受ける剰余金の配当等でその支払いのために通常要する期間内に支払いを受けるものについて，継続してその支払いを受けた日の属する事業年度の収益として計上している場合には，上記にかかわらず，その計算が認められる（法基通2-1-28）。

6.3.4　知的財産のライセンスの供与に係る売上高等に基づく使用料に係る収益の帰属の時期

　近年，知的財産のライセンスの供与に係る取引が増加しているが，知的財産のライセンスの供与に係る収益，工業所有権等の実施権の設定に係る収益，ノウハウの頭金等の収益の帰属の時期について各々規定されているほか，使用料について次のように規定されている。

　知的財産のライセンスの供与に対して受け取る売上高または使用量に基づ

く使用料が知的財産のライセンスのみに関連している場合または当該使用料において知的財産のライセンスが主な項目である場合には，次の日のうちいずれか遅い日の属する事業年度において当該使用料についての収益の額を益金の額に算入する（法基通 2-1-30 の 4）。

① 　知的財産のライセンスに関連して相手方が売上高を計上する日または相手方が知的財産のライセンスを使用する日

② 　当該使用料に係る役務の全部または一部が完了する日

ただし，工業所有権等またはノウハウを他者に使用させたことにより支払いを受ける使用料については，法人が継続して契約にその使用料の額の支払いを受けることとなっている日において収益計上を行っている場合には，当該支払いを受けることとなっている日において収益の額に計上する（法基通 2-1-30 の 5）。

●コラム6　外国子会社からの利益の還流

2009（平成21）年度の税制改正により，一定の外国子会社からの受取配当については益金不算入となったが，その背景に，日本法人の海外進出の増加がある。特に，製造機能の海外移転が進むと，従来日本国内での製造販売から得られた親会社の利益であったものが，外国子会社に移転することとなる。その結果，親会社のキャッシュ・フローが不足し，日本国内での研究開発等に影響が出ることとなる。そのため，外国子会社に生じた利益を親会社に還流することが必要となる。その際，受取配当として，あるいは外国子会社が親会社の知的財産を使用している場合は使用料（ロイヤリティ）として還流する方法が考えられる。子会社の所在地国によっては，使用料の送金に規制を設けている場合があり，受取配当とする傾向が強い。

6.3.5　デリバティブ取引等に係る利益の額または損失の額

(1) デリバティブ取引の意義

デリバティブ取引とは，金利，通貨の価格，商品の価格その他の指標としてあらかじめ当事者間で約定された数値と将来の一定の時期における現実の指標の数値との差に基づいて算出される金銭の授受を約する取引またはこれ

に類似する取引をいう（法法61の5①）。

　具体的には，次のような取引が該当する（法規27の7①一〜七）。
金利先渡取引，為替先渡取引，直物為替先渡取引，店頭金融先物取引，商品
デリバティブ取引，クレジットデリバティブ取引，スワップ取引，オプショ
ン取引，選択権付債券売買，有価証券先物取引，有価証券指数等先物取引，有
価証券オプション取引，外国市場証券先物取引，有価証券店頭指数等先物取
引，有価証券店頭オプション取引，有価証券店頭指数等スワップ取引，金融
先物取引等，先物外国為替取引，これらの取引に類似する取引

（2）法人税法上の取扱い

　2000（平成12）年度税制改正前は，デリバティブ取引は，いわゆるオフバ
ランス取引として，原則として決済が行われるまでは損益を認識しないこと
とされていた。しかし，デリバティブ取引を利用した租税回避が行われてい
たこと，さらに，企業会計においてデリバティブ取引に時価会計が導入[5]され
たことから，税務上も時価評価が導入され，事業年度終了の時に未決済とな
っているデリバティブ取引については決済したものとみなし，それによって
算出される利益の額または損失の額に相当する金額は益金の額または損金の
額に算入されることとなった。

● 練習問題 ●

6.1　受取配当等を益金の額に算入しない理由を説明しなさい。

6.2　X株式会社（資本金1,000万円）の2022.4.1〜2023.3.31事業年度の雑収
　　入勘定の中に次のものが計上されている。これにより受取配当等の益金不算
　　入額を計算しなさい。

（摘要）　　　　　　　　　　（税込収入金額）
①　A株式に係る剰余金の配当　　100,000円
　　（A株式は完全子法人株式等に該当する）

---

[5] 企業会計における金融商品の時価評価とヘッジ会計の導入等については，「金融商品に関する会
計基準」（1999年，企業会計審議会）（その後改正あり），「金融商品会計に関する実務指針」（2001
年，日本公認会計士協会）等に公表されている。

②　B株式に係る剰余金の配当　　　50,000円

　　（B社は子会社でない外国法人である）

③　C社債利息　　　　　　　　　　30,000円

④　D協同組合出資分配金　　　　　40,000円

⑤　D協同組合事業分量配当金　　　20,000円

⑥　E銀行預金利息　　　　　　　　80,000円

⑦　F証券投資信託の分配金　　　　40,000円

　　上記の株式等は，いずれも前期以前から所有しており，計上額はすべて当期に支払が確定しているものである。また，負債利子の額はない。

6.3　資産の評価益を益金の額に算入しない理由を説明しなさい。

第7講

損金 (I)

　前述のとおり「課税所得 = 益金 − 損金」であるが，本講ではこのうちの損金，中でも売上原価，減価償却等[1] について学習する。法人税法第22条第3項では，その事業年度の損金の額は，別段の定めがあるものを除き，次の額であるとされている。

① その事業年度の売上原価（同項第一号）

② 販売費，一般管理費その他の費用（同項第二号）

③ 損失（同項第三号）

　このうち，その事業年度の売上原価については，その事業年度の収益に対応する原価であることを明らかにしている。しかし，この収益に対応する原価を算出するための棚卸資産の評価や減価償却資産等の償却費の計算は，企業会計における損益計算の重要な要素であり，それぞれの法人の実態に即したいくつかの評価方法や償却方法が考えられており，いずれの方法を選択するかによって原価の額は異なってくる。

　このような重要な意味を持つ評価方法や償却方法について，法人の意思に任せると，恣意的な処理を行う可能性が生じ，課税の公平性が確保できないこともありうるため，法人税法は，別段の定めを置き，法人が採用できる評価方法や償却方法等について規定している。

---

[1] 売上原価，減価償却等はそれぞれ損金としての税務上の取扱いがあるが，一方，資産の評価を伴うことから，文献によっては資産の税務として記載されることがある。

図表 7.1　売上原価

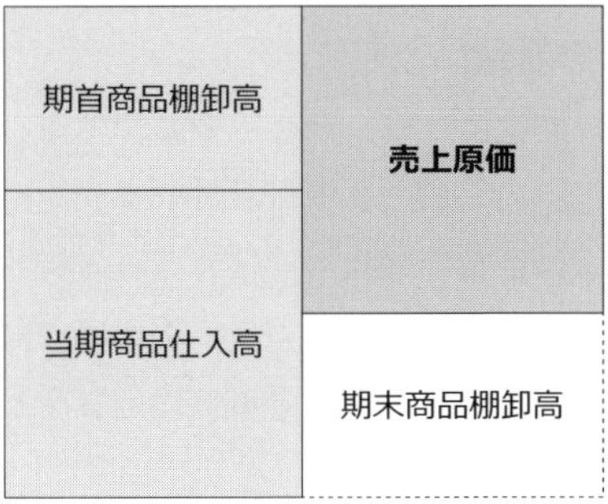

| 期首商品棚卸高 | 売上原価 |
| 当期商品仕入高 | 期末商品棚卸高 |

7.1　棚卸資産の売上原価の計算

7.1.1　売上原価の算出

　企業会計上，商品や製品の販売利益は，売上高から売上原価を差し引いて計算する。売上原価とは，商品等の仕入高のうち当期の売上高に対応するもので，次の算式により計算する。

> 売上原価 =（期首商品棚卸高 + 当期商品仕入高）− 期末商品棚卸高

　上記の算式の右辺の一部を左辺に移動すると，売上原価 + 期末商品棚卸高 = 期首商品棚卸高 + 当期商品仕入高となり，これを貸借方式で表示すると図表 7.1 のとおりである。

　上記の売上原価を求める算式において，期首商品棚卸高は既に前期末に確定しており，当期商品の仕入高についても取引高は確定していることから，当期の売上原価の金額は，期末の商品棚卸高がいくらであるかが明らかになれば確定する。この場合，期末の商品棚卸高の算出（評価）が過少に行われれば，売上原価の額は過大に計算されて結果的に利益の額が過少に計上される。逆に，期末の商品棚卸高の算出（評価）が過大に行われれば，売上原価

の額が過少に計算されて結果的に利益の額は過大に計上されることとなる。

7.1.2　棚卸資産の範囲

　法人税法において棚卸資産とは，商品，製品その他の資産で棚卸をすべきものをいう（法法 2 二十）。ただし，有価証券および短期売買商品を除く。この棚卸をすべきものとは，販売のために保有される物品や販売を目的とする製品の製造のために使用される物品をいう。例えば，同じ種類の自動車であっても，一般に事業で使用している自動車は固定資産となるが，自動車販売業の販売用の自動車は棚卸資産となる。

　棚卸資産とすべき具体的なものとしては，次のものがある（法令 10）。

　・商品または製品（副産物および作業くずを含む）

　・半製品

　・仕掛品（半成工事を含む）

　・主要原材料

　・補助原材料

　・消耗品で貯蔵中のもの

　・棚卸資産

　・その他上記に準ずるもの

　なお，有価証券については，その性質の違いから棚卸資産には含まれず，別に評価方法が規定されている（法法 61 の 2 ①二）。また，2007（平成 19）年度税制改正によって，短期売買商品の譲渡損益および時価評価損益の益金または損金算入制度が創設されたため，短期売買目的の金，銀，白金等は，棚卸資産から除かれた（法法 61）。

7.1.3　棚卸資産の取得価額

　棚卸資産の取得価額は，棚卸資産の評価額を計算するための基礎となる金額であり，例えば，購入または自己が製造等をした棚卸資産の取得価額は，次のようなものから構成される（法令 32）。

（1）購入した棚卸資産

　①　購入の代価

　　②　購入のために要した費用（引取運賃，荷役費，運送保険料，購入手数料，関税等）

　　③　販売の用に供するために直接要した費用（検収費，選別費，買入事務費等）

（2）自己が製造等をした棚卸資産

　　①　建設，製作，製造の原価（原材料費，労務費，経費）

　　②　販売の用に供するために直接要した費用

7.1.4　棚卸資産の評価額の計算

　　期末商品棚卸高とは，商品等の仕入高のうち当期の売上に対応しないものであり，いわゆる売れ残った商品分の仕入高である。この期末商品棚卸高は，法人がその事業年度終了の時に有する個々の棚卸資産の評価額を合算した集合体の概念であり，次の算式で求めることができる。

> 1 単位当たりの評価額 × 期末在庫数量 ＝ 期末商品棚卸高

　　法人税法は，各事業年度の所得の金額の計算上，その事業年度の損金の額に算入する売上原価等を算定する場合におけるその算定の基礎となる棚卸資産の価額は，法人の選定した評価方法により評価した金額とすることとしている（法法29）。上記の1単位当たりの評価額は，その種類，品質および型の異なるごとに区分して，決定される（法令28①一ロのかっこ書ほか）。

　　法人が有する商品ごとの単価と数量によって**図表7.2**のとおり期末商品棚

図表7.2　期末商品棚卸高の計算例

区　分	単価（円）	数量（実地棚卸）	棚卸金額（円）
A商品	60	100	6,000
B商品	50	80	4,000
C商品	100	70	7,000
D商品	10	120	1,200
合　計			18,200

↑
期末商品棚卸高

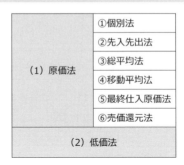

図表 7.3　棚卸資産の期末評価方法

(1) 原価法	①個別法
	②先入先出法
	③総平均法
	④移動平均法
	⑤最終仕入原価法
	⑥売価還元法
(2) 低価法	

卸高が計算される。

7.1.5　棚卸資産の評価方法

　期末棚卸高の評価いかんによって利益の額の操作が可能であることから，法人税法は，法人の恣意的な利益操作を防ぎ，適正な所得金額を計算するために，棚卸資産の期末評価の方法を規定し，法人がその中から選定した方法により，継続的に評価するよう規定している。

　棚卸資産の期末評価の方法として選定することができる原則的な評価方法は，**図表 7.3**のとおり原価法と低価法とに分けられ，原価法はさらに6つに区分される（法令 28）。

(1) 原 価 法

　原価法は，棚卸資産の期末評価額を，個別法等6種類の方法のうちいずれかの方法により算出したその資産の取得価額をもって評価額とする方法である（法令 28 ①一）。

①　個 別 法

　期末棚卸資産の全部について，その個々の取得価額を期末の評価額とする方法である。

②　先入先出法

　期末棚卸資産が，後に取得したものから順次構成されているものとみなし，そのみなされた棚卸資産の取得価額を期末の評価額とする方法である。

したがって，物価が上昇傾向にあるときには，前に低い価額で仕入れした
ものからまず販売されたものとして計算されるため，期末棚卸資産が高く
評価され，販売利益が多く計算されることとなる。

③　総平均法

期首棚卸資産の取得価額の総額と期中に取得した棚卸資産の取得価額の
総額との合計額を，それらの総数で除した単価によって期末棚卸資産額を
算出する方法である。

④　移動平均法

同じ種類等に属する棚卸資産を取得する都度，その取得価額とそのとき
に有する棚卸資産の取得価額とを平均して帳簿価額を規定し，これを期末
まで繰り返していき期末棚卸資産額を算出する方法である。

⑤　最終仕入原価法

事業年度の最後に取得したものの単価を用いて期末棚卸資産を評価する
方法である。

この方法は，時価に近い評価となり，棚卸資産の数量が確認できれば評
価が容易である。したがって，期末近くに時価の下落があるときには，期
末棚卸資産が低く評価されるため，販売利益が少なく計算されるという特
徴がある。

⑥　売価還元法

期末棚卸資産の通常の販売価額の総額に原価率を乗じて期末棚卸資産額
を評価する方法である。

〈算式〉

$$
評価額 = 期末棚卸資産の通常の販売価額の総額 \times 原価率
$$

$$
原価率 = \frac{期首棚卸資産の取得価額の総額 + 取得した棚卸資産の取得価額の総額}{期末棚卸資産の通常の販売価額の総額 + 販売した棚卸資産の対価の総額}
$$

なお，通常の販売価額の総額は，販売した棚卸資産について値引き，割
戻し等を行った上，それを売上金額から控除している場合であっても，そ

の値引き，割戻し等を行わなかったところの総額による。また，原価率が100％を超えた場合であっても，その率を原価率とする。さらに，販売した棚卸資産の対価の総額とは，実際の販売価額の総額をいい，原則として，値引きがあった場合には，値引き後の金額である。

（2）低価法

低価法は，棚卸資産の期末評価額を，次のうちいずれか低い方の価額とする方法である（法令28①二）。

① 原価法のうち法人が選定した方法により評価した価額（原価）

② 期末におけるその棚卸資産の価額（税法上の時価）

（3）特別な評価方法

法人は，（1）原価法または（2）低価法による評価の方法に代えてこれら以外の評価の方法を採用することができる。この特別な評価の方法による場合には，所定の事項を記載した申請書を納税地の所轄税務署長に提出し，その承認を受けなければならない（法令28の2①②）。すなわち，承認を受けようとする評価の方法が企業の実態に即し，かつ，合理性がなければならず，その評価の方法を採用することによってその事業年度の所得の金額の計算が適正に行われ難いと認められるものについて税務署長はその申請を却下することとなる（法令28の2③）。

7.1.6　評価方法の選定および届出

（1）評価方法の選定

法人は，事業の種類ごと，かつ，商品または製品，半製品，仕掛品などの棚卸資産の区分ごとに，それぞれ評価方法を選定しなければならない（法令29①）。すなわち，法人がどの評価方法を選定するかは法人の選択に任されており，法人の実態に最も適した方法で売上原価の計算が行われることを予定している。

（2）評価方法の届出

法人が選定した評価方法は，例えば次の区分に応じて，その該当する日の属する事業年度の確定申告書の提出期限までに所轄税務署長に届出する必要がある（法令29②）。

① 新たに設立した法人………………→ 設立の日
② 新たに収益事業を開始した法人…→ 開始した日
③ 他の種類の事業を開始した法人…→ 開始した日
④ 事業の種類を変更した法人………→ 変更した日

（3）評価方法の変更

　法人が選定した評価方法の変更を自由に認めると利益調整に利用される可能性があることから，継続して適用しなければならないこととなっている。もし，これを変更する場合には，変更しようとする事業年度開始の日の前日までに変更承認申請書を提出して所轄税務署長の承認を受ける必要がある（法令 30②）。

（4）法定評価方法

　評価方法の届出が義務付けられているにもかかわらず，法人が評価方法を届け出なかった場合，および，届け出たものの実際にはその方法により評価しなかった場合には，最終仕入原価法による原価法によって評価したものとされる（法令 31①）。したがって，最終仕入原価法が法定評価方法である。

●コラム 7　棚卸資産の期末評価が利益に与える影響

　商品棚卸高の期末評価は，企業会計における損益計算の重要な要素であり，法人税法における所得金額の計算上も極めて重要な意味を持つものである。期末評価の方法選択を法人の意思に任せると，恣意的な処理を行う可能性が生じ，課税の公平性が確保できない。

　法人が，売上除外，架空仕入，架空経費等を操作することによって所得を過少としても，税務当局が取引先に対して照会すれば確認できるのに対し，商品棚卸高の期末評価は自社内で操作可能であるから恣意的な処理は容易であるといえる。例えば，所得を過少とする，または，脱税を行うのであれば，棚卸原票の数量を改ざんして商品棚卸高を過少に評価する方法等が考えられる。一方，利益を過大にして粉飾するのであれば，商品棚卸高を過大に評価する方法等が考えられる。すなわち，次のようになる。

　　商品棚卸高過少　⇒　売上原価過大　⇒　所得過少　⇒　過少申告，脱税
　　商品棚卸高過大　⇒　売上原価過少　⇒　利益過大　⇒　粉飾

ところで，棚卸の方法には，帳簿棚卸と実地棚卸とがある。前者は受払帳等により期末の在庫数量を把握する方法であり，後者は事業年度終了のときに，実際に棚卸を行って数量を確認する方法である。前者は，盗難等による減損等が確認できないなどの欠点がある。このため，実地棚卸法により期末在庫数量を確定することが必要となる。

7.2　減価償却

法人が事業のために使用する建物，機械等の減価償却資産の取得のために要した費用は，**減価償却**（Depreciation）によって各事業年度に費用配分される。2007（平成19）年に税制改正が行われ，同年3月31日以前に取得した減価償却資産と同年4月1日以後に取得した減価償却資産とで，取扱いが異なるので留意する必要がある。

7.2.1　概　要

法人が事業に使用する建物，機械，器具備品等の減価償却資産を取得するために支出した費用の額（取得費）は，その全額を取得した事業年度の費用とするのではなく，その減価償却資産が事業のために使用されることによって年々減価する部分に相当する金額を費用として計上するのが合理的である。したがって，減価償却資産が時の経過および使用によって物理的に劣化しまたは経済的に減少するという点に着目して，減価償却資産の取得価額を一定の方法により使用可能な期間の各事業年度に，継続的に費用化すべきこととなる。この手続を減価償却といい，各事業年度に配分され費用化される金額を減価償却費という。

法人税法では，企業会計で一般的に認められている減価償却費を損金の額に算入することを認めている（法法22③）。しかし，減価償却費は他の費用と異なり，キャッシュ・フロー[2]を伴わない，すなわち実際の金銭の支出を伴わずに減価償却資産の価値減少分を法人の意思決定によって費用化するも

図表 7.4　減価償却のイメージ

のであるので，減価償却費の計算のすべてを法人の意思に任せると恣意的な処理を行う可能性が生じ，課税の公平性が確保できないことから，法人税法では，法人の恣意性を排除し，その取得日および法人が選択した償却方法を基礎として，減価償却費の計算要素である①減価償却の基礎となる取得価額，②使用可能期間である耐用年数，③償却方法等の基本的事項のすべてを規定し，法定の範囲内で減価償却費の損金算入をすることとしている（法法31）。

7.2.2　減価償却の対象となる資産

　固定資産とは，棚卸資産，有価証券，暗号資産[3]および繰延資産以外の長期間にわたって使用される資産をいうが，固定資産のすべてが減価償却の対象となるものではない。減価償却の対象となるのは，時の経過または使用によりその価値が減少するものおよび事業の用に供されているものに限られ，土地，貴金属等は時の経過または使用によりその価値が減少しないと考えられ，減価償却の対象とならない。また，減価償却資産として掲げられている資産であっても，稼働休止中の機械のように事業の用に供していない資産は減価償却の趣旨から減価償却の対象とされず，非減価償却資産としている（法令13かっこ書）。

　法人税法では，減価償却の対象となる資産を**減価償却資産**といい，**図表7.5**

---

[2]　営業活動によるキャッシュ・フローの計算では，減価償却費は非資金的費用項目として，税引前当期純利益に加算される。

[3]　資金決済に関する法律第2条第14項に規定するもの。

図表 7.5　減価償却の対象となる資産

減価償却資産	有形減価償却資産	建物，建物付属設備，構築物，車両運搬具，工具，器具備品，機械装置等
	無形減価償却資産	特許権，実用新案権，商標権，営業権，ソフトウェア，鉱業権等
	生物	牛，馬，果樹など
非減価償却資産	時の経過や使用によって価値が減少しないもの	土地，借地権，書画骨董，白金製品等
	事業の用に供していないもの	稼働休止中のもの，建設中のもの

のように規定している（法法2二十三，法令13）。減価償却資産を取得した場合には，これを資産に計上して事業の用に供した後に一定の方法により減価償却を行うこととなる。

7.2.3　取得価額

　減価償却資産の取得価額は，その使用可能期間にわたって償却費として配分される費用の額の計算を行う場合の基礎となる金額であり，また，将来これを譲渡したときの譲渡損益や減価償却資産から除却するときの除却損失の計算にも関連することから，適正に算出されなければならない。

　購入した減価償却資産の取得価額は，次のように算出される（法令54）。

> 取得価額 = 購入代価（購入先に支払った代金 + 購入のために要した費用）
> 　　　　　+ 事業の用に供するために直接要した費用の額

　購入のために要した費用とは，自己が支払った，引取運賃，荷役費，運送保険料，関税，購入手数料，その他購入のために要した費用である。

7.2.4　資本的支出

　減価償却資産を使用している途中で，その減価償却資産の破損等に対して修理や改良等を行う場合がある。それが単なる修繕であれば，その費用は全額が**修繕費**として損金となるが，使用可能期間が延びるような改良等に要した費用は，一時の損金には認められず，**資本的支出**として新たな減価償却資産の取得価額とされるかまたは既存の減価償却資産の取得価額に加算しなけ

図表 7.6　資本的支出と修繕費の区分と取扱い

支出の内容	区　分	取扱い
積極的な支出（注1）	資本的支出	減価償却資産の取得価額に加算
消極的な支出（注2）	修繕費	一時の損金

（注1）積極的な支出とは，減価償却資産の使用可能期間の延長または価値の増加をもたらす支出をいう。
（注2）消極的な支出とは，減価償却資産の通常の維持管理および原状回復のための支出をいう。

ればならない（法令55）。例えば，建物について耐震工事を行った際の費用は資本的支出に該当するであろうし，床のタイルを一枚張り替えただけでは修繕費に該当するであろう。しかし，法人が修理，改良等のために支出した費用が，修繕費であるか資本的支出であるかを明確に区分するのは，実務上かなり困難であるので，法人税法では，次の部分に対応する金額を資本的支出と規定している（法令132）。

①　その減価償却資産の使用可能期間を延長させる部分
②　その減価償却資産の価額を増加させる部分

なお，①と②のいずれにも該当するときには，その多い方の金額が資本的支出となる。資本的支出と修繕費の区分と取扱いは図表7.6のとおりである。

減価償却資産の使用可能期間を延長させる部分に対応する金額および価額を増加させる部分に対応する金額は，次の算式により計算する。

①　使用可能期間を延長させる場合

$$\text{使用可能期間を延長させる部分に対応する金額} = \text{支出金額} \times \frac{\text{支出後の使用可能年数} - \text{支出しなかった場合における通常の残存使用可能年数}}{\text{支出後の使用可能年数}}$$

②　価額を増加させる場合

$$\text{価値を増加させる部分に対応する金額} = \text{支出直後の価額} - \text{通常の管理や修理をしている場合において予測される支出直前の価額}$$

図表 7.7　残存割合

資産の種類	残存割合
有形減価償却資産	10%
無形減価償却資産	0%
生物	5 ～ 50%

前記①②どちらか多い方の金額が，資本的支出となる。

7.2.5　取得価額の償却

(1) 残存価額

①　2007（平成 19）年 3 月 31 日以前に取得した減価償却資産

　従来，法人が所有する減価償却資産について，その取得価額の全額（100％）を減価償却によって費用配分することは可能でなかった。これは減価償却資産を事業の用に供しなくなっても，その資産を中古資産として売却すること，または，スクラップとして処分することによって当初の取得価額の一部を回収することが可能と考えられるからである。したがって，取得価額からこの処分可能価額相当額を差し引いた残額に対して減価償却を行っていた。その使用可能期間を経過して最終的な処分によって回収されることが予測される部分が**残存価額**であり，法人税法においては，減価償却資産の取得価額に残存割合を乗じて計算した金額を残存価額として規定している（法令 56，耐令 6，同別表第十）。資産の種類ごとの残存割合は**図表 7.7** のとおりである。

②　2007（平成 19）年 4 月 1 日以後に取得した減価償却資産

　2007（平成 19）年度税制改正により，残存価額が廃止され，有形減価償却資産および生物についての備忘価額 1 円を除いて原則としてその取得価額のほぼ全額を減価償却費として損金の額に算入することができることとされた（法令 61 ①二）。

(2) 償却可能限度額

①　2007（平成 19）年 3 月 31 日以前に取得した減価償却資産

　償却できる限度額は，減価償却資産の取得価額から残存価額を差し引いた

図表 7.8　資産の種類ごとの償却可能限度額

資産の種類	償却可能限度額
有形減価償却資産	取得価額の 95％
無形減価償却資産	取得価額
生物	取得価額－残存価額

金額であるが，法人税法上は，残存価額に達した後も一定の金額（「償却可能限度額」という）に達するまでは減価償却が認められている（法令 61 ①）。資産の種類ごとの償却可能限度額は**図表 7.8** のとおりである。

　前記(1)②のとおり，2007（平成 19）年 4 月 1 日以後に取得した減価償却資産については，残存価額が廃止されている。これに伴い，2007（平成 19）年 3 月 31 日以前に取得した減価償却資産についても，償却可能限度額まで減価償却した場合には，その後，その帳簿価額を 5 年間で均等償却することができることとされた（法令 61 ②）。

② **2007（平成 19）年 4 月 1 日以後に取得した減価償却資産**

　残存価額が廃止されたことに伴い，前記(1)②のとおり，有形減価償却資産および生物についての備忘価額 1 円を除いて原則としてその取得価額のほぼ全額を減価償却費として損金の額に算入することができることとされた（法令 61 ①二）。

7.2.6　耐用年数

　取得した減価償却資産の取得価額は，減価償却手続によって使用可能期間（「**耐用年数**」という）に応じて費用配分するのであるが，耐用年数は，法人の業態，規模等によってそれぞれ異なる。法人税法では，法人が恣意的に耐用年数を決定することを防止し，課税の公平性を図る観点から，「減価償却資産の耐用年数等に関する省令」の別表第一から別表第八までに資産の種類，構造，用途の異なるごとに詳細に規定している（「**法定耐用年数**」という）（法令 56）。

図表 7.9　耐用年数表

区　分	耐用年数表	資産の種類
一般的な減価償却資産	別表第一	建物，構築物，車両，器具・備品等
	別表第二	機械および装置
	別表第三	無形減価償却資産
	別表第四	生物
特殊な減価償却資産	別表第五	公害防止用減価償却資産
	別表第六	開発研究用の減価償却資産

図表 7.10　定額法と定率法のイメージ

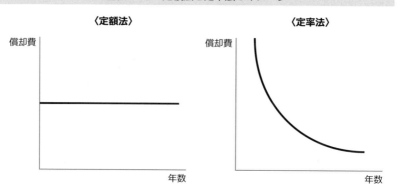

7.2.7　減価償却の方法

　減価償却の方法には，償却費が耐用年数に応じて毎年同一額となるように計算する方法である定額法と，償却費が毎年一定の割合で逓減するように計算する方法である定率法等がある。

　なお，2007（平成 19）年 3 月 31 日以前に取得した減価償却資産に適用する定額法および定率法等をそれぞれ「旧定額法」および「旧定率法」等といい（法令 48 ①），2007（平成 19）年 4 月 1 日以後に取得した減価償却資産に適用する償却方法は，単に「定額法」および「定率法」等と区別している（法令 48 の 2）。

　本講では，旧定額法および旧定率法等の文言は，2007（平成 19）年 3 月 31 日以前に取得した減価償却資産の償却限度額の計算に関して使用し，定額法

および定率法等の文言は，減価償却費の計算全般に関する場面で使用するほか，2007（平成19）年4月1日以後に取得した減価償却資産の償却限度額の計算に関して使用するので留意してほしい。

(1) 2007（平成19）年3月31日以前に取得した減価償却資産

① 旧定額法

> 償却限度額 ＝（取得価額 － 残存価額）× 旧定額法による償却率

② 旧定率法

> 償却限度額 ＝（取得価額 － 既に損金の額に算入された償却額）
> 　　　　　　　× 旧定率法による償却率

旧定率法による償却限度額は次によっても計算できる（申告書別表十六（二）参照）。

> 償却限度額 ＝（期末現在帳簿価額 ＋ 当期損金計上償却額）× 償却率

なお，**償却率**は，償却額の計算を行う場合の重要な要素である。法人によって小数点以下何位まで使用するかで差が出ないよう「減価償却資産の耐用年数等に関する省令」別表第七において，耐用年数に応じた旧定額法および旧定率法の各償却率が規定されている。

例えば，旧定額法における耐用年数6年の償却率は，0.166と規定されている。上記の耐用年数に応じた償却率は，法人の事業年度の期間が1年の場合の率であるから，法人の事業年度の期間が1年未満の場合には，旧定額法のときには，その償却率を〈事業年度月数 ÷ 12〉であん分調整した償却率を，また旧定率法のときには耐用年数に〈12 ÷ 事業年度月数〉を乗じて得た耐用年数に対応する償却率をそれぞれ適用する（耐令4②）。

また，旧定率法による償却率の数値には残存価額が組み込まれているので，償却限度額は，取得価額から既に損金の額に算入された償却額を控除した金額（帳簿価額）を基礎として計算することとなる。

(2) 2007（平成19）年4月1日以後に取得した減価償却資産

① 定　額　法　　定額法については，残存価額が廃止されたことに伴い，

図表 7.11　償却限度額

調整前償却額と償却保証額の関係	償却限度額
調整前償却額≧償却保証額	調整前償却額
調整前償却額＜償却保証額	改定取得価額×改定償却率

償却限度額の計算は，その減価償却資産の取得価額にその資産の耐用年数に応じた償却率を乗じて計算することとなる（法令 48 の 2，耐令別表第十）。

　②　定率法　　2012（平成 24）年 4 月 1 日以後に取得した減価償却資産に係る定率法については，いわゆる 200％償却法「（1 ÷ 耐用年数）× 200％」をもって計算した金額（「調整前償却額」という）が償却限度額となっている。なお，2012（平成 24）年 3 月 31 日以前に取得されたものについては，200％でなく 250％が適用される。調整前償却額が償却保証額に満たない場合には，償却限度額は，改定取得価額に改定償却率（耐令別表第十の「改定償却率」）を乗じて計算することとなる（法令 48 の 2，耐令別表第十）。すなわち，図表7.11 のとおりとなる。償却保証額とは，減価償却資産の取得価額に当該資産の耐用年数に応じた保証率を乗じて計算した金額である。

　なお，調整前償却額および償却保証額は次の算式により算出される。

> 調整前償却額 ＝ 期末帳簿価額 ＋ 当期償却費（＋ 前期繰越償却超過額）
> 償却保証額 ＝ 取得価額 × 保証率

　上記の耐用年数に応じた定率法または定額法の償却率は，法人の事業年度の期間が 1 年の場合の率であり，法人の事業年度の期間が 1 年に満たない場合には，それぞれの償却率を〈事業年度月数 ÷ 12〉であん分調整した償却率をもってそれぞれ適用する（耐令 5 ②）。

7.2.8　償却費として損金の額に算入する金額

(1) 償却限度額と損金経理

　償却費の計算は，減価償却資産の取得のために支出された金額について，その資産の使用期間における減価額を見積もり，これを各事業年度に費用配

分するための内部取引である。こうした法人内部の計算に基づく費用につい
ては，法人の主観によってその額が決定されうるものであるため，恣意的に
計算が行われる可能性を有している。したがって，法人税法は，課税の公平
を図る観点から損金の額に算入する金額に一定の限度額を設けて，その範囲
内での自主的な判断に任せることとし，その意思決定は確定した決算により
行うものとしている（法法31①）。

　法人税法上，損金の額に算入される償却費の額は，①償却限度額か②償却
費として損金経理した金額のうちいずれか少ない金額である。

① 「**償却限度額**」とは，法人が選定した定額法，定率法等の償却の方法に
　　基づき，税法で規定するところの耐用年数，残存価額（2007（平成19）
　　年3月31日以前に取得した資産に限る）等を基礎として計算された金額で
　　ある（法令58）。

② 「**償却費として損金経理した金額**」とは，法人が確定した決算で減価償
　　却費として費用または損失として経理した金額である（法法2二十五）。
　　　したがって，法人が確定した決算で償却費を計上しなかったときは，
　　法人税法上積極的に償却費を損金の額に算入することはない。また，決
　　算で計上した償却費が償却限度額に満たない場合の不足（「**償却不足
　　額**」という）があったとしても，この不足額は損金の額に算入されない
　　（法令48①，法令63，法基通7-5-1，7-5-2）。

（2）償却超過額

　償却超過額とは，法人が損金経理した償却費が，償却限度額を超える場合
のその超える部分の金額をいい，その金額は所得の金額の計算上損金の額に
算入されない（法法31①）。この償却超過額は，次のように取り扱われる。

　償却超過額のある減価償却資産の帳簿価額は，その償却超過額に相当する
金額の減額がなかったものとみなして，翌事業年度以降の償却限度額を計算
する。したがって，定率法の計算の基礎となる帳簿価額は，法人が計上した
金額に既往の償却超過額を加算した金額となる（法令62）。

　その事業年度の損金の額に算入されなかった償却超過額は，翌事業年度以
降において法人が償却費として損金経理した金額に含めて，翌事業年度以降
の損金の額に算入する償却費を計算する。「損金経理した償却費」の中には，

当事業年度において損金経理した償却費だけでなく，前事業年度以前に損金経理した償却費のうち償却超過額となった部分の金額が含まれる（法法31④）。

したがって，償却超過額は，それが生じた事業年度では損金の額に算入されないが，その後の事業年度で償却不足額が生じた場合には，その償却不足額の範囲内で，その事業年度の損金の額となる。

このように，償却超過額が生じた事業年度では，その金額は損金の額に算入されないので，これを申告書別表四で所得金額に加算することとなる。また，償却不足額が生じた事業年度で前事業年度以前の償却超過額がある場合には，その償却不足額と前事業年度以前の償却超過額とのいずれか少ない金額が損金の額に算入されるので，これを申告書別表四で所得金額から減算することとなる。

例えば，法人が償却方法について定率法を選定している場合において，前事業年度以前の償却超過額があるときの償却限度額の計算は，次のとおりである。

> 償却限度額 ＝（期末帳簿価額 ＋ 当事業年度償却費
> ＋ 前事業年度繰越償却超過額）× 定率法の償却率

また，法人が損金経理した償却費が償却限度額を超えるかどうかは，償却方法の異なるごと，かつ，種類，構造または用途，細目が同一で耐用年数が同一の減価償却資産ごとに判定する（法規19）。

（3）期中に取得した資産の償却限度額

減価償却の対象となる資産は，原則としてそれを事業の用に供していることが必要とされる。そこで，事業年度の中途において事業の用に供した減価償却資産のその事業の用に供した日を含む事業年度における償却限度額は，次のように計算することとしている（法令59①）。

$$その事業年度全期間の償却限度額 \times \frac{事業の用に供した月数^{4}}{その事業年度の月数}$$

7.2.9　少額の減価償却資産等の損金算入

(1) 少額減価償却資産の損金算入

減価償却資産を取得したときには，これを資産に計上し事業の用に供した後に減価償却を行うのであるが，次のいずれかに該当するものがある場合は，法人がその取得価額に相当する金額について，その事業の用に供した日の属する事業年度において損金経理したときは，その損金経理をした金額は損金の額に算入される。つまり，減価償却資産として資産に計上することを要しないこととなる（法令133）。

① その取得価額が10万円未満であるもの

ただし，2022（令和4）年4月1日以降に取得した資産から貸付の用に供したものは除く。しかし，貸付が主要な事業として行われるものは損金の額に算入される（法基通7-1-11，7-1-12）。

② その使用可能期間が1年未満であるもの

少額の減価償却資産の損金算入に関して，PHS事業者のエントランス回線を利用する権利（1回線に係る権利につき7万2,800円だが，合計15万3,178回線，総額111億5,135万8,400円で取得）が少額の減価償却資産に該当するか否かが争われた事件がある。最高裁は，権利一つごとに取得価額が10万円未満のものであるかどうかを判断すべきであるとした[5]。

(2) 一括償却資産の損金算入

減価償却資産で取得価額が20万円未満であるもの（上記（1）の適用を受けるものを除く）を事業の用に供した場合において，その資産の全部または特定の一部を一括したもの（「**一括償却資産**」という）の取得価額の合計額をその事業年度以後の各事業年度の費用の額または損失の額とする方法を選定したときは，その一括償却資産につきこれらの事業年度において損金の額に算入される金額は，その一括償却資産の取得価額の合計額（以下「一括償却対象額」という）の全部または一部につき損金経理をした金額のうち，次の算式により計算した金額に達するまでの金額とされている（法令133の2①）。

---

[4] 「事業の用に供した月数」は，事業に使用した日から期末までの月数で，暦に従って計算し，1か月に満たない端数は1か月とする（法令59②）。

[5] 最高裁平成20年9月16日第三小法廷判決（民集第62巻8号2089頁）。

図表 7.12　少額の減価償却資産等の損金算入の取扱い

少額減価償却資産の取得価額	損金算入の取扱い
10 万円未満	①資産計上後，通常の減価償却 ②事業供用時に全額損金算入 ③一括償却資産の損金算入から選択
10 万円以上 20 万円未満	①資産計上後，通常の減価償却 ②一括償却資産の損金算入から選択
20 万円以上	資産計上後，通常の減価償却
30 万円未満（中小企業者等特例）	事業供用時に限度額内で一時損金算入

　なお，損金経理をした金額には，一括償却対象額につきその事業年度前の各事業年度において損金経理をした金額のうち，その各事業年度の損金の額に算入されなかった金額を含むこととされている（法令 133 の 2 ⑨）。

$$\text{一括償却対象額} \times \frac{\text{その事業年度の月数}}{36}$$

　この制度を適用するには要件があり，一括償却資産を事業の用に供した日の属する事業年度の確定申告書等に一括償却対象額の記載があり，かつ，その計算に関する書類を保存している場合に限り，適用される（法令 133 の 2 ⑪）。

（3）中小企業者等の少額の減価償却資産等の損金算入の特例

　上記の取扱いのほか，期間制限[6]があるが，中小企業者または農業協同組合等で一定の要件を満たす場合，取得価額が 30 万円未満である少額の減価償却資産については，その取得価額の合計額のうち 300 万円に達するまでの金額は損金算入を認めるとの特例措置が設けられている（措法 67 の 5，措令 39 の 28）。

（4）少額の減価償却資産等の損金算入の取扱い（まとめ）

　上記（1）から（3）をまとめると，少額の減価償却資産等の損金算入の取扱いは，図表 7.12 のように整理することができる。

---

[6] 2006（平成 18）年 4 月 1 日から 2024（令和 6）年 3 月 31 日までの期間。

図表 7.13 減価償却の方法（2007（平成 19）年 3 月 31 日以前）

償却方法	算 式
旧定額法	償却限度額 ＝（取得価額 − 残存価額）× 耐用年数に応じた償却率
旧定率法	償却限度額 ＝（取得価額 − 既償却額（注 1））× 耐用年数に応じた償却率
旧生産高比例法	償却限度額 ＝（取得価額 − 残存価額）× $\dfrac{採掘数量}{採掘予定数量（注 2）}$
旧国外リース期間定額法	償却限度額 ＝（A − B）× $\dfrac{C}{D}$ A：リース資産の取得価額 B：見積残存価額 C：当該事業年度におけるリース期間の月数 D：リース期間の月数

（注 1）既償却額とは，既に償却費として損金経理した金額で，各事業年度の所得の金額の計算上損金に算入された金額。
（注 2）耐用年数と採掘年数のうち短い方の期間内の採掘予定数量。

7.2.10 償却方法の選定と届出

（1）減価償却の方法

① 2007（平成 19）年 3 月 31 日以前に取得した減価償却資産

法人税法では，償却の方法として図表 7.13 の四つの方法を規定しており，法人は原則としてこれらのいずれかの方法を選択することとなる（法令 48）。

② 2007（平成 19）年 4 月 1 日以後に取得した減価償却資産

2007（平成 19）年 3 月 31 日以前に取得した減価償却資産と同様に四つの方法を規定しており，法人は原則としてこれらのいずれかの方法を選択することとなるが，残存価額が廃止されたことに伴い，図表7.14 の算式となる。なお，「定率法」の算式は「旧定率法」と同様であるが，この算式により計算された償却限度額が償却保証額に満たない場合には，改定取得価額に改定償却率を乗じて計算した金額となる（法令 48 の 2）。

（2）減価償却の選定の範囲

選択できる償却方法の範囲は，複雑になっており，主な資産の区分に応じ次のとおりとなっている（法令 48，48 の 2）。

図表 7.14　減価償却の方法（2007（平成 19）年 4 月 1 日以後）

償却方法	算　　式
定額法	償却限度額 ＝ 取得価額 × 耐用年数に応じた償却率
定率法	償却限度額 ＝（取得価額 − 既償却額（注 1）） × 耐用年数に応じた償却率
生産高比例法	償却限度額 ＝ 取得価額 × $\dfrac{採掘数量}{採掘予定数量（注2）}$
リース期間定額法	償却限度額 ＝（A − B）× $\dfrac{C}{D}$ A：リース資産の取得価額 B：残価保証額 C：当該事業年度におけるリース期間の月数 D：リース期間の月数

（注 1）既償却額とは，既に償却費として損金経理した金額で，各事業年度の所得の金額
　　　　の計算上損金に算入された金額。
（注 2）耐用年数と採掘年数のうち短い方の期間内の採掘予定数量。

① 建　物

　1998（平成 10）年 3 月 31 日以前取得

　　届出をした法人　→　旧定額法，旧定率法のうち届け出た方法

　　届出をしなかった法人　→　旧定率法

　1998（平成 10）年 4 月 1 日から 2007（平成 19）年 3 月 31 の間に取得

　　旧定額法（届出不要）

　2007（平成 19）年 4 月 1 日以後取得

　　定額法（届出不要）

② 建物附属設備・構築物

　2007（平成 19）年 3 月 31 日以前取得

　　届出をした法人　→　旧定額法，旧定率法のうち届け出た方法

　　届出をしなかった法人　→　旧定率法

　2007（平成 19）年 4 月 1 日から 2016（平成 28）年 3 月 31 の間に取得

　　届出をした法人　→　旧定額法，旧定率法のうち届け出た方法

　　届出をしなかった法人　→　定率法

　2016（平成 28）年 4 月 1 日以後取得

　　定額法（届出を要しない）

③　有形減価償却資産（前記①，②を除く）

　2007（平成 19）年 3 月 31 日以前取得

　　届出をした法人　→　旧定額法，旧定率法のうち届け出た方法

　　届出をしなかった法人　→　旧定率法

　2007（平成 19）年 4 月 1 日以後取得

　　定率法

法人が届出をしなかった場合に，適用される方法が**法定償却方法**である。

　定額法，定率法の選定は耐用年数省令別表に掲げる資産の種類ごと（別表第二の機械および装置は設備の種類ごと）に選定することができる。また，2以上の事業所または船舶を有する法人は事業所または船舶ごとに異なる償却の方法を選定することができる（法令 51）。

（3）償却方法の変更

　法人が選定した償却方法は，原則として継続して適用しなければならないが，これを変更しようとする場合には，変更しようとする事業年度開始の日の前日までに，変更承認申請書を所轄税務署長に提出して承認を受ける必要がある（法令 52）。

7.3　繰延資産の償却費

　法人は各種の費用を支出するが，それがすべて支出時の損金になるわけではなく，その支出した費用が翌期以降の収益にも貢献すると認められるものについては，繰延資産，前払費用および資産の取得価額として，その支出の効果の及ぶ期間に分けてそれぞれの期間の費用として処理する。

7.3.1　繰延資産の概要

　繰延資産とは，既に代価の支払いが完了し，これに対応する役務の提供を受けた費用のうち，支出の効果が翌期以降にも及ぶと予想される費用を，適正な期間損益計算の観点から，支出の効果の及ぶ期間に合理的に配分するた

図表 7.15　繰延資産，前払費用および資産の取得価額

法人の支出した費用で支出の効果が翌期以降に及ぶもの	支出の効果がその支出の日以降1年以上に及ぶもの	⇒	繰延資産
	前払利息，前払家賃等のように役務の提供に先立って支払ったもの	⇒	前払費用
	資産の取得価額を構成するもの	⇒	資産の取得価額

図表 7.16　法人税法上の繰延資産

企業会計上の繰延資産	①創立費，②開業費，③開発費，④株式交付費，⑤社債等発行費
税法固有の繰延資産	以下に掲げる費用でその支出の効果が1年以上に及ぶもの ①　自己が便益を受ける公共的施設または共同的施設の設置または改良のために支出する費用（道路負担金等） ②　資産を貸借しまたは使用するために支出する権利金，立退料その他の費用（借家の権利金，礼金等） ③　役務提供を受けるために支出する権利金その他の費用（ノウハウの頭金等） ④　製品等の広告宣伝の用に供する資産を贈与したことにより生ずる費用（広告宣伝用の看板，陳列棚等を贈与した費用） ⑤　①から④までの費用のほか，自己が便益を受けるために支出する費用（出版権の設定の対価，プロ野球選手の契約金等）

　め，経過的に資産として計上するものである。したがって，繰延資産は，換金性もなく，また，法律上の権利でもなく，実体を伴わない資産，いわば擬制した資産であるところにその特徴がある。

　法人税法では，適正な期間損益計算を行うことによって法人間の課税の公平を期するため，減価償却資産と同じく繰延資産を規定している。

　法人税法上の繰延資産は，法人の支出する費用のうち支出の効果が1年以上に及ぶものをいい，資産の取得価額に算入される費用と前払費用は除かれている。この支出の効果が1年以上に及ぶ費用には，企業会計における繰延資産も含まれる（法法2二十四，法令14）。

　なお，2007（平成19）年度税制改正により，試験研究費および社債発行差金は繰延資産から除外された。

7.3.2　償却費の計算

　繰延資産はその効果が及ぶ期間を基礎として償却するが，その償却限度額は繰延資産の区分に応じ，それぞれ次により計算した金額となる（法法32 ①，法令64 ①）。

(1) 企業会計にもある繰延資産

> 償却限度額 = その繰延資産の額

　法人の随時償却とされ，期末現在の繰延資産の額の全額が償却限度額となる。

(2) 法人税固有の繰延資産

　支出した費用をその支出の効果の及ぶ期間であん分した金額がその事業年度の償却限度額となり，以下の算式で求められる。

$$償却限度額 = 支出した費用の額 \times \frac{その事業年度の月数}{支出の効果が及ぶ期間の月数}$$

　ここで，支出する日の属する事業年度においては，その支出する日からその事業年度終了の日までの月数とする（1 か月未満の端数は 1 か月とする）。

　法人税法上，損金の額に算入される額は，償却費として損金経理した金額のうち償却限度額に達するまでの金額であり，また，償却超過額の取扱いは減価償却の場合と同様である（法法32 ①⑥，法令64，65）。なお，その支出した費用の額が20 万円未満であるときは，繰延資産として計上しないで，その支出時に全額を損金経理により損金の額に算入することができる（法令134）。

7.4　リース取引

　リース取引とは，特定の物件（「リース物件」という）の所有者である貸手（レッサー）が，リース物件の借手（レッシー）に対し，合意された期間（「リ

ース期間」という）にわたりこれを使用収益する権利を与え，借手は，合意されたリース料を支払う取引である（リース取引に関する会計基準第4項）。リース取引は，リース契約に基づくリース期間の中途において当該契約を解除することができないリース取引またはこれに準ずる取引で一定の要件に当てはまる「ファイナンス・リース取引」と，それ以外の「オペレーティング・リース取引」に区分される。一定の要件とは，借手が，当該契約に基づき使用するリース物件からもたらされる経済的利益を実質的に享受することができ，かつ，当該リース物件の使用に伴って生じるコストを実質的に負担していることである（リース取引に関する会計基準第5，6項）。リース取引は，法形式上は，資産の賃貸借契約であるが，その経済的実質からみて，売買取引または金融取引として取り扱われる。

　2007（平成19）年，リース取引に関する会計基準が改正されたこと受けて，法人税法上の取扱いも改正され，2008（平成20）年4月1日以後締結されるリース取引のうち，ファイナンス・リース取引を税務上のリース取引とし，リース資産を賃貸人から賃借人に引き渡した時に売買があったものとして取り扱われる（法法64の2①）。オペレーティング・リース取引はその他のリース取引として賃貸借取引として取り扱われる。

● 練習問題 ●

7.1　食品卸業を営むX株式会社は2023.4.1〜2024.3.31事業年度において，次のとおり減価償却費を計上した。この場合の償却限度額および償却超過額を計算しなさい。なお，X社は法定償却方法を採用し，期中に取得した資産は直ちに事業の用に供されている。

単位：円

資産の種類	構造・用途	取得価額	期首簿価	当期償却額	期末簿価	備　考
店舗	鉄筋コンクリート	100,000,000	22,000,000	1,300,000	20,700,000	1998年3月31日以前取得
倉庫	木造	60,000,000	2023年10月30日取得	2,500,000	57,500,000	
車両運搬具	トラック	2,000,000	2023年10月1日取得	400,000	1,600,000	

　上記構造・用途の各資産の耐用年数と償却率は次のとおり。

　　店舗　39 年　旧定率法（0.057）

　　倉庫　15 年　定額法（0.067）

　　車両運搬具（トラック）　5 年　定率法（0.400）

7.2　X株式会社では，事務所1棟の修繕費2,400,000円を当期に支出したが，この事務所は，10年前に新築し，これを通常に管理，修理していれば，現在では残存使用可能期間が10年，時価は2,200,000円であろうと予測されていた。この修理の結果，その後の使用可能期間は15年，修理直後の時価は2,800,000円となったとした場合の資本的支出の額はいくらか。

第8講

損金 (Ⅱ)

　本講では，損金のうち，給与，ストック・オプション，保険料について学習する。企業会計に比べ，税務会計では給与に関する取扱いが詳細であり，複雑である。なお，給与所得は所得税の中で重要な位置を占めている。

8.1　給　与

8.1.1　役員等の給与

　法人は，使用人および役員に対して給与を支払うが，それらの給与は法人税法上取扱いに差異がある。給料，賞与，退職給与を総称して給与という。使用人に対する給与は，法人と使用人との雇用契約（民623）に基づいて，その労務の対価として支払われるものであり，企業会計上費用となるものである。法人税法上も原則としてその全額が損金の額に算入される（法法22③二）。

　ただし，次のような例外的な取扱いが設けられており，留意する必要がある。

① 特殊関係人に係る過大な使用人給与の損金不算入（法法36，法令72，72の2）

② 使用人賞与の損金算入時期の取扱い（法令72の3）

　一方，役員に対する給与については，役員が法人の委任（会330）を受けてその法人の経営に従事する者であり，法人の得た利益の分配に関与する地位

にあるともいえることから，職務執行の対価として相当とされる金額を超える部分は損金の額に算入しないこととしている（法法34）。

　法人税法は，個人類似法人といわれる個人経営的な会社を「**同族会社**」として，役員に対する給与に関して特別に規定しているので，同族会社を理解する必要がある（次項）。なお，同族会社については，同族会社の特別税率［第11講参照］など給与以外でも特別な取扱いを行うことがあり，留意する必要がある。

8.1.2　同族会社

(1) 概　要

　多数の出資者が保有する会社の場合は，株主と経営者が分離されているが，少数の出資者が，資本の多くの部分を保有している会社の場合は，絶対多数の議決権を行使することにより，少数の出資者の個人的意思でその会社を支配することが可能となる。例えば，役員に対する臨時的な給与は損金の額に算入されないという取扱いに対して，実質的には役員のように経営に参画している者を形式的に使用人とするなどの方法で，会社と役員を通じた全体の租税負担の不当な軽減を図ることが可能となる。こうしたことに対処するため，法人税法では，株主等の3人以下とこれらの株主等と特殊の関係にある個人および法人がその会社の株式の総数または出資金額の合計額の50％超を保有している会社を「同族会社」とし，非同族会社と区別して特別の規定を設けている（法法2十）。ここで，株主等とは，株主または合名会社，合資会社もしくは合同会社の社員その他法人の出資者をいう（法法2十四）。

　同族会社の課税上の特別規定は，以下のようなものである。

① 　同族会社の使用人のうち一定の株式を保有している者は，役員とみなされる場合がある（法令7二，71①五）。

　　また，同族会社の役員のうち，使用人との兼務が認められない者があり，その者に支給する使用人分賞与の額は損金の額に算入されない（法令71①五）。

② 　同族会社において，法人税の負担を不当に減少させる結果となる行為や計算が行われるときは，正常な取引に置き替えて所得金額が計算され，

法人税の課税が行われる。いわゆる「**同族会社等の行為又は計算の否認規定**」が設けられている（法法 132）。

（2）同族会社の判定基準

同族会社判定の基礎となる株主等とは，単に株主等の数ではなく，ある株主等と特殊な関係にある者（「同族関係者」という）の持分を全部合わせて第 1 グループとし，これを株主 1 人の持株とみて，第 3 グループまでにより資本金（発行済株式の総数または出資金額）の 50％を超える場合に，その会社を同族会社と判定することとなっている（法法 2 十）。

同族関係者となる個人には，株主等の配偶者や子供等の親族だけでなく次のような者が含まれる（法令 4 ①）。

① 株主等の親族（配偶者，6 親等内の血族，3 親等内の姻族）

② 株主等と内縁関係（事実上婚姻関係と同様の関係）にある者

③ 個人である株主等の使用人（法人株主等の使用人は含まない）

④ 個人株主等から受ける金銭等により生計を維持している者（上記①から③以外の者）

⑤ 上記②から④の者と生計を一にするこれらの者の親族

「生計を一にする」ことについて，国税庁は，常の生活の資を共にすることをいい，会社員，公務員などが勤務の都合により家族と別居しているまたは親族が修学，療養などのために別居している場合でも，生活費，学資金または療養費などを常に送金しているときや，日常の起居を共にしていない親族が，勤務，修学等の余暇には他の親族のもとで起居を共にしているときは，「生計を一にする」ものとして取り扱われると説明している。

また，同族関係者となる法人とは，次に掲げる法人をいう（法令 4 ②）。

① 株主等の 1 人（個人の場合は同族関係者含む。以下，②および③において同じ）が他の会社を支配している場合における当該他の会社

② 株主等の 1 人と①の会社が他の会社を支配している場合における当該他の会社

③ 株主等の 1 人と①および②の会社が他の会社を支配している場合における当該他の会社

なお，「他の会社を支配している場合」とは，次に掲げる場合のいずれかに

該当するものをいう（法令4③）。

① 他の会社の発行済株式または出資の総数または総額の50％を超える数または金額の株式または出資を有する場合

② 他の会社の次に掲げる議決権のいずれかにつき，その総数の50％を超える数を有する場合

　（a） 事業の全部もしくは重要な部分の譲渡，解散，継続，合併，分割，株式交換，株式移転または現物出資に関する決議に係る議決権

　（b） 役員の選任および解任に関する決議に係る議決権

　（c） 役員の報酬，賞与その他職務執行の対価として会社が供与する財産上の利益に関する事項についての決議に係る議決権

　（d） 剰余金の配当または利益の配当に関する決議に係る議決権

③ 他の会社の株主等（合名会社，合資会社または合同会社の社員に限る）の総数の半数を超える数を占める場合

(3) 特定同族会社

会社の株主等の1人とその同族関係者がその会社の発行済株式または出資の総数または総額の50％を超える数または金額の株式または出資を有する場合など「その会社を支配している場合」におけるその会社を被支配会社といい，この被支配会社のうち，被支配会社であることについての判定の基礎となった株主または社員のうちに被支配会社でない法人がある場合，その法人をその判定の基礎となる株主または社員から除外して判定するとした場合においても被支配会社となるものを**特定同族会社**という（法法67①②）。

特定同族会社の一定額以上の留保金額には，通常の法人税のほかに，一定の特別税率が課税される（**第11講の11.2**（特定同族会社の特別税率）参照）。

8.1.3　役員の定義

(1) 法人税法上の役員

法人税法上の役員には，株主総会等により選任され登記されている役員のほか，役員として登記されていないが，実質的に法人の経営に参画しており，その意思決定に大きな影響力を持つと認められる者が含まれており（法法2十五，法令7），法人税法上の役員の範囲は，取締役等会社法その他の法令に

より選任された役員よりも広く規定されている。

　具体的には次の者は法人税法上の役員に該当する。

① 　法人の取締役，執行役，会計参与，監査役，理事，監事および清算人（会社法等で規定された役員）

② 　会長，相談役，顧問等のように，登記上の役員ではないが，使用人以外の者で実質的に法人の経営に従事している（法人の主要な業務執行の意思決定に参画している）者（法令7一）

③ 　同族会社の使用人のうち，同族会社の判定の基礎となった特定の株主グループに属しているなど次の三つの要件のすべてに該当している株主（「特定株主」という）でその会社の経営に従事している者（法令7二，71①五）

　(a) 　同族判定の基礎となった所有割合が50％を超える場合における上位第三順位以内の株主グループのいずれかに属していること。

　(b) 　自己の属する株主グループの所有割合が10％を超えていること。

　(c) 　自己の持株割合（配偶者および所有割合50％超の関係会社を含む）が5％を超えていること。

（2）業務執行役員等

　2002（平成14）年の商法改正により，委員会等設置会社（原則として大会社であり，取締役3名以上により組織され，かつ，社外取締役が過半数を占める指名委員会，監査委員会および報酬委員会を設置する会社）に執行役制度が導入された。この委員会等設置会社では，取締役会により選任される執行役および代表執行役が置かれ，取締役会から委任を受けた事項の決定および業務執行を行うこととなる。この執行役は上記（1）①に規定されているとおり法人税法上の役員である。

　ところで，近年，経営と事業執行の分離というコーポレートガバナンスの観点から，執行役制度とは別に任意の執行役員制度を導入する企業が増えている。執行役員制度は，取締役および取締役会の改革の一環として，経営の重要な意思決定を行う取締役と事業の執行を専門に行う執行役員とを分離し，取締役会の活性化および意思決定の迅速化を通して，経営の効率を図ることを目的として導入されている。そして，取締役会が経営の意思決定権および

業務執行に関する監督権を有し，代表取締役が業務執行を行い，執行役員が
代表取締役を補佐し，一定の代理権を与えられ，その範囲内で業務の執行を
行う。

　執行役員は会社法で規定されておらず，株主総会ではなく，通常は取締役
会で選任される。したがって，法律上の根拠がある役員ではない。法人税法
上の役員については，前記（1）のとおりであり，執行役員は役員という名
称が付いているものの（1）①の役員の範囲には含まれない。次に，執行役
員がみなし役員に該当するか否かについて，一般的に執行役員は取締役会に
おける議決権がないと考えられ，また，業務執行の意思決定権を持たず，代
表取締役の命令に従って業務執行を担当しているに過ぎない。したがって，
執行役員は法人の経営に参画しているとはいえないので，みなし役員には該
当せず，報酬については使用人と同様の取扱いとなる。ただし，執行役員が
取締役を兼務している場合や，法人の経営に参画している場合は，法人税法
上の役員に該当する。

8.1.4　使用人兼務役員

　日本では，長年同じ法人に勤務して職制上の地位も上がった使用人は，使
用人としての仕事を続けつつ，取締役等の役員に昇格する場合が多くあり，
このような役員を「**使用人兼務役員**」という。使用人兼務役員とは，役員の

図表 8.1　使用人兼務役員になる者とならない者の区分

区　分	判　定
①社長，副社長，理事長，代表取締役，代表執行役，専務取締役，専務理事，常務取締役，常務理事，代表権の制限等のない理事，清算人，その他これらに準ずる者および監査役並びに監事 ②合名会社，合資会社および合同会社の業務執行社員 ③取締役（委員会設置会社の取締役に限る），会計参与および監査役並びに監事 ④同族会社の特定役員	使用人兼務役員にならない
上記①〜④以外の役員で部長，課長，その他法人の使用人としての職制上の地位を有し，かつ，常時使用人として職務に従事している者	使用人兼務役員になる

うち部長，課長その他法人の使用人としての職制上の地位を有し，常時使用
人としての職務に従事する者をいうと定義されている（法法34⑥，法令71）。
例えば，取締役支店長，取締役営業部長，取締役製造部長，取締役工場長等
がこれに該当する。なお，**図表8.1**に示すように，一定の役員は使用人兼務
役員とならない。

8.1.5　役員給与の取扱い

　2006（平成18）年度税制改正前の法人税法においては，使用人に対する給
与と同じように，役員に対する給与についても役員報酬，役員賞与，役員退
職給与に区分して，それぞれ損金の額に算入される金額についての取扱いが
規定されていた。しかし，その後会社法制や会計制度などが大きく変わった
ことを勘案して，かつての区分をまとめて役員給与と整理した上で，その損
金の額に算入される範囲等について次のように規定する改正を行った。

　法人がその役員に対して支給する給与のうち，次に掲げる定期同額給与，
事前確定届出給与，業績連動給与の3つの給与のいずれにも該当しないもの
の額は損金の額に算入されない（法法34①）。ただし，これらの給与には，債
務の免除による利益その他経済的な利益を含み，業績連動給与に該当しない
退職給与，および使用人兼務役員に対して支給する使用人分給与は含まれな
い。また，不相当に高額な部分の金額および事実を隠ぺいまたは仮装経理す
ることにより役員に対して支給する給与は損金の額に算入されない（法法34
①②③④）。

（1）定期同額給与

　定期同額給与とは，支給時期が1か月以下の一定の期間ごとであり，かつ，
当該事業年度の各支給時期における支給額が同額である給与，その他これに
準ずる給与をいう（法法34①一，法令69①）[1]。

（2）事前確定届出給与

　事前確定届出給与とは，あらかじめ役員の職務につき所定の時期に確定額
を支給することを決めておき，それに基づいて支給する給与で，納税地の所

---

[1] 賞与は定期同額給与に該当しない。

轄税務署長にその定めの内容に関する届出を行っているものをいう（法法34
①二，法令69③〜⑧，法規22の3①）。したがって，あらかじめ支給額や支給
時期が確定しているものについては毎月の定期同額の給与のほかに6月およ
び12月などのように特定の月に増額支給するものであっても損金の額に算
入されるということとなる。

（3）業績連動給与

　法人が業務を執行する役員[2]に対して支給する業績連動型給与で次に掲げ
る要件を満たすものをいう（法法34①三，法令69⑨〜㉑，法規22の3②）。な
お，他の業務を執行する役員のすべてに対して次に掲げる要件を満たす業績
連動給与を支給する場合に限る。

① 　その業績連動給与の算定方法が，当該事業年度の業績の状況を示す指
　　標（「業績連動指標」という）を基礎とした客観的なもので，次に掲げる
　　3つの要件を満たすこと。

　（a）　金銭給付の場合は確定額を，株式または新株予約権の場合は確定
　　　数を限度としているものであり，かつ，他の業務を執行する役員に
　　　対して支給する業績連動給与に係る算定方法と同様のものであるこ
　　　と。

　（b）　当該事業年度開始の日の属する会計期間開始の日から3か月を経
　　　過する日までに，報酬委員会が決定していることその他適正な手続
　　　を経ていること。

　（c）　算定方法の内容が，上記の決定または手続の終了の日以後遅滞な
　　　く，有価証券報告書に記載されていることその他の方法により開示
　　　されていること。

② 　金銭給付の場合は業績連動指標の数値が確定した日の翌日から1か月
　　を経過する日までに支払われ，または支払われる見込みであること。

---

[2]「業務を執行する役員」とは，利益連動給与の算定方法についての報酬委員会の決定または手続
の終了の日において次の役員に該当するものをいう（法令69⑨）。
① 取締役会設置会社の代表取締役および取締役会の決議によって業務を執行するものとして選
　任された取締役
② 委員会設置会社の執行役
③ ①および②の役員に準ずる役員

③　損金経理をしていること。

【参考】2006（平成 18）年度税制改正前の役員給与についての考え方

　旧法人税法では，役員報酬とは，法人と役員との委任関係に基づいて，その職務執行の対価として定期的に支給される給与，すなわち，あらかじめ規定された支給基準に基づいて，毎日，毎週，毎月のように月以下の期間を単位として規則的に反復または継続して支給される給与をいい，不相当に高額な部分の金額を除き損金の額に算入することとされていた。

　一方，次に掲げるようなものは臨時的な給与（賞与）に該当するとして，損金の額に算入されないものとされていた。

①　その支給額が，利益に一定の割合を乗ずる方法により算定されることとなっているもの

②　定期の給与を受けている者が，通常行われている給与の増額以外に特定の月だけ増額された場合における特定の月に支給された額のうち毎月において支給される額を超える部分の金額

③　定期の給与を受けている者が，そのほかに 6 月，12 月に支給される給与

8.1.6　過大な役員給与の損金不算入

　法人が役員に対して支給する給与のうち不相当に高額な部分の金額は，損金の額に算入されない（法法 34 ②，法令 70）。

(1) 役員退職給与以外の役員給与

　役員給与が不相当に高額かどうかは，次の「実質基準」および「形式基準」によりそれぞれ不相当に高額な部分の金額を算出し，いずれか多い金額が損金の額に算入されない金額となる（法令 70 一）。

①　実質基準

　　役員の職務内容，法人の収益状況，使用人に対する給与の支給状況，同業種同規模法人の役員給与の支給状況等に照らし，不相当に高額な場合には，その高額部分の金額。なお，役員とみなされる使用人は実質基準により判断する。

② 形式基準

法人の定款や株主総会で規定した金額の範囲を超えて給与を支給していた場合の，その超える部分の金額。

(2) 役員退職給与

役員の退職給与については，役員の退職の事実により支払われるすべての給与をいう。退職給与のうち，当該役員の業務に従事した期間や退職の事情，同業種同規模法人の役員退職金の支給状況等に照らし，不相当に高額な場合には，その高額であると認められる部分の額は損金の額に算入されない（法法34②，法令70二）。しかし，退職する役員の事情や経歴は千差万別であり，創業者社長のような場合，金額が相当か否かを判断することは困難な面もある。なお，役員に対して業績連動指標を基礎として支給される退職給与については，前述の業績連動給与の損金算入要件を満たさないものは損金の額に算入されない（法法34①）。

(3) 使用人兼務役員に対する賞与

使用人兼務役員，すなわち使用人としての職務を有する役員に対して支給する使用人としての職務に対する賞与については，他の使用人の賞与の支給時期と同時期に支給し，かつ，他の職務が類似する使用人の賞与の額と比較して適正な額である場合に損金算入が認められる（法法34②，法令70三，72の3）。

(4) 隠ぺいまたは仮装により支給する役員給与の損金不算入

法人が，事実を隠ぺいし，または仮装して経理することによりその役員に対して支給する給与の額は損金とならない（法法34③）。

8.1.7　使用人給与の取扱い

使用人に支給する給与，すなわち給料，賞与，退職給与は，原則として各事業年度の所得の金額の計算上，損金の額に算入される。しかし，企業経営者がその配偶者や子供に多額の給与を支払い，法人税の負担軽減を図る可能性があることから，使用人であっても，役員の親族等に対して支給する過大な給与については，損金の額に算入しないこととなる。すなわち，法人がその役員と特殊の関係にある使用人（「特殊関係使用人」という）に対して支給

する給与の額のうち，不相当に高額な部分の金額については，損金の額に算入しないこととされている（法法36）。

（1）給与の範囲

　給料，賃金，賞与および退職給与のほか，債務の免除による経済的利益その他の利益が含まれる。

（2）特殊関係使用人の範囲

　役員と特殊の関係のある使用人とは，次に掲げる者である（法令72）。

① 　役員の親族

② 　役員と事実上婚姻関係と同様の関係にある者

③ 　①および②以外の者で役員から生計の支援を受けているもの

　　　具体的には，役員から給付を受ける金銭その他の財産または給付を受けた金銭その他の財産の運用によって生ずる収入を生活費に充てている者をいう（法基通9-2-40）。

④ 　②および③に掲げる者と生計を一にするこれらの者の親族

　　　「生計を一にする」とは，日常生活の資を共通にしていることをいうのであるから，必ずしも同居していることを必要としない（法基通9-2-41，法基通1-3-4）。

（3）不相当に高額な部分の金額

　不相当に高額な部分とされる金額は，過大な役員給与の判定の場合と同様である。すなわち，その使用人に対して支給した給与の額が，当該使用人の職務の内容，その法人の収益および他の使用人に対する給与の支給の状況，その法人と同種の事業を営む法人でその事業規模が類似するものの使用人に対する給与の支給の状況等に照らし，当該使用人の職務に対する対価として相当であると認められる金額を超える場合におけるその超える部分の金額とされている。ただし，対価として相当であると認められる金額とは，退職給与にあっては，その使用人に対して支給した退職給与の額が，当該使用人のその法人の業務に従事した期間，その退職の事情，その法人と同種の事業を営む法人でその事業規模が類似するものの使用人に対する退職給与の支給の状況等に照らし，その退職した使用人に対する退職給与として相当であると認められる金額をいう（法令72の2）。

8.1.8 未払使用人賞与の損金不算入

損金算入が認められる使用人賞与であっても原則として支給前に未払計上することは認められない（法令72の3）。

8.1.9 経済的利益

役員および使用人（「役員等」という）に対して支払う給与は，現金で支払われるのが通常である。しかし，法人が役員等に対して有する貸付金等の債権を放棄する場合，あるいは，法人が所有している土地，建物を役員等に対して無償や低い価額で賃貸する場合のように，現金は支払われないが実質的にその役員等に対して給与を支給したのと同様の経済的効果をもたらす利益が与えられる場合がある。このような利益を一般に「**経済的利益**」（Fringe benefit）という（法基通9-2-9）。

そこで，法人税法上このような経済的利益については，役員の場合であれば，その実態に応じ定期同額給与，臨時的な給与，退職給与に区分し，これを実際に支給した給与の額に含めそれぞれの金額が過大であるか否かを判断することとなる。また，使用人の場合は，役員と特殊な関係のある使用人について，経済的利益をその実態に応じ給料，賞与，退職給与に区分し，これを実際支給した給与の額に含めそれぞれの金額が過大であるか否かを判断す

図表8.2 役員等に係る経済的利益とその取扱い

経済的利益のパターン		取扱い
役員等に法人の資産を無償または低額譲渡（差額＝時価－譲渡価額）	差額が毎月ほぼ一定	定期同額給与
	上記以外	損金不算入
役員等に社宅等を無償または低額で提供（差額＝通常賃料－徴収賃料）		定期同額給与
役員等に金銭を低利で貸付（差額＝通常利息－徴収利息）		定期同額給与
役員等に機密費，接待費，交際費等の名義で支給したが，法人の業務のために使用したことが明確でないもの	毎月定額支給（渡切交際費）	定期同額給与
	上記以外	損金不算入
役員等の個人的費用を負担	住宅光熱費，家事手伝いの給与等を毎月負担	定期同額給与
	上記以外	損金不算入

ることとなる。

　経済的利益となるものの例示と，その取扱いをまとめると，**図表 8.2** のとおりである。

8.2 ストック・オプション

8.2.1 概　要

　新株予約権とは，保有者側からみると，法人から一定の価格で新株を発行してもらえる権利であり，新株予約権の一例として，**ストック・オプション**（Stock option）がある。

　ストック・オプションとは，法人が役員や従業員に対して，一定の期間（「権利行使期間」という）中に，あらかじめ規定された価額（「権利行使価額」という）で自社の株式を取得することのできる権利（「オプション」という）を付与するものである。役員や従業員は，権利行使価額と株価を比較し，株価が権利行使価額より高い場合には自社株を購入することが可能となり，株価が権利行使価額より低い場合には自社株を購入しないとの選択をすることが可能となる。株価の上昇が役員や従業員の利益につながるので，役員や従業員のインセンティブとなる。

　ストック・オプションは，租税特別措置法第 29 条の 2 に規定する特例が適用される「**税制適格ストック・オプション**」と同法の特例が適用されない「**税制非適格ストック・オプション**」に区分される（**図表 8.3**）。前者は，権利行使期間，年間行使上限，権利行使価額など一定の要件を満たす必要がある。

8.2.2 ストック・オプション被付与者に係る所得税

　税制適格ストック・オプションについては，個人がストック・オプションを取得した場合，その権利の付与時および権利行使時においては課税関係が発生せず，株式譲渡時に譲渡所得課税が行われる。

　税制非適格ストック・オプションについては，権利行使時に給与所得とし

図表8.3　税制適格ストック・オプションと税制非適格ストック・オプションの区分による取扱い

区　分	税制適格	税制非適格
権利付与時	なし	なし
権利行使時	なし	給与所得 (所得金額＝権利行使時の時価－権利行使価額)
株式売却時	株式譲渡所得 (所得金額＝売却価額－払込価額)	株式譲渡所得 (所得金額＝売却価額－権利行使時の時価)

て課税が行われ，その後当該株式を売却したときに譲渡所得として課税される。

　なお，外国親会社から日本子会社の役員に付与された税制非適格ストック・オプションに係る権利行使益の所得区分について，納税者が主張する一時所得か否か争われ，給与所得と判断された事例がある（最高裁平成17年1月25日第三小法廷判決（民集第59巻1号64頁））。

　これらの課税関係をまとめると図表8.3のとおりとなる。

8.2.3　ストック・オプション付与法人に係る法人税

　2005（平成17）年に「ストック・オプション等に関する会計基準」が公表されたことを受けて，法人税法においてもストック・オプション付与法人に係る課税関係が整備された。

　ストック・オプションに係る税務上の処理は，個人から受ける役務の提供の対価として新株予約権を発行した場合に，その個人においてその役務の提供につき所得税法等の規定による給与等課税事由が生じた日において役務提供を受けたものとして法人税法の規定が適用される（法法54の2①）。

　企業会計上は，役務の提供に係る費用の額が権利確定日以前に費用計上されるのに対し，税務上は，新株予約権が行使された日の属する事業年度に損金算入される点で異なるので留意する必要がある。

　なお，2016（平成28）年以降，特定新株予約権等，特定譲渡制限付株式（リストリクティド・ストック）の損金算入時期について，新たに規定が設けられた。

●コラム8　ストック・オプション

　日本法人が利用している株式関連報酬は，主にストック・オプションであるが，海外においては，ストック・オプションのほかに，一定期間の譲渡制限を設定して，自社株式を付与するリストリクティド・ストック（Restricted stock：RS）やリストリクティド・ストック・ユニット（Restricted stock unit：RSU），従業員が自社株式を割引購入することができる権利である従業員持株購入権（Employee stock purchase plan：ESPP）が多く用いられている。RSが付与時に現実の株式を交付するのに対し，RSUは付与時には株式が交付されないという違いがあるが，税務上の取扱いにさほど違いはない。外国法人の日本子会社や日本支店に勤務する日本人にも，これらの株式関連報酬が付与されるケースが生じている。

8.3　保　険　料

8.3.1　生命保険料等

　法人が役員や使用人，それらの家族を被保険者として契約し，保険料を支払った場合，生命保険については，養老保険，定期保険，定期付養老保険等に区分して規定し，医療保険，介護費用保険，障害保険等（「第三分野保険」という）については，定期保険と同様に取り扱う旨規定されている。

(1) 養老保険

　養老保険とは，被保険者が死亡したときまたは保険期間が満了したときに死亡保険金または満期保険金が支払われる生命保険をいい，法人が保険契約者であり，保険料を支払った場合における税務上の取扱いは次のとおりである（法基通9-3-4）。

① 保険金受取人が法人である場合　⇒　保険積立金等として資産計上
② 保険金受取人が被保険者またはその遺族である場合　⇒　役員または使用人に対する給与
③ 死亡保険金に係る受取人が被保険者の遺族で，満期保険金に係る受取人が法人である場合　⇒　2分の1を保険積立金等として資産計上し，

2分の1を期間の経過に応じて損金に算入する。ただし，役員，特定の使用人のみを被保険者としている場合には，その者に対する給与として取り扱う。

(2) 定期保険および第三分野保険の取扱い

定期保険とは，一定期間内に被保険者が死亡した場合にのみ保険金が支払われる生命保険をいう。2019（令和元）年7月8日以後に契約された定期保険および第三分野保険の取扱いについては，解約返戻金の有無，保険期間，最高解約返戻率等によって資産計上，損金算入が決まっている（法基通9-3-5，9-3-5の2）。2019（令和元）年7月8日以前に契約された定期保険および第三分野保険の取扱いについては，一般の定期保険，長期平準定期保険，逓増定期保険，介護費用保険，医療保険（終身タイプ），がん保険（終身タイプ）の区分ごとに取扱いが規定されていた。

(3) 定期付養老保険および定期付養老保険等の保険料の取扱い

定期付養老保険とは，2019（令和元）年7月8日以前に契約されたもので，養老保険に定期保険が付いたものをいい，定期付養老保険等とは，2019（令和元）年7月8日以後に契約されたもので，養老保険に定期保険または第三分野保険が付いたものをいう。法人が保険契約者であり，保険料を支払った場合における税務上の取扱いは，保険料の区分，保険金受取人，主契約保険料のうち養老契約部分または定期保険・第三分野保険部分等によって異なる（法基通9-3-6，9-3-6の2）。

8.3.2　損害保険料等

法人が契約し，保険料を支払った損害保険契約（類似の共済契約を含む）については，その保険契約が長期損害保険契約に該当するか否かによって取扱いが異なる。長期損害保険について支払った保険料のうち，積立保険料に相当する部分の金額は，満期または解約等のときまでは資産に計上し，その他の部分については期間の経過に応じて損金の額に算入する。長期損害保険につき，資産に計上している積立保険料に相当する部分の金額は，保険事故の発生による保険金の支払いを受けた場合においても，その支払いによりその損害保険契約が失効しないときは損金の額に算入されない（法基通9-3-9）。

● 練習問題 ●

8.1　損金に算入される役員給与とはどのようなものか説明しなさい。

8.2　経済的利益とは何か説明しなさい。

8.3　法人がその役員および使用人にストック・オプションを付与した場合の損金算入時期について説明しなさい。

第 9 講

損金（Ⅲ）

本講では，交際費等，寄附金，租税公課，貸倒損失，評価損等の損金について学習する。税務上の取扱いが企業会計上の取扱いと異なるので留意する必要がある。

9.1 交際費等

9.1.1 交際費等課税制度が設けられた趣旨

企業会計上，法人が支出する交際費は，販売促進等事業のために支出し，その使途が明らかである限り，その全額が費用となる。しかし，法人の支出する交際費は，毎年巨額にのぼっており，かつてその冗費性が社会的問題となったことがある。租税目的というより，交際費支出を抑制して冗費の節約を図るという政策上の目的から，法人が支出した交際費等の一部を損金に算入しないこととしている。これを実務上「**交際費等課税制度**」という。

なお，この取扱いは法人税法において規定されているのではなく，租税特別措置法において規定されている。したがって，本来臨時的な取扱いであるが，長期間更新を続けてきており，恒久化している。

1975（昭和50）年以降5年ごとの交際費等支出額の推移は**図表9.1**のとおりである。

いわゆるバブル期には交際費等の支出額は多く，その後減少傾向にある。

図表9.1　交際費等支出額の推移

年　度	金額（億円）
1975（昭和50）	20,308
1980（昭和55）	31,152
1985（昭和60）	38,504
1990（平成2）	56,274
1995（平成7）	53,254
2000（平成12）	43,908
2005（平成17）	35,338
2010（平成22）	29,360
2015（平成27）	34,838
2020（令和2）	29,605

（出所）国税庁編『国税庁統計年報書』一般財団法人大蔵財務協会を基に筆者作成。

9.1.2　交際費等の範囲

（1）交際費等の範囲

　租税法上の交際費等の範囲は、社会通念上の概念より幅広く、交際費、接待費、機密費、その他の費用で、法人がその得意先や仕入先その他事業に関係のある者等に対する接待、供応、慰安、贈答、その他これらに類する行為のために支出するものとされている（措法61の4⑥）。

　この取扱いを区分すると、次のとおりである。

① 交際費その他の費用とは、法人が交際費等の科目で経理したかどうかを問わないこと。したがって、例えば、法人が会議費、雑費等の科目で処理していても、交際費等とされることがある。

② 接待、贈答等の行為とは、もてなし、やりとり等の性質を持つすべての行為をいう。

③ 事業に関係のある者等とは、直接その事業に関係ある者だけでなく、間接にその法人と関係のある者やその法人の役員、使用人、株主等も含まれる（措通61の4(1)-22）。

④ 支出するとは、支出の事実があったことであり、接待するなどの行為があったことをいう。したがって、仮払または未払等の経理をしていなくともその行為があった事業年度の交際費等に含まれる（措通61の4(1)

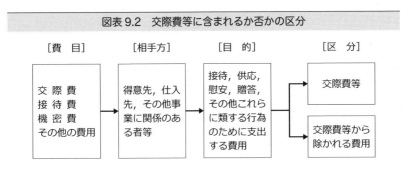

図表9.2　交際費等に含まれるか否かの区分

-24）。

（2）交際費等から除かれるもの

以下のような費用は交際費等から除かれる。

①　従業員の福利厚生のための運動会や旅行等に通常要する費用（措法61の4⑥一）

②　飲食その他これに類する行為のために要する費用（専らその法人の役員もしくは従業員またはこれらの親族に対する接待等のために支出するものを除く）であって，その飲食等のために要する費用として支出する金額をその飲食等に参加した者の数で除して計算した金額が5,000円以下[1]となる費用（措法61の4⑥二，措令37の5①）

③　広告宣伝のためのカレンダーや手帳等の作成費用（措令37の5②一）

④　会議に関連してお茶菓子や弁当程度のもてなしをする費用（措令37の5②二）

⑤　出版，放送のための取材費等の費用（措令37の5②三）

9.1.3　交際費等となる費用と交際費等から除かれる費用の例示

交際費等となる費用と交際費等から除かれる費用について，措置法通達において以下の通り例示されている（措通61の4(1)-1 ～ 61の4(1)-24）。

---

[1] 2024（令和6）年4月1日以降10,000円以下となることが予定されている。

(1) 交際費等となる費用

① 会社の何周年記念, 社屋新築記念等における宴会費, 記念品代等

② 下請工場, 代理店等となるため, またはするための運動費

③ 得意先, 仕入先等社外の者の慶弔, 禍福に際し支出する費用

④ 得意先, 仕入先等事業に関係ある者を旅行, 観劇等に招待する費用

⑤ 得意先, 仕入先等の従業員に対して取引の謝礼等として支出する費用

⑥ 得意先, 仕入先等社外の者に対する接待, 供応に要した費用で, 次の(2)に該当しないすべての費用

(2) 交際費等から除かれる費用

次のような費用は, 交際費等から除かれ, かっこ内の科目として取り扱われる。

① 社会事業団体, 政治団体に対する拠金 (寄附金)

② 神社の祭礼等の寄贈金 (寄附金)

③ 得意先に対し, 売上高に比例させるなど一定の基準により交付する金銭や事業用資産, または少額物品 (おおむね 3,000 円以下) (売上割戻し)

④ あらかじめ行った広告宣伝に基づき一定の商品を購入した一般消費者を旅行に招待したり景品を交付するための費用 (広告宣伝費)

⑤ 一般の工場見学者等に製品の試飲, 試食をさせる費用 (広告宣伝費)

⑥ 得意先等に対する見本品等の供与に通常要する費用 (広告宣伝費)

⑦ 創立記念日等に際し, 従業員におおむね一律に社内で供与される通常の飲食に要する費用 (福利厚生費)

⑧ 従業員またはその親族, 専属セールスマンおよび専属下請業者の従業員等の慶弔, 禍福に際し一定の基準で支給される費用 (福利厚生費)

⑨ 機密費, 交際費等の名義で, 従業員に支給した金額でその費途が不明のものや法人の業務に関係がないもの (給与等)

9.1.4 交際費等の損金不算入額の計算

(1) 計 算

法人が支出した交際費等の額は, 原則として損金の額に算入されないが, 損金不算入額は資本金の額によって異なる。2014 (平成 26) 年 4 月 1 日以後

に開始する事業年度においては，その事業年度終了の日における資本金の額または出資金の額（以下「資本金等の額」）によって次のように取り扱われる（措法 61 の 4 ①②，措令 37 の 4）。

① 資本金等の額が 100 億円超である法人

全額損金に算入されない。

② 資本金等の額が 100 億円以下である法人

交際費等の額のうち，接待飲食費の額の 50/100 に相当する金額を超える部分の金額が損金の額に算入されない。接待飲食費とは，交際費等のうち飲食費であって，法人税法上で整理・保存が義務付けられている帳簿書類に，飲食費に係る飲食等のあった年月日等所定の事項を記載することにより，飲食費であることを明らかにしているものである。

③ 資本金等の額が 1 億円以下である法人（大法人の子会社等を除く）

定額控除額を超える金額が損金の額に算入されない。

定額控除額とは，〈800 万円 × 当該事業年度の月数 ÷ 12〉で計算した金額である。

交際費等に関しては，2020（令和 2）年 4 月 1 日以前開始事業年度と 2020（令和 2）年 3 月 31 日以後開始事業年度とでは，取扱いが異なるので留意する

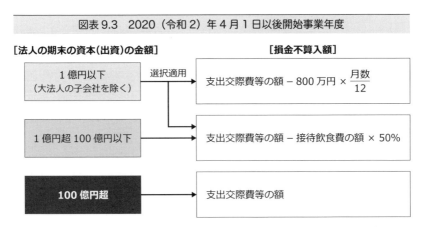

図表 9.3　2020（令和 2）年 4 月 1 日以後開始事業年度

（注）　月数は事業年度の月数をいい，暦に従って計算し，1 か月に満たない端数が生じたときは，その端数を 1 か月とする（措法 61 の 4 ④）。

図表 9.4　2020 年 3 月 31 日以前開始事業年度

[法人の期末の資本（出資）の金額]　　　　　　　　　　[損金不算入額]

1 億円以下
（大法人の子会社を除く）　→ 選択適用 →　支出交際費等の額 − 800 万円 × $\frac{月数}{12}$

1 億円超　→　支出交際費等の額 − 接待飲食費の額 × 50%

必要がある。取扱いをまとめると**図表 9.3**，**図表 9.4** のとおり。

（2）申告書の記載

　交際費等の額については「申告書別表十五」で損金不算入額を計算し，損金不算入額は「申告書別表四」に記入する。

9.2　寄　附　金

9.2.1　寄附金の損金算入限度額が設けられた趣旨

　企業会計上，寄附金はその全額が費用とされるが，税務上は損金算入限度額が設けられている。

　法人の支出した費用が法人税法上の損金となるためには，その法人の事業活動に必要ものでなければならない。しかし，寄附金はその性質上，直接には反対給付のない支出であるため，事業活動に必要なものであるかどうかの判定が極めて困難である。

　このような寄附金を無制限に損金として認めた場合，本来課税されるべきはずの所得が，寄附を通じて租税の減少を招き，結果的に国が法人に代わって寄附をしたのと同じことになり，課税の公平を欠くこととなる。このようなことから，法人税法上は特定の寄附金を除き一定の限度を超える金額は損金の額に算入されないこととされている（法法 37）。

9.2.2 税務上の寄附金

(1) 寄附金の範囲

法人税法上の**寄附金**とは，法人が行った金銭その他の資産の贈与または経済的な利益の無償の供与をいい，社会通念上の寄附金の概念よりその範囲は広くなっている（法法 37 ⑦）。

法人税法上の寄附金であるかどうかの区別は，個々の実態により判断すべきものであるが，この判断の基準としては事業に直接関係ない者に対する金銭でした贈与は原則として寄附金として取り扱われる。例えば，神社の祭礼等の寄贈金，社会事業団体や政治団体に対する拠金のようなものは寄附金とされる（措通 61 の 4(1)-2）。

(2) 寄附金から除かれるもの

金銭その他の資産の贈与または経済的利益の無償の供与であっても，法人の事業遂行と直接関係があると認められる広告宣伝費，交際費，福利厚生費等に該当するものは，寄附金から除かれる。法人が寄附金として支出したものであっても，法人の役員等が個人として負担すべき性格を持つ支出はその者に対する給与となる（法法 37 ⑦，法基通 9-4-1 ～ 9-4-2 の 2）。

(3) 寄附金の額の計算

金銭で贈与した場合には，その金銭の額で計算する。金銭以外の資産の贈与や経済的な利益の無償の供与の場合には，その贈与や供与の時における時価で計算する。例えば，親子会社間のように特別な関係のある者が時価より低い価額で資産の譲渡を行ったような場合で，その差額が実質的に贈与したと認められるときは，その差額で計算する。

9.2.3 寄附金の損金算入限度額の計算

(1) 支出した寄附金

寄附金は，贈与の一形態ということができ，その性格からして一方的に金銭等を相手方に給付するものであることから，一般的には契約を締結することは少ない。この場合，贈与はその履行前であれば当事者はいつでも取り消すことができる。また，例えば，下記（2）に記載されている指定寄附金のように期間を指定してその間の寄附金についてだけ全額損金算入を認めてい

る場合に未払寄附金の損金算入を認めた場合には，期間を指定した意義が失われてしまうことなどから，寄附金については現実に支払った事業年度の損金として取り扱うこととされている（法令78）。したがって，現実に支払われるまでは，寄附金の支払いがなかったものとされるので，法人が寄附金を未払金等の未払勘定に計上しても，その計上した事業年度では損金の額に算入されず，実際に支払った事業年度の寄附金として取り扱われる。また，現実に支払った事業年度に損金の額に算入しないで仮払金等の仮勘定で経理していても，その支出した事業年度の寄附金として取り扱うこととされている（法基通9-4-2の3）。

（2）寄附金の支出先による区分ごとの取扱い

寄附金の支出先によって取扱いが異なり，**図表9.5**のとおりである。

①　一般の寄附金

一般の寄附金の損金算入限度額の計算は，形式的に期末の資本金等の額を基にした資本金基準額と当期の所得の金額を基にした所得基準額で次の算式により行い，この限度額を超える部分の金額は損金の額に算入されない（法法37①，法令73①）。

$$（a）資本金基準額 = 期末資本金等の額 \times \frac{当期の月数}{12} \times \frac{2.5}{1,000}$$

図表9.5　寄附金の支出先による区分ごとの取扱い

寄附金の区分	取扱い
①一般の寄附金	資本金等の額と所得の金額に基づいて計算した金額まで損金算入できる。
②完全支配関係がある法人に対する寄附金	全額損金算入できない。
③国または地方公共団体に対する寄附金	全額損金算入できる。
④財務大臣が指定した寄附金（指定寄附金）	
⑤特定公益増進法人に対する寄附金	①とは別枠の限度額の範囲内の金額まで損金算入できる。
⑥特定公益信託財産とするために支出する金銭等（公益増進信託に限る）	
⑦認定特定非営利活動法人（認定NPO法人）に対する寄附金	

$$(\text{b})\ 所得基準額 = 当期の所得の金額 \times \frac{2.5}{1,000}$$

$$損金算入限度額 = (資本金基準額 + 所得基準額) \times \frac{1}{4}$$

　資本金等の額とは，法人が株主等から出資を受けた金額として政令で定めるものをいい（法法2十六），当期の所得の金額とは，寄附金を損金に算入する前の金額で，具体的には，申告書別表四「仮計」欄の金額に支出した寄附金の額を加えた金額をいう（法令73②③）。月数は，暦に従って計算し，1か月に満たない端数が生じたときはこれを切り捨てる（法令73⑤）。

② **完全支配関係がある法人に対する寄附金**

　完全支配関係がある他の内国法人に対して支出した寄附金は損金の額に算入されない（法法37②）。

③ **国または地方公共団体に対する寄附金**

　寄附した者が寄附によって設けられた設備を専属的に利用する場合や，特別な利益が予定されているような場合を除き，その全額を損金の額に算入することができる（法法37③一）。

④ **財務大臣が指定した寄附金（「指定寄附金」という）**

　公益法人等に対する寄附金で，一定の要件を備えるものとして財務大臣が指定したものは，その全額を損金の額に算入することができる（法法37③二）。

⑤ **特定公益増進法人に対する寄附金**

　公益の増進に著しく寄与する法人として法人税法施行令第77条に掲げられた団体に対する寄附金は，一般の寄附金の限度額とは別枠の限度額が設けられており，その限度額の範囲内で損金の額に算入することができる（法法37④）。

⑥ **特定公益信託の信託財産として支出した金銭の額**

　特定公益信託の信託財産とするために支出した金銭の額は，寄附金とみなし，そのうち，その目的が教育または科学の振興，文化の向上，社会福

祉への貢献その他公益の増進に著しく寄与するものの信託財産とするために支出した金銭の額については，上記⑤の寄附金の額と合わせて，一般の寄附金とは別枠の限度額の範囲内で損金の額に算入することができる（法法 37 ⑥）。

⑦　認定特定非営利活動法人に対する寄附金

特定非営利活動法人，いわゆる NPO 法人のうち一定の要件を満たすものとして所轄庁の認定を受けたもの（「認定 NPO 法人」という）に対する寄附金の額は，上記⑤の寄附金の額と合わせて，一般の寄附金とは別枠の限度額の範囲内で損金の額に算入することができる（措法 66 の 11 の 3 ②）。

（3）国外関連者に対する寄附金

法人がその法人の国外関連者に対して支出した寄附金の額は損金の額に算入されない（措法 66 の 4 ③）。

●コラム 9　寄 附 金

（1）寄附と寄付

「寄附」と「寄付」の用語が使用されるが，『広辞苑』では双方とも「公共事業または社寺などに金銭・物品を贈ること。」としている。一般的には「寄付」が多用されるが，公用文では「寄附」の表記が用いられ，租税法においても「寄附」と表記されている。

（2）寄附金の国際比較

日本では 2010（平成 22）年において個人の寄附額は 1,847 億円（20.9％），法人の寄附額は 6,975 億円（79.1％），合計 8,822 億円となっている。しかし，米国では，2008（平成 20）年において合計 36 兆 2,258 億円（うち，個人の割合 81.9％，法人の割合 6.0％，財団の割合 13.0％）（合計で 100.9％となるが，内閣府 NPO ホームページの表記のままとしている），英国では，2007（平成 19）年において合計 1 兆 812 億円（うち，個人の割合 94.2％，法人の割合 5.8％）となっている。過年度であり，国によって災害，福祉，宗教，芸術等の諸事情が異なるとはいえ，米国および英国に比較して日本の寄附金合計額は低水準であり，特に個人の寄附金が少ないといえる。

（出所）内閣府 NPO ホームページ（https://www.npo-homepage.go.jp/kifu/kifu-shirou/kifu-hikaku）2023.9.30 確認済。

(3) ふるさと納税

「ふるさと納税」が話題になることが多い。「納税」と表記されているが，実際には都道府県および市区町村への「寄附」である。「ふるさと納税」によって自治体へ寄附をした場合，原則として自己負担額（現在2,000円）を除いた金額が寄附者の所得税および住民税から控除される仕組みである。本来は，税収が少ない地方自治体へ寄附することによる支援が目的であったが，近年お礼の品目的にふるさと納税を行うことが多くなっており，本来の趣旨を逸脱しているとの批判が出ている。

9.3 租税公課等

法人税等の租税のほか，罰科金等を含めて「**租税公課**」という。租税公課は，国税，地方税を問わず，企業会計上は一般に費用として経理されるが，法人税法上は，税目によって損金に算入されるものと不算入とされるものとに区分されており，取扱いを異にする。

9.3.1 損金の額に算入されない租税公課

次のような租税公課は損金の額に算入されない（法法38，40）。

(1) 法人税，地方法人税，住民税（都道府県民税，市区町村民税）

法人税および住民税を損金の額に算入しない理由は，本来その所得の中から支払われることを前提としているものであるから，これを損金の額に算入すると，法人の所得そのものが循環的に増減し，各期に所得のばらつきが生ずることにもなるので，これを排除するため損金としないこととされている。なお，ここで法人税および住民税の額という場合には，これらの本税に係る加算税等の附帯税は含まれないが，このうち利子税（地方税における納期限の延長の場合の延滞税を含む）については損金に算入されるので留意する必要がある（法法38①，通法60④，64③，69）。

**(2) 国税の附帯税（利子税を除く），印紙税の過怠税，地方税の延滞金お
　　よび加算金**

　これらは法律どおり申告や納税をしなかったことに対して課される一種の
行政上の制裁に関するものである。これらを損金に算入すれば，これに対応
して減少する税額に相当する部分の制裁効果を減殺させる結果となるため，
損金としないこととされている（法法55④）。これには，国税に係る延滞税，
過少申告加算税，無申告加算税，不納付加算税，重加算税，印紙税の過怠税，
地方税法の規定による延滞金（納期限の延長の場合の延滞金を除く），過少申
告加算金，不申告加算金，重加算金が該当する。

(3) 罰金，科料，過料，交通反則金等

　これらは，社会秩序維持のために課されるものであり，上記(2)と同様の
理由により損金としないこととされている（法法55⑤）。また，外国または
その地方公共団体が課する罰金または科料に相当するものは，国内の罰金お
よび科料と同様に損金の額に算入しないこととされている（法法55⑤一）。

(4) 法人税額から控除する所得税額

　利子，配当等について源泉徴収された所得税を法人税額から控除する場合
は，その控除する所得税額は法人税額の前払金に相当するので損金としない
こととされている（法法40）。

(5) 外国税額控除の対象とした外国法人税額

　外国税額控除の対象とした外国法人税額については，損金に算入されない
（法法41）。

　以上をまとめると**図表9.6**のとおりである。

　なお，法人が決算で損金経理をした租税公課の中に損金不算入のものがあ
れば，その金額を租税公課の納付状況に関する明細書（申告書別表五（二））
に記入し，申告書別表四で所得金額に加算しなければならない。

9.3.2　損金の額に算入される租税公課の損金算入時期

　租税公課は，一定の課税手続によってその額が確定するものであるため，
租税債務が具体的に確定した事業年度において損金の額に算入する。したが
って，法人税等申告納税方式による租税については，原則として申告書が提

| | 図表9.6　損金算入および損金不算入の租税 | |

取扱い	種　類	細　目
損金不算入	国税	法人税, 加算税, 延滞税, 過怠税, 法人税から控除する所得税
	地方税	都道府県民税, 市区町村民税, 加算金, 延滞金
	罰金, 科料, 過料, 交通反則金	
損金算入	国税	消費税, 印紙税, 酒税, その他の個別消費税, 利子税, 法人税から控除しない所得税
	地方税	事業税, 固定資産税, その他の地方税, 納期限延長の場合の延滞金

出された日の属する事業年度もしくは更正または決定があった日の属する事業年度において損金に算入する（法基通9-5-1）。

　なお, 事業税については, 申告等により債務が確定する租税であるから, 申告等のあった日の属する事業年度の損金の額に算入するのが原則であるが, その事業年度の直前の事業年度分については, その事業年度の終了の日までに申告がされていない場合であっても, その事業年度の損金とすることができる（法基通9-5-2）。

9.3.3　納税充当金繰入額

　企業会計上, 法人は, 決算に当たって当期分の法人税, 住民税等の見積額を「法人税, 住民税および事業税」として損益計算書の税引前当期純利益（または損失）の次に記載し, 貸借対照表の流動負債の部に記載する。例えば, その見積額が1,000,000円である場合, 次の仕訳が行われる。

　　（借）法人税等　　　1,000,000　　（貸）未払法人税等　1,000,000
　この場合, 損益計算書の表示は次のようになる。

　　　税引前当期純利益　5,000,000

　　　法人税等　　　　　1,000,000

　　　当期純利益　　　　4,000,000

　しかし, 税務上, 法人は**納税充当金**の科目を使用することがあり, その場合は, 上記に代わり次の仕訳が行われる。

　　　（借）納税充当金繰入額　1,000,000　　（貸）納税充当金　1,000,000

　納税充当金は，確定していない租税公課を引き当てたものであり，法人税法で規定された引当金には該当しないので損金の額には算入されない。したがって，申告書別表四で所得金額に加算することとなる。なお，未払法人税等または納税充当金は翌期以降において，法人税等を納付する際に次のように仕訳され，取り崩される。

　　　（借）未払法人税等　1,000,000　　（貸）現　金　1,000,000
　　　（または納税充当金）

9.4　貸倒損失

　法人の有する金銭債権が回収不能になったことによる損失の額は，各事業年度の所得の金額の計算上損金の額に算入される（法法22③三）。貸倒れについては，貸倒計上の時期を法人の意思に任せると，恣意的な処理を行う可能性が生じ，課税の公平性が確保できないことから，次のような一定の事実が生じた日の属する事業年度において損金に算入することを認めている。なお，損金経理を要するものと要さないものがあるので留意する必要がある。

（1）法律上の貸倒れ

　法的な貸倒れとして，金銭債権が法令等の手続に基づきその金銭債権の全部または一部について切り捨てられることとなった場合または債権放棄の手続が行われた場合には，法人がこれを貸倒損失として損金経理をしているか否かを問わず，その事実の発生した日の属する事業年度においてその消滅した部分の金額が損金の額に算入される（法基通9-6-1）。ただし，債権放棄が寄附に該当する場合を除く。

（2）事実上の貸倒れ

　金銭債権は法的にはいまだ消滅していないが，その債務者の資産状況，支払能力等からみて，その全額が回収できないことが明らかな場合に，法人が貸倒損失として損金経理したときはこれが認められる（法基通9-6-2）。

（3）形式上の貸倒れ

　売掛債権について1年以上の取引停止等の一定の事実が発生し，法人がその売掛債権の額から備忘価額を控除した残額を貸倒損失として損金経理したときは，これが認められる（法基通9-6-3）。

9.5　資産の評価損

　法人が所有する資産の時価が帳簿価額を下回った場合に，その資産の評価換えをしてその帳簿価額を減額したときは，その減額した部分について資産の評価損が発生する。会社法および会社計算規則では，資産の評価は取得原価主義を原則としながら，株主，債権者および利害関係人の保護を目的とする保守主義の立場から，未実現の損失を積極的に認識させ，企業利益に反映させることとしている。

　これに対し法人税法は，あくまで取得原価主義を適用することを原則としている。これは，資産の評価換えについて法人の意思に任せると，恣意的な処理を行う可能性が生じ，課税の公平性が確保できないことから，法人の所有する資産が災害による著しい損傷その他特別の事実が生じた場合（法法33②③④，法令68，68の2）などのほかは，原則として損金の額に算入しないこととしている（法法33①）。なお，法人の計上した資産の評価損が損金の額に算入されなかった場合には，その帳簿価額の評価換えをした日の属する事業年度以後の各事業年度の所得の金額の計算上，その帳簿価額の減額はなかったものとみなされる（法法33⑥）。

9.6 その他の費用

9.6.1 損害賠償金

　法人が，業務の遂行上他の者に与えた損害につき賠償金を支払うことがある。そのような賠償金については，原則として支払うべき額が確定したときに損金の額に算入するが，その事業年度終了の日までに賠償すべき額が確定していないときであっても，同日までにその額として相手方に申し出た金額に相当する金額をその事業年度の未払金に計上したときは，これを認めることとされている（法基通2-2-13）。相手方に申し出た金額には，相手方に対する申出に代えて第三者に寄託した金額を含み，相当する金額には保険金等により補てんされることが明らかな部分の金額が除かれる。なお，損害賠償金を年金として支払う場合には，その総額を一括して未払金に計上することは認められず，年金の支払期日の到来する都度，その支払期日の到来した金額を損金の額に算入することとなる（法基通2-2-13（注））。

　これに対し，法人の役員または使用人がその行為により他人に損害を与えた場合には，本来的には行為者たるその役員等が個人的に賠償責任を負うべきであるから，損害賠償金を法人が負担した場合であっても，給与（賞与）を支給したものとすると考えるべきである。しかしながら，その役員等の行為が法人の業務遂行中のものであれば，いわゆる「使用者責任」により，法人自体にも損害賠償責任があるとも考えられるし，また，業務外の行為によるものであるとしても，役員等の賠償能力がないことも十分ありうるから，一律に給与として取り扱うことは適切でない。

　そこで，法人がその役員または使用人等の行為等によって他人に損害を与えた際に，損害賠償金を支出した場合には，次のように取り扱うこととされている（法基通9-7-16）。

　① その行為等が法人の業務の遂行に関連するものであり，かつ，故意または重過失に基づかないものである場合は，その損害賠償金は給与以外の損金の額とする。

②　その行為等が法人の業務の遂行に関連しないものである場合または故
　意または重過失に基づくものである場合は，その役員または使用人に対
　して損害賠償金相当額の債権（「求償権」という）が生ずる。なお，その
　債権について，その役員または使用人の支払能力等からみて求償できな
　い事情にある場合には，貸倒れとして処理できる（法基通9-7-17）。た
　だし，貸倒れ処理した金額のうちその役員または使用人の支払能力等か
　らみて回収が確実であると認められる部分の金額については，給与とす
　る。

9.6.2　費途不明の交際費等

　法人が交際費，機密費，接待費等の名義をもって支出した金銭でその費途
が明らかでないものは，損金の額に算入されない（法基通9-7-20）。この場
合，その態様に応じて，その支出した金額が，役員等に対する給与とされる
こともありうる。また，法人が費途不明金を仮払金として経理し，あるいは
棚卸資産または固定資産の取得価額に含めた場合でも同様の取扱いとされる。

9.6.3　海外渡航費

　法人がその役員または使用人の海外渡航に際して支給する旅費や支度金は，
その海外渡航がその法人の業務遂行上必要なものであると認められる場合に
限り，旅費としての適正額が旅費として損金の額に算入される。

　その海外渡航が業務の遂行上必要とは認められない場合，例えば，観光渡
航と認められる場合等には，その支給した旅費は，その役員または使用人に
対する給与とし，役員に対するものであれば定期同額給与等には該当しない
ため，損金の額に算入されない。なお，その海外渡航が業務の遂行上必要と
認められる場合であっても，支給した旅費が不相当に高額であるときにおけ
るその高額な部分の金額についても同様である（法基通9-7-6）。

9.6.4　会費，入会金等

　法人が各種の団体等に加入したことにより支出する入会金，会費等につい
ては，その内容に応じて，単純な事業経費，寄附金，交際費，繰延資産等と

して扱われることとなる（法基通9-7-11〜9-7-15の4）。

9.6.5　短期の前払費用，消耗品費等

（1）短期の前払費用

　一定の契約に基づき継続的に役務の提供を受けるために支出した費用のうち，その事業年度終了のときにおいてまだ提供を受けていない役務に対応する前払費用の額は，その事業年度の損金の額に算入されない。しかし，法人が，前払費用の額で支払った日から1年以内に提供を受ける役務に係るものを支払った場合において，その支払った金額に相当する金額を継続してその支払った日の属する事業年度の損金の額に算入しているときは，これを認めることとされている（法基通2-2-14）。

（2）消耗品費等

　消耗品その他これに準ずる棚卸資産の取得に要した費用の額は，原則としてその棚卸資産を消費した日の属する事業年度の損金の額に算入するが，法人が事務用消耗品，作業用消耗品，包装材料，広告宣伝用印刷物，見本品その他これらに準ずる棚卸資産で各事業年度ごとにおおむね一定数量を取得し，かつ，経常的に消費するものについては，その取得に要した費用の額を継続してその取得をした日の属する事業年度の損金の額に算入している場合には，これを認めることとされている（法基通2-2-15）。

● 練習問題 ●

9.1　交際費等

　X株式会社の2023.4.1〜2024.3.31事業年度末の資本金の額が5,000万円，当期の交際費等の支出額が1,000万円（うち接待飲食費の額が700万円）であるとした場合，交際費等の損金不算入額を計算しなさい。

9.2　寄附金

　X株式会社の2023.4.1〜2024.3.31事業年度における次の資料から，寄附金の損金不算入額と課税所得金額を計算しなさい。なお，同社は各金額をいずれも雑損失勘定に計上している。

（1）経費等の明細

日　付	金　額	支出の相手方	経費等の内容
5月31日	100,000円	県立A高校	体育館建設費
7月15日	50,000円	B町内会	お祭り
10月20日	200,000円	C株式会社	土地贈与
11月14日	40,000円	D神社	社殿修理資金

（2）C社に対する贈与の内容は，X社保有の土地（帳簿価額200,000円，時価1,000,000円）を贈与したものである。

（3）上記以外で計算に必要な事項

　①　当期末の資本金等の額は60,000,000円である。

　②　確定した決算による当期純利益は4,810,000円であり，加算，減算事項は設例以外にはないものとする。

9.3　租税公課

　X株式会社の2023.4.1～2024.3.31事業年度の租税公課に関する事項は次のとおりである。

　これに基づいて損金不算入額および損金算入額を計算しなさい。なお，所得税額控除の適用を受けるものとする。

（1）損金経理した租税公課

　①　法人税（当期中間分）　200,000円

　②　県民税（〃）　40,000円

　③　事業税（前期確定分）　50,000円

　④　固定資産税　100,000円

　⑤　源泉所得税の不納付加算税　30,000円

　⑥　駐車違反に係る罰金　20,000円

　⑦　納税充当金繰入額　260,000円

（2）納税充当金取崩しの内訳

　　期首残高　　　　　　　400,000円

　　法人税（前期確定分）　300,000円

　　県民税（〃）　　　　　60,000円

第10講

損金（Ⅳ）・資産負債・純資産等

引当金は負債であるが，引当金繰入額については損金算入限度額が設けられていることから，損金の項目として本講で取り上げる。また，圧縮記帳，有価証券，純資産について学習する。

10.1 法人税法上の引当金

法人の所得の金額の計算上，損金の額に算入される販売費等の費用は，償却費を除いて，その事業年度終了の日までに債務の確定したものに限られる（法法22③）。したがって，将来その発生が予測される費用や損失を見積もって，損金の額に算入することは認められないこととなる。

しかし，会計上将来その発生が確実に起こると予測され，しかもその起因となる事実が，その事業年度以前にあると認められる特定の費用または損失については，これをあらかじめ見積もって各会計期間に割り当て，引当金として計上することとなっており，税務上もこれを認めることが適正な課税所得の計算上必要である。そこで，法人税法では，将来発生する費用等に備えて，引当金として一定限度内の繰入額を損金の額に算入することを認めている（法法52）。

かつて，法人税法では，貸倒引当金，返品調整引当金，退職給与引当金，賞与引当金，特別修繕引当金および製品保証等引当金の6種類の引当金を設け

図表 10.1　引当金の改正経緯

廃止された引当金	賞与引当金（1998年廃止） 特別修繕引当金（1998年廃止） 製品保証等引当金（1998年廃止） 退職給与引当金（2002年廃止） 返品調整引当金（2018年廃止）
現存する引当金	貸倒引当金

一定限度内の繰入額を損金の額に算入することを認めてきたが，1998（平成10）年度の税制改正により引当金関係の大幅な改正が行われた。その結果，賞与引当金，特別修繕引当金および製品保証等引当金については，制度が廃止され，貸倒引当金については，廃止されなかったが改正が行われた。その後，2002（平成14）年度に退職給与引当金が，2018（平成30）年度に返品調整引当金がそれぞれ経過措置を付して制度が廃止された。

以前の法人税法では，退職給与規程を規定している法人がその使用人の退職給与に充てるため，一定の繰入限度額までの金額を損金経理により退職給与引当金勘定に繰り入れた場合には，その損金算入が認められていた（旧法法54）が，2002（平成14）年度の税制改正により経過規定を残しながらこの制度は廃止された。法人が，廃止前の退職給与引当金勘定の金額を有している場合には，その金額をその後4年間（中小企業等にあっては，10年間）で取り崩していくこととされた（平14改正法附則8②④）。

現在残っているのは貸倒引当金だけである。引当金の改正経緯は**図表10.1**のとおりである。

10.2　貸倒引当金

法人税法では，法人が売掛金等の金銭債権について将来発生することが予測される貸倒れの損失見込額について，一定の繰入限度額に達するまでの金額を，損金経理により**貸倒引当金**に繰り入れた場合には，その損金算入が認

められている（法法52）。

10.2.1　貸倒引当金の取扱い

(1) 概　要

　商品等の販売取引によって，法人が取得する売掛金や受取手形等の債権は，全額が確実に回収されるとは限らず，得意先の破産その他の原因で一部が貸倒れとなるリスクがある。貸倒れとは，売掛金等の債権が回収不能となった状態であり，通常事業遂行に伴って発生する損失である。現実に回収不能となった債権については，貸倒損失として，課税所得の計算上損金の額に算入される［第9講参照］。しかし，現在貸倒れとなっていない売掛金等の債権であっても，将来貸倒れが発生する可能性があり，そのための損失を見込んであらかじめ準備をしておく必要がある。

　企業会計では，将来発生が予測される貸倒れの額として，決算期末において法人が有する売掛金等の債権に対し，過去の経験則による一定の率を乗じた金額を貸倒引当金勘定に繰り入れることとしている。貸倒引当金勘定に100,000円を繰り入れる場合の仕訳は次のとおりである。

　　　（借）貸倒引当金繰入損　100,000　　　（貸）貸倒引当金　100,000

　この場合，どの程度の回収不能額が発生するかの予測は非常に困難であり，法人が任意で計上することを認めると利益調整に利用される可能性があり適当ではない。そこで法人税法は，法人が有する金銭債権の貸倒れ等による損失の見込み額として，損金経理により貸倒引当金勘定に繰り入れた金額については，一定の繰入限度額の範囲内で損金に算入することを認めている（法法52①②）。

(2) 貸倒引当金繰入額を損金算入することができる法人

　すべての法人について貸倒引当金繰入額の損金算入が可能なのではなく，次の法人に限られている。

　　① 税務上の中小法人すなわち期末資本金（出資金）の額が1億円以下である普通法人（法法52①一イ）

　　　ただし，資本金が5億円以上である法人等との間に完全支配関係のある普通法人等を除く。

② 資本もしくは出資を有しない法人（法法52①一イ）

③ 公益法人等または協同組合等（法法52①一ロ）

④ 人格のない社団等（法法52①一ハ）

⑤ 銀行・保険会社等（法法52①二）

⑥ 金融に関する取引に係る金銭債権を有する法人（法法52①三）

10.2.2　貸倒引当金の繰入限度額の計算

貸倒引当金の繰入限度額の計算に当たっては，**図表10.2**のとおり，金銭債権をその内容によって，個別評価金銭債権と一括評価金銭債権とに区分してそれぞれ繰入限度額を計算する（法法52①②）。

個別評価金銭債権とは，回収不能と見込まれる売掛金，貸付金その他これらに類する金銭債権のほか，例えば，保証金や前渡金等について返還請求を行った場合におけるその返還請求債権も含まれる（法基通11-2-3）。

これに対し，**一括評価金銭債権**とは，法人がその事業年度終了のときに有する売掛金，貸付金その他これらに準ずる金銭債権をいうが，個別評価金銭債権に掲げる金額の算定の基礎となったものは除かれる（法法52②，法基通11-2-16）。一括評価金銭債権には，売掛金，貸付金の債権について取得した受取手形も含まれるほか，その受取手形を割引き，または裏書譲渡した場合にも決済が完了するまではその対象となる（法基通11-2-17）。

図表10.2　個別評価金銭債権と一括評価金銭債権ごとの損金算入

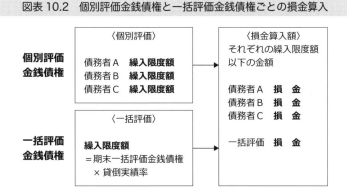

　ただし，資産の取得や役務の提供を受けるために支出した手付金，前渡金，保証金等の債権および将来精算される費用の前払として支出された前払給料，仮払旅費等一時的に仮払金，立替金等として経理されている金額等は該当しない（法基通 11-2-18）。

10.2.3　個別評価金銭債権に係る貸倒引当金の繰入限度額

　法人が，期末において，その一部について貸倒れ等による損失が見込まれる金銭債権を有している場合，次の（1）から（4）の区分に応じ，その金銭債権の債務者ごとに繰入限度額を計算することとされている（法法 52 ①，法令 96 ①）。

（1）長期棚上金銭債権

　当該金銭債権等が，会社更生法または金融機関の更生手続の特例等に関する法律の規定による更生計画認可の決定があったこと等の事由により，その弁済を猶予されまたは賦払により弁済される場合には，これらの事実があった事業年度終了の日から 5 年経過後に弁済されることとなる金額を繰入限度額とする。ただし，担保権の実行その他により弁済の見込みのある金額は除かれる（法令 96 ①一）。

（2）債務超過等の事由により回収見込みのない金銭債権

　上記（1）以外で，債務者について債務超過の状態が相当期間継続し，事業好転の見通しがないこと，災害，経済事情の急変等により多大の損害を被ったことその他これらに類する事由が生じたため，その金銭債権の一部の金額につき回収の見込みがないと認められる場合，その回収見込みのない金額を繰入限度額とする（法令 96 ①二）。

　相当期間とは，おおむね 1 年以上とされている（法基通 11-2-6）。

（3）形式基準によるもの

　上記（1）および（2）以外の場合に，債務者について会社更生法または金融機関の更生手続の特例等に関する法律の規定による更生手続の開始の申立てがあったこと等の事由が発生した場合には，その事実が発生した事業年度の末日においてその債務者に対する金銭債権の額のうち，実質的に債権とみられない部分の金額等を除いた金額の 50％相当額を繰入限度額とする（法令

96①三)。

(4) 外国政府等に対する金銭債権

外国の政府,中央銀行または地方公共団体に対する金銭債権のうち,長期にわたる不払等によりその経済的価値が著しく減少し,かつ,その弁済を受けることが著しく困難であると認められる事由が生じている金銭債権の額の50％相当額を繰入限度額とする(法令96①四)。

10.2.4 一括評価金銭債権に係る貸倒引当金の繰入限度額

(1) 一括評価金銭債権の範囲

貸倒引当金設定の対象となるのは次のものである(法法52,法基通11-2-16～18,20)。

・売掛金,貸付金
・未収の譲渡代金,未収加工料,未収請負金,未収手数料,未収保管料,未収地代家賃または貸付金の未収利子で,益金の額に算入されたもの
・他人のために立替払をした場合の立替金
・未収の損害賠償金で益金の額に算入されたもの
・保証債務を履行した場合の求償権
・通算税効果額に係る未収金
・その有する売掛金,貸付金等の債権について取得した受取手形
・その有する売掛金,貸付金等の債権について取得した先日付小切手のうち,その法人が一括評価金銭債権に含めたもの
・売買があったものとされる法人税法上のリース取引のリース料のうち,支払期日の到来していないもの

一方,貸倒引当金設定の対象とならないものは次のものである。

・預貯金およびその未収利子,公社債の未収利子,未収配当その他これらに類する債権
・保証金,敷金(借地権,借地権等の取得に関連して無利息または低利率で提供した協力金等を含む),預け金その他これらに類する債権
・手付金,前渡金等のように資産の取得の代価または費用の支出に充てるものとして支出した金額

・前払給料，概算払旅費，前渡交際費等のように将来精算される費用の前
払として一時的に仮払金，立替金等として経理されている金額

・仕入割戻しの未収金，ほか

(2) 繰入限度額の計算

一括評価金銭債権に係る繰入限度額の計算は，次の算式による（法令96 ⑥）。

$$繰入限度額 = \frac{その事業年度終了時の一括評価}{金銭債権の帳簿価額の合計額} \times 貸倒実績率$$

貸倒実績率は，次の算式によって算出した割合（過去3年間の平均貸倒率）
をいう（法令96 ⑥）。

$$
\begin{array}{c}
貸倒実績率 \\
（小数点以下 \\
4 位未満切上げ）
\end{array}
=
\frac{
\begin{array}{l}
その事業年度開始の日前3年以内に \\
開始した各事業年度の売掛債権等の \\
貸倒損失の額+個別評価分の引当金 \\
繰入額-個別評価分の引当金戻入額
\end{array}
\times \dfrac{12}{\begin{array}{c}左の各事業年\\度の合計月数\end{array}}
}{
\begin{array}{l}
その事業年度開始の日前3年以内に \\
開始した各事業年度終了の時における \\
一括評価金銭債権の帳簿価額の合計額
\end{array}
\div \begin{array}{c}左の各事業年度\\の数\end{array}
}
$$

(3) 中小企業等の貸倒引当金の特例

資本金の額等が1億円以下の中小企業等については上記の繰入限度額計算
とは別に特例が設けられている。貸倒引当金の法定繰入率は 1998（平成10）
年度税制改正により廃止されたが，中小企業者等の貸倒引当金の特例制度の
対象法人については，租税特別措置として引き続き，法定繰入率による繰入
れが認められている（措法57の9 ①，措令33の7 ④）。

この特例は，資本金の額等が1億円を超える普通法人および資本金の額等
が5億円以上である法人等との間にその法人による完全支配関係がある普通
法人（法法66 ⑥一または二に掲げる法人に該当するもの）並びに保険業法に規
定する相互会社などには適用されない。

中小企業等の 繰入限度額	=	期末一括評価 金銭債権の帳 簿価額	−	実質的に債権 とみられない ものの額	× 法定繰入率

法定繰入率は以下のとおり（措令 33 の 7 ④）。

卸売業および小売業	1,000 分の 10
（飲食店業および料理店業を含む）	
製造業	1,000 分の 8
金融および保険業	1,000 分の 3
割賦販売小売業，包括信用購入あっせん業	
および個別信用購入あっせん業	1,000 分の 7
その他	1,000 分の 6

10.2.5 貸倒引当金の経理処理

　貸倒引当金として損金の額に算入される金額は，繰入限度額に達するまでの金額を損金経理した場合に限られる（法法 52 ①）。したがって，企業会計上繰入限度額を超えて費用として計上した場合は，超過額は損金不算入となり，申告書別表四において加算する。

　例えば，繰入限度額内で損金経理をした金額が 200,000 円である場合，仕訳で示すと次のとおりである。

　　（借）貸倒引当金　200,000 円　　（貸）貸倒引当金　200,000 円
　　　　　繰入損

　また，当期に繰り入れた貸倒引当金の金額は，翌期に洗替えを行う（法法 52 ⑩）。すなわち，翌期にその全額を益金に算入するとともに，また新たな金額（例えば，250,000 円）を引き当てることとなる。これを仕訳（翌期）で示すと次のとおりである。

　　（借）貸倒引当金　200,000 円　　（貸）貸倒引当金戻入益　200,000 円
　　（借）貸倒引当金　250,000 円　　（貸）貸倒引当金　　　　250,000 円
　　　　　繰入損

10.3　租税特別措置法上の準備金

10.3.1　概　要

　引当金と同様に各事業年度において一定限度内の繰入額を損金の額に算入する**準備金**の規定が租税特別措置法に設けられている。準備金は引当金とは異なり，その事業年度の収益と明確な因果関係を持っているものは少なく，むしろ偶発的な損失の引当てや政策的な性格を持っているので，法人税法ではなく，租税特別措置法に規定されている（措法 55 ～ 57 の 8, 58, 61 の 2）。準備金は，企業会計上になく，税務上特有のものである。引当金と準備金の一般的な相違点は次のとおりである。

①　引当金の繰入れは白色申告法人でも認められるが，準備金の積立ては白色申告法人には認められておらず，青色申告法人だけに認められている［青色申告および白色申告については**第 3 講**参照］。

②　引当金の繰入れは損金経理が必要であるが，準備金の積立ては損金経理によるほか，剰余金の処分によって積み立てることもできる。この場合は，その積立金額は申告書別表四で所得金額から減算することとなる。

③　引当金と準備金のいずれも繰入額，積立額の損金算入に関する明細の記載を要する。この記載がない場合でも，引当金繰入額の損金算入は認められる [1] が，準備金積立額の損金算入は認められない。

10.3.2　準備金の種類

　次のような準備金が規定されている。

　　海外投資等損失準備金（措法 55）

　　中小企業事業再編投資損失準備金（措法 56）

　　特定原子力施設炉心等除去準備金（措法 57 の 4 の 2）

　　保険会社等の異常危険準備金（措法 57 の 5）

---

[1] これを「宥恕（ゆうじょ）規定」という。

原子力保険または地震保険に係る異常危険準備金（措法57の6）

関西国際空港用地整備準備金（措法57の7）

中部国際空港整備準備金（措法57の7の2），ほか

10.4　圧縮記帳

　圧縮記帳とは，本来課税所得として発生している特定の利益について一定の条件の下に，その課税関係を将来に繰り延べる制度であり，企業会計にはなく，税務上特有のものである。

10.4.1　圧縮記帳制度が設けられた趣旨

　法人税法第22条第2項では，法人の各事業年度の益金の額に算入すべき金額は，資本等取引以外の取引に係る収益の額と規定している。したがって，法人が，設備投資をする際に国や地方公共団体から補助金を受けた場合や，災害等による固定資産の損害により保険金を受けた場合でも，その収入金額を益金の額に算入しなければならない。

　また，法人が，同種の資産の交換等のため，または土地，建物等で特定の要件に該当する固定資産の買換えのため資産を譲渡した場合も同様であり，その譲渡対価の額を益金の額に，その資産の帳簿価額と譲渡経費の額を損金の額にそれぞれ算入しなければならない。

　このような取引に係る収益を益金の額に算入すると法人税が課税されることとなり，その課税によって目的資産や代替資産の取得を困難にさせ，補助金等を受けた目的が達成されなくなるおそれが生じる。このような課税は租税政策および産業政策の観点から適当でない。

　そこで，補助金収入や保険金収入等の収益についても課税するが，一時の課税を避ける方法として圧縮記帳制度が設けられた。この制度は，補助金や交換等で取得した資産の取得価額をその受贈益や譲渡益等に相当する額だけ減額し，その減額した部分を損金の額に算入することにより，一時的に課税

利益を生じさせないという制度であり，これは課税の繰延べを図るものである。したがって，その取得した資産について減価償却を行うときまたはその取得資産を譲渡した際の譲渡原価を計算するときには，その減額した後の帳簿価額を基礎として計算することとされている（法令54 ③）。

　このようなことから，圧縮記帳を行った資産については，その減価償却を通じてまたは譲渡の際に，圧縮記帳によって課税されなかった収益に対する課税が実現していくこととなり，結果として課税の繰延べという効果が生じる。

　圧縮記帳には，法人税法に規定されているものと，租税特別措置法に規定されているものとがある（法法42 〜 50，措法61の3，64，64の2，65，65の2 〜 10，67の4）。

10.4.2　圧縮記帳制度の適用要件と経理方法

(1) 適用要件

　圧縮記帳を行う場合には，圧縮限度額（譲渡益に相当する額）内で確定決算において所定の経理をしなければならない。また，確定申告書に圧縮額等の損金算入に関する明細（申告書別表十三（一）〜（十二））を添付することが必要となる。

(2) 経理方法

　圧縮記帳の経理方法には，次の3つの方法があり，これらのいずれかの方法を選択することができる。ただし，圧縮記帳の種類によっては②および③の方法を選択できないものがある。機械装置100万円について，それぞれの方法を選択した場合の仕訳は次のとおりである。

　　① 損金経理により帳簿価額を直接減額する方法
　　　（借）機械装置圧縮損　100万円　　（貸）機械装置　100万円
　　② 損金経理により積立金として積み立てる方法
　　　（借）圧縮積立金積立額　100万円　　（貸）機械装置圧縮積立金　100万円
　　③ 剰余金の処分により積立金として積み立てる方法
　　　（借）繰越利益剰余金　100万円　　（貸）機械装置圧縮積立金　100万円
　　③の場合には，圧縮積立金の額を申告書別表四において所得金額から減算する。

10.4.3　保険金で取得した代替資産の圧縮限度額計算

　法人は，通常，火災，自然災害等による固定資産の滅失等に備え，保険契約を結びリスクに備えている。法人が固定資産の滅失等により支払いを受けた保険金で代替資産を購入した場合には，保険差益金を基礎にして次の算式により計算した圧縮限度額の範囲内の金額を圧縮記帳することにより損金算入が認められる（法法47①，法令84，85）。

$$圧縮限度額 = 保険差益金 \times \frac{代替資産の取得等に充てた保険金の額（分母の額が限度）}{保険金の額からその固定資産の滅失等に関連して支出する経費の額を控除した額}$$

　なお，この場合に，保険差益金は次の算式により計算した金額である。

$$保険差益金 = （受け取った保険金の額 - 滅失等により支出する経費の額）- （滅失等した資産の帳簿価額のうち被害部分の額）$$

10.5　繰越欠損金

　欠損金額とは，各事業年度の所得の金額の計算上，損金の額が益金の額を超える場合の，その超える部分の金額である（法法2二十九）。法人は，事業年度ごとに法人税の税額の計算を行うこととなっているのであるから，原則として前期以前に生じた欠損金額を当期の損金の額に算入することは認められないが，例外として欠損金額の繰越控除制度が設けられている。

10.5.1　概　要

(1) 青色申告書を提出した事業年度の欠損金の繰越控除の趣旨

　法人は，継続して事業を営んでいることから，ある事業年度に欠損金額が生じた場合に，他の事業年度の利益金額と通算せずに，利益の生じた事業年

度についてだけ課税すると，税負担が過重となることが考えられる。このようなことを考慮し，青色申告書を提出していることを要件にその事業年度の欠損金を後の事業年度に繰り越す「欠損金額の繰越控除制度」が設けられている。

　下記（2）の要件のすべてに該当すれば，前期以前に生じた欠損金額について当期の所得金額の 50％を限度として当期の所得金額から控除できる（法法 57）。なお，資本の額が 1 億円以下である中小法人等並びに新設および更生手続開始決定等の事実が生じた法人における一定の事業年度については，控除額に制限はない（法法 57 ⑪）。

（2）要　件

① 　各事業年度開始の日前 10 年以内に開始した事業年度において生じた税務計算上の欠損金額であること。

② 　青色申告書を提出した事業年度に生じた欠損金額であること。

③ 　その後において連続して確定申告書を提出していること。

④ 　欠損金額の生じた事業年度に係る帳簿書類を保存していること。

　なお，2015（平成 27）年度税制改正において，従前の「前 9 年以内」から「前 10 年以内」に開始した各事業年度に改正され，2016（平成 28）年度税制改正において，その施行日（2017（平成 29）年 4 月 1 日）を，2018（平成 30）年 4 月 1 日とする見直しが行われた（平 27 改正法附則 1 八の二）。この改正は 2018（平成 30）年 4 月 1 日以後に開始する事業年度において生ずる欠損金について適用される（平 27 改正法附則 27 ①）。

（3）控除限度額と繰越期間の推移

　控除限度額と繰越期間の推移は図表 10.3 のとおりである。

10.5.2　繰越控除の順序と強制適用

（1）繰越控除の順序

　繰越欠損金は，最も古い事業年度において生じたものから順次控除し，控除できなかった欠損金がある場合はさらに翌期以降に繰り越すこととなる。

（2）強制適用

　上記 10.5.1（2）の要件を満たす場合，青色申告書を提出した事業年度の

図表10.3　控除限度額と繰越期間の推移

事業年度	控除限度額（注1, 2）	繰越期間
2008（平成20）年4月1日から 2012（平成24）年3月31日の間に開始	所得金額の100%	9年
2012（平成24）年4月1日から 2015（平成27）年3月31日の間に開始	所得金額の80%	9年
2015（平成27）年4月1日から 2016（平成28）年3月31日の間に開始	所得金額の65%	9年
2016（平成28）年4月1日から 2017（平成29）年3月31日の間に開始	所得金額の60%	9年
2017（平成29）年4月1日から 2018（平成30）年3月31日の間に開始	所得金額の55%	9年
2018（平成30）年4月1日以後に開始	所得金額の50%	10年

（注1）中小法人等は所得金額の100%となる。
（注2）再建中の法人および新設法人については，2015（平成27）年以降開始の事業年度，所得金額の100%となる。

欠損金の繰越控除は，必須の申告調整事項となっていることから，もし法人が申告調整を行っていない場合には，税務署長は更正によって欠損金の繰越控除の処理をしなければならない。

10.6　有価証券

10.6.1　有価証券の定義

　有価証券は，一般に，株券，出資証券，債券，手形，貨物引換証および船荷証券等をいい，各法律によって定義されるが，法人税法上，有価証券とは「金融商品取引法第2条第1項に規定する有価証券その他これに準ずるもので政令で定めるものをいう。」（かっこ書は省略）と定義されている（法法2二十一）。すなわち，金融商品取引法に規定されている国債証券，地方債証券，社債券，日本銀行等の発行する出資証券，株券，投資信託の受益証券，貸付信託の受益証券等のほか，銀行法で規定されている一定の金銭債権，合名会社，合資会社または合同会社の社員の持分，協同組合等の組合員の持分等が

含まれる（法令 11）。

10.6.2　有価証券を譲渡したときの取扱い

　法人が有価証券の譲渡をした場合には，その譲渡利益額または譲渡損失額は，その譲渡に係る契約をした日の属する事業年度の所得の金額の計算上，益金の額または損金の額に算入する（法法 61 の 2 ①）。

　譲渡利益額とは，次の A の金額が B の金額を超える場合におけるその超える部分の金額（すなわち A − B）をいい，**譲渡損失額**とは次の B の金額が A の金額を超える場合におけるその超える部分の金額（すなわち B − A）をいう。

　A　その有価証券の譲渡に係る対価の額（配当等の額とみなす金額（法法 24 ①）を控除した金額）

　B　その有価証券の譲渡に係る原価の額（その有価証券について法人が選定した一単位当たりの帳簿価額の算出の方法によって算出した金額にその譲渡をした有価証券の数を乗じて計算した金額）

10.6.3　有価証券の取得価額等

　法人税法上，有価証券の取得価額は，その評価額の基礎となり，さらに，譲渡原価を算定する上での基礎となるものであり，①購入した有価証券，②金銭の払込み等により取得した有価証券，③株式等無償交付により取得した株式または新株予約権の取得価額，④有利な金額で取得した有価証券，⑤その他の方法で取得した有価証券，等に区分し，それぞれ次のとおり取り扱われることとなる（法令 119 ①）。

　①　**購入した有価証券**

　　購入した有価証券については，購入代価（法令 119 ①一）となる。有価証券には信用取引等またはデリバティブ取引による現物の取得の場合は除かれ，購入代価には購入手数料その他有価証券購入のために要した費用を加算する。ただし，有価証券を取得するために要した通信費，名義書換料は購入のために要した費用に含めないことができる（法基通 2-3-5）。

　②　**金銭の払込み等により取得した有価証券**

　　金銭の払込みまたは金銭以外の資産の給付により取得した有価証券につ

いては，その払込金額および金銭以外の資産の価額の合計額が取得価額となる（法令119①二）。ただし，下記④に該当する有価証券は除かれる。

③ 株式等の無償交付により取得した株式または新株予約権の取得価額

株式等の無償交付により取得した株式または新株予約権の取得価額は，零（ゼロ）となる（法令119①三）。株式等の無償交付とは，法人がその株主等に対して新たに金銭の払込みまたは金銭以外の資産の給付をさせないで株式または新株予約権を交付することであり，下記④に該当する場合は除かれる。

④ 有利な金額で取得した有価証券

有価証券と引換えに払込みをした金銭の額および給付をした金銭以外の資産の価額の合計額がその取得のために通常要する価額（時価）に比して有利な金額である場合における当該払込みまたは当該給付（「払込み等」という）により取得をした有価証券については，その取得のときにおけるその有価証券の取得のために通常要する価額（時価）が取得価額となる（法令119①四）。

なお，有利な金額で取得した有価証券には，新たな払込み等をせずに取得した有価証券が含まれるが，株主等が金銭その他の資産の払込み等または株式等無償交付により取得した株式または新株予約権等は除かれる。この場合の新株予約権は，その法人の他の株主等に損害を及ぼすおそれがないと認められる場合におけるその株式または新株予約権に限られる。

⑤ その他の方法で取得した有価証券

いわゆる組織再編等により取得した有価証券については詳細に規定されているが，ここでは省略する。

このように，発行法人から取得した有価証券については，払込金額または給付をした金銭以外の資産の価額（給付資産価額）をもってその取得価額とし，無償の場合には取得価額を零とする。なお，有利な金額での取得または無償交付の場合で，株主等として取得していない場合および株主等として取得した場合であっても他の株主等に損害を及ぼすおそれがある場合には，取得した有価証券の時価をもって取得価額を認識し，払込金額または給付資産価額との差額について受贈益が発生することとなる。

10.6.4　一単位当たりの帳簿価額の算出

　有価証券の一単位当たりの帳簿価額は，売買目的有価証券（法法 61 の 3 ①一），満期保有目的等有価証券（法令 119 の 2 ②各号）およびその他有価証券の区分ごとに，かつ，その銘柄を同じくするものごとに，次のとおり移動平均法または総平均法により算出する（法令 119 の 2 ①）。

（1）移動平均法

　有価証券をその銘柄の異なるごとに区別し，その銘柄を同じくする有価証券を取得する都度，その有価証券のその取得の直前の帳簿価額とその取得をした有価証券の取得価額との合計額を，これらの有価証券の総数で除して平均単価を算出し，算出した平均単価をもってその一単位当たりの帳簿価額とする方法をいう（法令 119 の 2 ①一）。

（2）総平均法

　有価証券をその銘柄の異なるごとに区別し，その銘柄の同じものについて，その事業年度開始のときにおいて有していたその有価証券の帳簿価額と，その事業年度において取得したその有価証券の取得価額の総額との合計額を，これらの有価証券の総数で除して平均単価を算出し，その算出した平均単価をもってその一単位当たりの帳簿価額とする方法をいう（法令 119 の 2 ①二）。

10.6.5　有価証券の期末評価

　有価証券の期末評価額は，図表 10.4 の区分によりそれぞれの方法を適用し，時価法および償却原価法を適用して損益が生じた場合は，益金または損金の額に算入する。

　各方法の内容は次のとおり。

図表 10.4　区分ごとの評価方法

区　分	方　法	備　考
売買目的有価証券	時価法	翌期首において洗替
売買目的外有価証券	原価法	
償還期限等がある有価証券	償却原価法	

(1) 時 価 法

　時価法は，法人の有する売買目的有価証券について，時価により評価した金額をもって，その事業年度終了のときにおける評価額とする方法である。その時価評価額は，事業年度終了のときにおいて有する有価証券を銘柄の異なるごとに区別し，その銘柄を同じくする有価証券について，次の有価証券の区分に応じそれぞれに定める金額にその有価証券の数を乗じて計算した金額とされている（法法 61 の 3 ①一，法令 119 の 13 ①）。

　　①　取引所売買有価証券

　　②　店頭売買有価証券および取扱有価証券

　　③　その他価格公表有価証券

　　④　①から③以外の有価証券

(2) 原 価 法

　原価法は，期末の売買目的外有価証券につき移動平均法と総平均法の 2 種類の平均法のうちいずれかの方法によってその帳簿価額を算出し，その算出した帳簿価額をもって期末の売買目的外有価証券の期末評価額とする方法である（法法 61 の 3 ①二，法令 119 の 2 ①）。

(3) 償却原価法

　償却原価法は，帳簿価額と償還金額との差額のうち，当期に配分すべき金額をその帳簿価額に加算または減算した金額を期末帳簿価額（いわゆるアキュムレーションまたはアモチゼーションをした金額）とするとともに，その加減算額を益金の額または損金の額に算入するという方法である（法令 119 の 14，139 の 2 ①）。

　償還有価証券，すなわち償還期限および償還金額の定めのある売買目的外有価証券については，この方法により期末の評価額を算出する。

10.7　短期売買商品等

　短期売買商品等とは，短期的な価格の変動を利用して利益を得る目的で取得した資産で一定のもの，および資金決済に関する法律第2条第14項に規定する暗号資産をいう（法法61，法令118の4）。

　短期売買商品等を譲渡した場合には，その譲渡に係る契約をした日の属する事業年度において，譲渡対価の額から譲渡原価の額を減算した金額を益金の額または損金の額に算入する（法法61①）。

●コラム10　暗号資産

　暗号資産を売買した場合，譲渡損益（譲渡対価 − 取得費）について課税対象となる。法人の場合，暗号資産の譲渡損益については，法人の他の所得と合算の上，法人の課税所得となる。譲渡損が生じた場合でも法人の他の所得との通算が可能である。

　なお，譲渡損益は，暗号資産の売却等に係る契約をした日（約定日）の属する事業年度の益金の額または損金の額に算入する。暗号資産の売却，暗号資産での商品の購入または暗号資産同士の交換を行う取引は，いずれも暗号資産の譲渡に該当するので，これらの取引に係る譲渡損益は，その譲渡に係る約定をした日の属する事業年度において益金の額または損金の額に算入する（いわゆる約定日基準）。

　一方，個人が暗号資産を売却または使用することにより生ずる利益については，事業所得等の各種所得の基因となる行為に付随して生じる場合を除き，原則として，雑所得に区分され所得税の確定申告が必要となる。

10.8　税法上の純資産

　法人税法において，株主等から拠出された金額を資本金等の額といい（法法2十六），それは資本金の額と資本金の額以外のものに区分される。これは企業会計における純資産（資本金と資本剰余金）に相当するものである。また，企業会計における利益剰余金に相当するものを法人税法においては利益積立金額という。なお，これらは企業会計上と税務上で必ずしも一致しないので留意する必要がある。

10.8.1　資本金等の額

(1)　資本金の額

　法人税法においては資本金の額について，特に独自の規定を設けておらず，会社法等の規定による金額となる。したがって，資本金の額とは，「資本金」または「出資金」と同義である。

(2)　資本金等の額のうち資本金の額以外のもの

　資本金等の額のうち資本金の額以外のものとは，主に株主等から拠出されたもので，資本金には組み入れられずに積立金として留保されているものをいい，例えば，株式の発行価額のうち資本に組み入れなかった株式払込剰余金等がある（法令8①）。なお，株式払込剰余金等を増加または減少させる取引は資本等取引に該当する（法法22⑤）ので，所得金額の計算上，益金の額または損金の額に算入しない。

10.8.2　利益積立金額

　企業会計上の利益剰余金は，損益取引から生じたもので利益の留保額であるが，法人税法上の**利益積立金額**はこの利益剰余金よりも範囲が広くなっている。この利益積立金額は，特定同族会社の留保金課税の計算の基礎となるなど，重要な意義を持つものである。

(1) 利益の留保と社外流出

　法人は，剰余金が生じている場合において，株主資本等変動計算書により株主総会の議決を経て，その一部を積立金として積み立て，また，株主等に剰余金の配当等として配分する。このように，法人は，株主資本等変動計算書により剰余金を社内に留保するものと社外に流出するものとに区分している。剰余金を留保したということは，法人の内部に何らかの形で純資産として残っているということであり，剰余金を社外に流出したということは，純資産として法人の内部に残っていないということである。

　株主資本等変動計算書は，2006（平成18）年5月の会社法施行に伴い従来の利益処分計算書が廃止され，これに代わるものとして導入されたものである。株主資本等変動計算書には，当該事業年度中に行われた資本金等の額および利益剰余金の額の変動の状況を記載することとなり，その変動金額の内容が申告書別表四（剰余金の配当等として社外流出する金額）および五（一）にも記載されることとなる。また，株主資本等変動計算書の「前期末残高」欄並びに「当期末残高」欄の金額は，申告書別表五（一）の「期首現在利益積立金額」および「期首現在資本金等の額」欄並びに「差引翌期首現在利益積立金額」および「差引翌期首現在資本金等の額」欄のそれぞれの金額と合致することとなる。

(2) 法人税法上の利益積立金額

　法人税法上の利益積立金額とは，各事業年度の所得の金額のうち留保されたものの累計額をいい，この所得の金額のうち留保されたものとは，各事業年度の所得の金額が法人の内部に何らかの形で純資産として残っているということであるから，株主資本等変動計算書による剰余金の処分によって留保された利益準備金等のほか税務上の否認額で留保した金額がすべて含まれることとなる（法法2十八，法令9）。例えば，減価償却資産の償却超過額は，法人計算の上ではその資産の帳簿価額の減額が行われているが，税務計算上は減額されなかったものとされ，それだけ純資産として残っているので利益積立金額を構成することとなる。

　また，貸倒引当金の繰入限度超過額，準備金の積立限度超過額も同様の意味で利益積立金額となる。このほか，費用や収益の否認額で法人の内部に留

保された金額は利益積立金額となる。

(3) 利益積立金額の計算

利益積立金額の計算は，次の算式により計算した金額であるが，実務上は，申告書別表四および別表五（一）で計算する。

$$\text{利益積立金額} = \begin{array}{c}\text{①法人が留保している金額}\\\text{の合計額}\end{array} - \begin{array}{c}\text{②法人税等納付すること}\\\text{となる金額}\end{array}$$

① 法人が留保している金額の合計額には次のものが含まれる。
　（a）各事業年度の所得の金額
　（b）受取配当等の益金不算入（法法 23），還付金等の益金不算入（法法 26）等の規定により，各事業年度の所得の金額の計算上，益金の額に算入されなかった金額
　（c）繰越欠損金の損金算入（法法 57 ～ 59）の規定により，各事業年度の所得の金額の計算上，損金の額に算入された金額
② 法人税等納付することとなる金額には次のものが含まれる。
　その事業年度の法人税および住民税（都道府県民税および市区町村民税）として納付することとなる金額

● 練習問題 ●

10.1　貸倒引当金

次の資料から貸倒引当金の繰入限度額の計算をしなさい。
　① X株式会社は繊維製品の卸売を営み，資本金は 20,000,000 円，事業年度は 2023.4.1 ～ 2024.3.31 である。なお，繰入率は，法定繰入率を選択する。
　② 当期は損金経理により 200,000 円を貸倒引当金に繰り入れている。
　③ A商店に対し期末に売掛金 4,500,000 円と買掛金 500,000 円がある。
　④ B商店の売掛代金として受け取った受取手形 4,000,000 円があるが，同店に対し支払手形 1,500,000 円を振り出している。
　⑤ 貸付金として 500,000 円を計上しているが，内容は社員に対する給料の前払金である。

10.2　圧縮記帳

次の例に基づき保険金で取得した代替資産の圧縮限度額を計算しなさい。

また，それぞれについて仕訳をしなさい。

> 滅失した建物の帳簿価額 3,000,000 円
>
> 滅失により支出した経費の額 500,000 円
>
> 支払いを受けた保険金額 4,500,000 円
>
> 保険金で取得した代替資産の取得価額 4,000,000 円

10.3　繰越欠損金

青色申告書を提出した事業年度の欠損金額の繰越控除を認めていることについて自己の見解を述べなさい。

第 11 講
法人税額の計算，申告手続等

　法人税の課税所得が計算されたら，次のステップは法人税額の算出である。法人税額は，課税標準である各事業年度の所得の金額に一定の税率を乗じて算出する。法人税の税率は，所得税のような累進税率を採用していない。

11.1　各事業年度の所得に対する法人税率

　各事業年度の所得に対する法人税の税率は，法人の種類と所得金額によって異なる。また，中小企業については税負担の軽減を目的として，特例措置が設けられている。なお，税制改正によって税率は頻繁に変更されており，事業年度ごとに適用される税率に留意する必要がある。税率は，法人の種類別と所得金額の区分に従い規定されており（法法 66，143 ほか），その推移は図表 11.1 のとおりである。

　なお，1990（平成 2）年 4 月 1 日以後 2012（平成 24）年 3 月 31 日までに開始した事業年度における普通法人，人格のない社団等に対する税率は図表 11.2 のとおりであった。

図表 11.1　法人税率の推移

適用事業年度（開始事業年度） 法人の種類，所得金額				2012.4.1 以後	2015.4.1 以後	2016.4.1 以後	2018.4.1 以後	2019.4.1 以後
普通法人・ 人格のない 社団等	資本金の額もしくは 出資金が 1 億円以下 の法人および資本も しくは出資を有しな い法人（注 1）	年800万円 以下の金額 （注 2）	下記以下の法人	15%	15%	15%	15%	15%
			適用除外事業者 （注 3）					19%
		年 800 万円超の金額		25.5%	23.9%	23.4%	23.2%	23.2%
	上記以外の法人			25.5%	23.9%	24.4%	23.2%	23.2%
協同組合等（注 4）		年 800 万円以下の金額		15%	15%	15%	15%	15%
		年 800 万円超の金額		19%	19%	19%	19%	19%
公益法人等	公益社団（財団） 法人，一般社団（財 団）法人のうち非 営利法人	年 800 万円以下の金額		15%	15%	15%	15%	15%
		年 800 万円超の金額		25.5%	23.9%	23.4%	23.2%	23.2%
	一定の公益法人等 （注 5）	年 800 万円以下の金額		15%	15%	15%	15%	15%
		年 800 万円超の金額		25.5%	23.9%	23.4%	23.2%	23.2%
	上記以外の公益法 人等	年 800 万円以下の金額		15%	15%	15%	15%	15%
		年 800 万円超の金額		19%	19%	19%	19%	19%

（注 1）相互会社，大法人による完全支配関係がある法人を除く。

（注 2）事業年度の期間が 1 年未満の法人については，年 800 万円ではなく，

$$800 \text{万円} \times \frac{\text{その事業年度の月数}}{12}$$

として計算する。

（注 3）適用除外事業者とは，当該事業年度開始の日前 3 年以内に終了した各事業年度（「基準年度」という）の所得金額の年平均が 15 億円を超える法人をいう。

（注 4）特定の協同組合等（構成員が 50 万人以上である組合等）にあっては，所得金額のうち 10 億円を超える部分の金額については 22%（2012（平成 24）年 4 月 1 日以後に開始する事業年度，およびそれ以前は 26%）の税率が適用される（措法 68）。

（注 5）一定の公益法人等とは，管理組合法人，法人である政党等，特定非営利法人等をいう（措令 27 の 3 の 2）。

図表 11.2　法人税率の推移（1990（平成 2）年 4 月 1 日以後　2012（平成 24）年 3 月 31 日までに開始した事業年度）

区　分			1990.4.1 以後 1998.3.31 までに 開始した事業年度	1998.4.1 以後 1999.3.31 までに 開始した事業年度	1999.4.1 以後 2009.3.31 までに 開始した事業年度	2009.4.1 以後 2012.3.31 までに 開始した事業年度
普通法人， 人格のな い社団等	資本金 1 億円以下 の法人および資本 金を有しない法人 （相互会社を除く）	年800万円 以下の金額	28%	25%	22%	18%
		年800万円 超の金額	37.50%	34.50%	30%	30%
	資本金 1 億円超の法人および 相互会社		37.50%	34.50%	30%	30%

●コラム 11 実効税率，国際比較，最低法人税率

(1) 実効税率

実効税率とは，法人の実質的な所得税負担率のことであり，損金算入となる事業税を考慮した上で法人税，住民税および事業税の所得に対する税率を合計したものとなる。これを数式で示すと次のとおりである。

$$\text{実効税率} = \frac{\text{法人税率} \times (1 + \text{地方法人税率} + \text{住民税率}) + \text{事業税率}}{1 + \text{事業税率}}$$

(2) 国際比較

日本では，2015（平成 27）年度および 2016（平成 28）年度において，法人税改革を実施し，実効税率を段階的に 34.62%（2014（平成 26）年度（改革前））→ 32.11%（2015（平成 27）年度）→ 29.97%（2016（平成 28）・2017（平成 29）年度）→ 29.74%（2018（平成 30）年度〜）と引き下げられている。しかし，財務省が公表している日本と欧米諸国との比較では，依然として高い税率である。

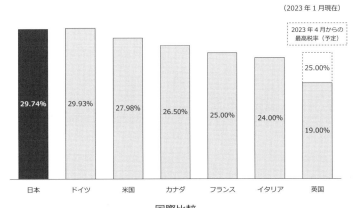

(2023 年 1 月現在)

国際比較

(注1) 法人所得に対する税率（国税・地方税）。地方税は，日本は標準税率，ドイツは全国平均，米国はカリフォルニア州，カナダはオンタリオ州。なお，法人所得に対する税負担の一部が損金算入される場合は，その調整後の税率を表示。

(注2) 英国について，引上げ後の最高税率（25%）は，拡張利益 25 万ポンド（4,200 万円）超の企業に適用（現行は一律 19%）。なお，拡張利益 25 万ポンド以下では計算式に基づき税率が逓減し，5 万ポンド（840 万円）以下では 19% に据え置き。
※拡張利益とは，課税対象となる利益に加えて他の会社（子会社等を除く）から受け取った適格な配当を含む額のことを指す。

(備考) 邦貨換算レートは，1 ポンド＝168 円（裁定外国為替相場：令和 5（2023）年 1 月中適用）。

(出所) 財務省ホームページ。

(3) 最低法人税率

　前記11.1で示したように日本の法人税率は引き下げられてきたが，主要国でもこれまで約40年間にわたり法人税率の引き下げ競争を行ってきたことから，主要国では財政運営に影響が出てきた上，コロナ禍で財源確保の必要性が高まり，低税率国に利益を集める多国籍企業の課税逃れが問題視されていた。こうした問題は，長期にわたりOECDにおいて議論されてきたが，最近OECD加盟国を含む136か国・地域は企業が負担する法人税の最低税率（「最低法人税率」という）を15％とすることで合意した。

11.2　特定同族会社の特別税率

　同族会社および特定同族会社は，既に第8講で取り上げているように，個人経営的な法人であり，税率についても特別な取扱いをしている。

11.2.1　特定同族会社の留保金に対する特別税率

　一般の法人と異なり，同族会社においては，特殊な関係を持つ少数の者が法人を支配しているため，恣意的な経営や極端な租税軽減を図ることも可能となる。例えば，①個人株主の所得税の累進税率による租税負担を回避するため，剰余金の分配の時期を遅らせること，②まったく剰余金の分配を行わないか分配しても僅少額しか行わないことによって剰余金を留保すること，などである。

　そこで，法人税法は，同族会社が一定の限度額を超えて各事業年度の所得等の金額を留保した場合には，通常の法人税のほかに，その限度額（「留保控除額」という）を超えて留保した所得等の金額（「課税留保金額」という）に対し，その金額に応じて10％，15％，20％の特別税率による法人税を課すことを規定している（法法67①）。

　本制度の適用がある同族会社については，従来（2006（平成18）年度税制改正前）は，その会社の株主のうち3株主グループ以下の株主等でその会社

の発行済株式の数等の総数の50％を超えている数等を有する場合の当該同族会社が該当するとされていたが，2006（平成18）年度税制改正では，経済社会の構造変化に的確に対応し，中小企業の財政基盤の強化を図る観点と，今日，共同出資型のベンチャー企業経営が進展しているが，これらの企業については株主グループ相互の独立性が高まってきている状況を踏まえ，留保金課税の対象となる同族会社の判定について，3株主グループによる判定から1株主グループによる判定に緩和された。この制度の適用対象となる会社を「**特定同族会社**」という。

　特定同族会社とは，被支配会社（会社の株主等の1人とその同族関係者がその会社の発行済株式または出資の総数または総額の50％を超える数または金額の株式または出資を有しているなどその会社）のうち，被支配会社であることについての判定の基礎となった株主または社員のうちに被支配会社でない会社がある場合，その会社をその判定の基礎となる株主または社員から除外して判定するとした場合においても被支配会社となるものをいう[1]（法法67①②）。

　なお，2007（平成19）年度税制改正では，産業競争力を高め，中小企業の財政基盤の強化を図る観点から制度の見直しが行われ，当該制度の適用対象となる特定同族会社から，資本金の額または出資金の額が1億円以下である会社は除かれた。しかし，その後の税制改正において，資本金の額または出資金の額が5億円以上である法人等との間にその法人による完全支配関係がある普通法人に該当するもので資本金の額または出資金の額が1億円以下の会社，投資法人および特定目的会社は，当該制度の特定同族会社から除外されないこととされた。

11.2.2　特定同族会社の留保金課税の概要

　特定同族会社の留保金課税の流れは，**図表11.3**のようになる。

---

[1] 資本金の額または出資金の額が1億円以下であるものにあっては，法法66⑥一または二に掲げるものに限る。また，清算中のものを除く。

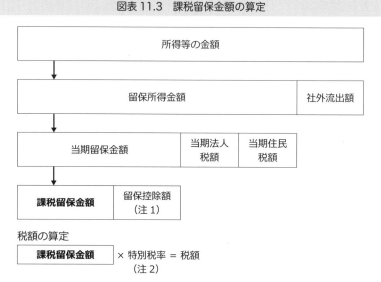

図表 11.3　課税留保金額の算定

税額の算定

課税留保金額 × 特別税率 ＝ 税額
　　　　　　　　（注2）

(注1) 留保控除額とは，次の金額のうち最も多い金額である（法法67⑤）。
　　① 所得等の金額 × 40％
　　② 年2,000万円
　　③ 資本金の額または出資金の額 × 25％ － 利益積立金額（当期の所得等の金額に係る部分の金額を除く）
(注2) 特別税率は，課税留保金額を次の金額に区分して，その区分に応じた税率となる（法法67①）。
　　・課税留保金額が3,000万円以下の金額……10％
　　・課税留保金額が3,000万円を超え1億円以下の金額……15％
　　・課税留保金額が1億円を超える金額……20％

11.3　使途秘匿金の支出がある場合の特別税率

11.3.1　使途秘匿金の特別税率が設けられた趣旨

　使途不明金，すなわち，法人が支出した金銭で，その費途が明らかでないものについては，その名目（交際費，機密費，接待費等）を問わず法人税の課税所得の計算上，損金の額に算入されないこととなっている。

　しかし，損金不算入であっても，使途不明金の額が増大し，また，一部の法人がいわゆる総会屋対策費，ヤミ献金といった違法ないし不当な支出をし

ていたことが大きな社会的問題となった。そこで，1994（平成6）年度の税制改正において，そのような支出を極力抑制する政策的観点から，企業が相手先を秘匿するような支出について，特別税率を適用することによって追加的な税負担を求める税制上の措置が講じられた（措法62，措令38）。なお，当初は時限的な措置であったが，現在も継続されている。

　この**使途秘匿金**に対する課税は，真実の所得者（秘匿金受領者）に対する代替課税として行うものではなく，また，相手方の脱税の抑制を主たる目的の一つとして行うものでもないが，追加課税が行われる範囲内において，相手方の脱税の抑制は図られることとなるといわれている。

11.3.2　使途秘匿金の範囲と特別税率

(1) 使途秘匿金の範囲

　使途秘匿金の支出とは，法人が支出した金銭のうち，相当の理由がなく，その相手方の氏名（名称），住所（所在地）およびその事由を帳簿書類に記載していないものである（措法62②）。ここでいう金銭の支出とは，通常より広い概念であり，金銭を支払うことのほか，贈与，供与その他これらに類する目的のためにする金銭以外の資産の引渡しについても金銭の支出と同様に取り扱うこととされている。

　次に，帳簿書類に相手方の氏名等を記載していないことについて相当の理由があるものとは，例えば手帳，カレンダー等の広告宣伝用物品の贈与やチップ等の小口の謝金であり，これらは使途秘匿金から除外される。

　また，取引の対価として支出されたもの，例えば，商品の仕入れ等のように対価性が明確な支出については，使途秘匿金から除外されている（措法62②）。そのような支出は，通常，違法ないし不当な支出にはつながらないものと考えられるからである。ただし，その支出が不相当に高額であると認められるような場合には，その高額と認められる部分については，この制度の適用がある。

　なお，違法ないし不当な支出につながるような支出は，通常，相手方の氏名等を明らかにしないため，「対価性と金額の妥当性」を証明することは非常に困難であると考えられることから，利権獲得のための工作資金，謝金等や

ヤミ献金，取引先の役員等への裏リベート，株主総会対策費等の支出は，使途秘匿金課税の対象となる。

（2）特別税率

　法人が使途秘匿金を支出した場合の法人税額は，法人税法および租税特別措置法により計算される通常の法人税額に，その使途秘匿金の支出額の40％を加算した金額である（措法62①）。

　すなわち次の算式による。

> 使途秘匿金の支出額 × 40％

11.4　税額控除

　各事業年度の所得の金額に対して，一定の税率を乗じて法人税が課せられるが，所得税と法人税との二重課税もしくは国際的な二重課税を排除するため，または政策的配慮のため，いくつかの税額控除の制度が設けられている。

11.4.1　税額控除の概要

　法人税における税額控除には，次のようなものがある。

（1）二重課税の排除を目的とするもの

① 所得税額控除（法法68）

② 外国税額控除（法法69）

（2）政策的配慮を目的とするもの（主なもの）

① 仮装経理に基づく過大申告の場合の更正に伴う法人税額の控除（法法70）

② 試験研究を行った場合の法人税額の特別控除（措法42の4）

③ 中小企業者等が機械等を取得した場合の法人税額の特別控除（措法42の6）

④ 沖縄の特定地域において工業用機械等を取得した場合の法人税額の特

別控除（措法 42 の 9）

⑤　国家戦略特別区域において機械等を取得した場合の法人税額の特別控
除（措法 42 の 10）

政策的配慮を目的とするものは，臨時的な措置であり，租税特別措置法に
規定されている。

本講では，所得税額控除について取り上げ，外国税額控除については，**第
13 講**で取り上げる。

11.4.2　控除所得税額の計算と損金不算入

(1) 控除所得税額の計算

利子や配当を受け取る際には，個人だけでなく法人も所得税の源泉徴収が
行われる。この源泉徴収された所得税は，法人にとっては法人税の前払の性
質を有するものであることから，各事業年度の確定法人税額から控除できる
こととされている（法法 68）。

法人税額から控除できる所得税額は，預貯金の利子等に対する所得税額に
ついてはその全額，公社債の利子や剰余金の配当等に対する所得税額につい
てはその元本を所有していた期間に対応する金額である（法令 140 の 2 ①）。
なお，各事業年度の確定法人税額から控除しきれない所得税額については，
還付される（法法 78 ①）。

(2) 控除所得税額の損金不算入

所得税額の控除は，所得税と法人税の二重課税を排除する趣旨で設けられ
ていることから，税額控除を受ける所得税額は，各事業年度の所得の金額の
計算上損金の額に算入されない（法法 40）。これは，もし，損金算入を認める
と，所得控除と税額控除の両方を享受してしまい非合理的であるからである。
逆にいうと，税額控除を受けない場合は，損金算入が認められる。

(3) 申告調整

所得税額の控除は，任意の申告調整事項であり，確定申告書に記載した金
額を限度として適用される。したがって，確定申告書にその金額の記載がな
い場合には控除を受けることができない（法法 68 ④）。

11.5　申告書別表

　主要な申告書別表の機能は次のとおりである。

(1) 申告書別表四

　法人の企業利益と各事業年度の所得の金額が一致しないことから，この一致しない点を調整し，企業利益から誘導して所得の金額を算出するために，申告書別表四「所得の金額の計算に関する明細書」が規定されている。これは，企業利益から所得の金額を算出するためのものであることから，税務上の損益計算書としての機能を有しているといえる。

　申告書別表四は，損益計算書の当期利益金額または当期欠損金額を基礎として各種の申告調整を行い，当期の所得金額または当期の欠損金額もしくは留保所得金額を計算するものである。申告書別表四は，法人が申告をする場合には，申告書別表一および別表五（一）とともに，すべての法人が必ず作成しなければならないものである。ただし，申告には，前年実績に基づく中間申告は含まれない。

　このほか，申告書別表四は，次のとおり種々の機能を有している。

①　所得金額の算出機能

　確定した決算に基づく利益または損失を基礎に所得金額を算出する機能である。

②　特定同族会社の留保金課税の計算基礎としての留保金額の算出機能

　所得金額のうち社内に留保された金額を算出し，特定同族会社の留保金課税の対象となる留保所得金額を算出するという機能である。

③　当期分利益積立金額の計算の基礎機能

　申告調整の金額について，留保または社外流出という処分の区分けを行い，その事業年度に発生した利益積立金額を算出するという機能である。

(2) 申告書別表五（一）

　法人の企業利益と所得の金額が一致しないことなどから企業会計上の利益剰余金と法人税法上の利益積立金額にも差異が生じてくる。

そこで，法人の決算上の貸借対照表に表れていないものを含む税務計算上の利益積立金額および資本金等の額の内容とその異動状況を示すものとして，申告書別表五（一）「利益積立金額及び資本金等の額の計算に関する明細書」が規定されている。申告書別表五（一）は，税務上の貸借対照表の機能を有しているといえる。なお，利益積立金額は，特定同族会社の留保金課税の計算，清算所得金額の計算等に用いられるので，その異動を常に申告書別表五（一）で明確にしておく必要がある。申告書別表五（一）は，貸借対照表の「純資産の部」に計上されているもののほか，利益積立金額および資本金等の額の計算の明細を記載するものである。

11.6 申告手続

確定申告書については第3講で解説したが，本講において改めて概略を説明する。

11.6.1 確定申告

法人税の納税義務は，各事業年度の終了のときに成立するが，具体的に納付すべき法人税の額は，法人税法が規定する租税債務の額の確定手続としての確定申告書，中間申告書等を法人が提出することにより確定する（通法15，16）。

法人は，確定決算に基づいて所得金額や法人税額等法人税法に規定された事項を記載した申告書を作成し，これを納税地の所轄税務署長に提出しなければならない（法法2三十一，会438）。

11.6.2 確定申告書の提出

確定申告書は，原則として各事業年度終了の日の翌日から2か月以内[2]に

---

[2] 申告書の提出期限が休日等に当たるときは，その翌日（休日等が連続するときは，最終の休日等の翌日）が提出期限となる。休日等とは，土曜日，日曜日，国民の祝日法に規定する休日のは

提出しなければならない（法法 74）が，確定申告書が確定決算に基づいて作成されることを前提としていることから，災害等や会計監査人の監査等を要することなど一定の理由により，法人の決算が事業年度終了の日から 2 か月以内に確定しないと認められる場合には，法人は申告期限の延長を申請することができる（法法 75，75 の 2，通法 11）。

11.6.3　確定申告書に記載すべき事項と添付書類

(1) 確定申告書に記載すべき事項

確定申告書には，その事業年度の所得金額（または欠損金額），その所得に対する法人税額，法人名，納税地，代表者名，事業年度等を記載しなければならない（法法 74 ①，151，法規 34）。

(2) 添付書類

確定申告書には，貸借対照表，損益計算書，株主資本等変動計算書もしくは社員資本等変動計算書または損益金の処分表，貸借対照表および損益計算書に係る勘定科目内訳明細書等を添付しなければならない（法法 74 ②，法規 35）。

11.6.4　中間申告

中間申告は，事業年度の中間点で納税をするための手続として行う申告であり，事業年度が 6 か月を超える普通法人は，原則として事業年度開始の日以後 6 か月を経過した日から 2 か月以内に中間申告書を提出しなければならない（法法 71）。

中間申告には，①前期実績を基準とする中間申告（「予定申告」という）と，②仮決算に基づく中間申告の 2 種類があり，前期実績を基準とするものが原則である（法法 71，72）。

か，1 月 2 日～3 日および 12 月 29 日～31 日をいう（通法 10 ②，通令 2 ②）。

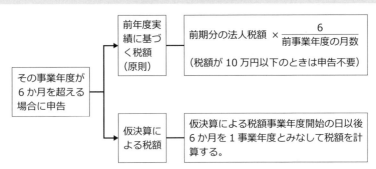

図表11.4　中間申告

● 練習問題 ●

11.1　法人が資本金額を1億円以下に減資することによる税務上のメリットは何か説明しなさい。

11.2　今後の法人税率のあり方について自己の見解を述べなさい。

11.3　特定同族会社について特別税率を適用する理由を説明しなさい。

11.4　同族会社の判定

　X株式会社の株主とその持株数は次のとおりである。X社は同族会社か否か判定しなさい。

（株主名）	（持株数）
A（代表取締役）	200
B（専務取締役）	180
C	120
D	50
E（Aの妻）	20
F（Bの父）	10
G（Cの兄）	10
H（Cの甥）	10
その他40名で各自10株ずつ所有（互いに同族関係なし）	400

計……………………………………1,000

※株式の種類はすべて普通株式であり，1 株に 1 議決権を有する。

第12講
法人組織に関する税制

　1990年代以降，企業ガバナンスのあり方の変化に対応し，組織再編制度，連結会計制度，会社法などの企業の組織形態に関する法制度が整備されるようになってきた。これに対応して，法人税においても，2001（平成13）年度に組織再編税制，2002（平成14）年度に連結納税制度が創設されるなどの改正が実施された。また，企業グループを対象とした法制度や会計制度が定着しつつある中，税制においても持株会社制のような法人の組織形態の多様化に対応するとともに，課税の中立性や公平性を確保する必要性が生じていることから，2010（平成22）年度改正において，グループ法人税制が創設された。

　さらに，2020（令和2）年度改正において，利用しにくいといわれていた連結納税制度について，その制度の適用実態やグループ経営の実態を踏まえ，損益通算の基本的な枠組みは維持しつつ，企業の事務負担の軽減等の観点から簡素化等の見直しを行い，2022（令和4）年4月1日以後に開始する事業年度からグループ通算制度へ移行された。

　本講では，グループ法人税制とグループ通算制度を取り上げるが，両制度は，法人グループを意識した制度ではあるものの，グループ法人税制が強制適用であるのに対して，グループ通算制度は選択適用である点で異なる。

12.1 グループ法人税制

12.1.1 グループ法人税制の概要

　グループ法人税制とは，100％の資本関係で結ばれた企業グループはその経済的実態はあたかも一つの企業であるのと同じであるから，企業の内部で行われる一定の取引には課税関係を生じさせないこととする制度である。

　完全支配関係がある内国法人間で一定の資産（「譲渡損益調整資産」という）を譲渡した場合には，その譲渡損益調整資産に係る譲渡損益の計上を繰り延べ，譲受法人において譲渡，償却等の事由が生じたときまたは譲渡法人と譲受法人との間で完全支配関係がなくなったとき等にその繰り延べた譲渡損益の全部または一部を戻し入れることとされている（法法61の11）。

　完全支配関係とは，一法人，一個人（「一の者」という）が法人の発行済株式等の全部を直接もしくは間接に保有する関係（「当事者間の完全支配の関係」という）または一の者との間に当事者間の完全支配の関係がある法人相互の関係をいう（法法2十二の七の六）。

　例えば，**図表12.1**のように，完全支配関係がある法人Aと法人Bとの間で，法人Aが簿価2,000万円の土地を法人Bに5,000万円で譲渡した場合，その譲渡利益額3,000万円に相当する金額は，その譲渡した事業年度の所得の金額の計算上，損金の額に算入する。すなわち，法人Aはその譲渡した時点では，譲渡利益額3,000万円を計上しないわけで，課税を繰り延べることとなる。その後，法人Bが法人Cに譲渡した場合，法人Aにおいて，その譲渡があった日の属する法人Bの事業年度終了の日の属する法人Aの事業年度の所得の金額の計算上，益金の額に算入する。譲渡利益額3,000万円に相当する金額を申告書別表四で所得の金額に加算する。なお，完全支配関係がある内国法人間では，資産の譲渡のほか，受取配当，受贈益および寄附金にも特例が設けられている［**第6講**および**第9講**参照］。

　譲渡損益の繰延べ対象となる「譲渡損益調整資産」とは，次の資産のうち，その譲渡の直前の帳簿価額が1,000万円以上のものをいう（法法61の11①，

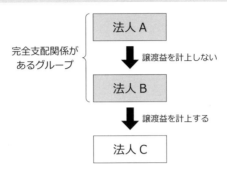

図表 12.1　譲渡益の計上

法令 122 の 12 ①）。

① 　固定資産

② 　棚卸資産たる土地（土地の上に存する権利を含む）

③ 　有価証券（譲渡法人または譲受法人において売買目的有価証券に該当するものを除く）

④ 　金銭債権

⑤ 　繰延資産

12.1.2　通知義務

(1) 譲渡法人の通知義務

　譲渡法人がその有する譲渡損益調整資産を譲受法人に譲渡した場合には，その譲渡の後遅滞なく，その譲受法人に対し，その譲渡した資産が譲渡損益調整資産該当資産である旨を通知しなければならない（法令 122 の 12 ⑰）。なお，その資産につき簡便法（法令 122 の 12 ⑥）の適用を受けようとする場合には，その旨を通知する。

(2) 譲受法人の通知義務

① 　譲渡法人からの通知に対する回答通知　　上記（1）の通知を受けた譲受法人は，次に掲げる場合の区分に応じてその掲げる事項を，その通知を受けた後遅滞なく，その通知をした譲渡法人に通知しなければならない（法令

122の12 ⑱）。

　（a）上記（1）の通知に係る資産が譲受法人において売買目的有価証券に該当する場合　⟶　その旨

　（b）上記（1）の通知に係る資産が譲受法人において減価償却資産または繰延資産に該当する場合において，その資産につき簡便法の適用を受けようとする旨の通知を受けたとき　⟶　その資産について適用する耐用年数またはその資産の支出の効果の及ぶ期間

② **譲渡損益の戻入事由の発生時の通知**　譲受法人は，譲渡損益調整資産につき戻入事由が生じたときには，その旨およびその生じた日を，その事由が生じた事業年度終了後遅滞なく，譲渡法人に通知しなければならない（法令122の12 ⑲）。ただし，その譲渡損益調整資産につき簡便法の適用を受けようとする旨の通知を受けた場合は除かれる。

　戻入事由とは，譲渡損益調整資産に係る譲渡，償却，評価換え，貸倒れ，除却などをいう（法法61の11 ②，法令122の12 ④）。

12.2　グループ通算制度

12.2.1　グループ通算制度の概要

　グループ通算制度とは，国税庁長官の承認を前提とし，通算親法人とその通算親法人による完全支配関係にある他の内国法人（通算子法人）のそれぞれを納税単位として，各通算法人が個別に法人税額の計算および申告を行い，その中で，損益通算等の調整を行う制度である。併せて，後発的に修正や更正事由が生じた場合には，原則として他の通算法人の税額計算に反映させない仕組みとされている。また，グループ通算の対象となる子法人を任意に選択することは認められない。

（1）通算親法人

　通算親法人とは，法人税法第64条の9第1項（通算承認）に規定する親法人であって同項の規定による承認を受けたものをいう（法法2十二の六の七）。

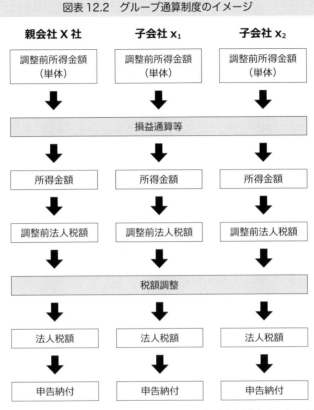

図表 12.2　グループ通算制度のイメージ

（出所）蝶名林守編『令和5年版　図解法人税』一般財団法人大蔵財務協会（2023）797頁。

なお，通算親法人となることができる内国法人は，普通法人または協同組合等に限られ，清算中の法人，普通法人（外国法人を除く）または協同組合等との間にその普通法人または協同組合等による完全支配関係がある法人等は除かれる（法法64の9①，法令131の11①）。

(2) 通算子法人

　通算子法人とは，法人税法第64条の9第2項に規定する他の内国法人であって同条第一項の規定による承認を受けたものをいう（法法2十二の七）。なお，通算子法人となることができる内国法人は，通算親法人となる法人また

は通算親法人による完全支配関係がある一定の普通法人に限られ，通算除外法人，すなわち普通法人以外の法人，破産手続開始の決定を受けた法人，特定目的会社，投資法人等は除かれる（法法64の9①⑪，法令131の11③）。

(3) 通算完全支配関係

　通算完全支配関係とは，通算親法人と通算子法人との間の完全支配関係またはその通算親法人との間に完全支配関係がある通算子法人相互の関係をいう（法法2十二の七の七）。ここでいう「完全支配関係」とは，親法人による直接完全支配関係のうち，通算除外法人および外国法人が介在しないものをいう（法法64の9①，法令131の11②）。

(4) 通算法人

　通算法人とは，通算親法人および通算子法人をいう（法法2十二の七の二）。

12.2.2　申　請

　親法人および子法人が通算承認を受けようとする場合には，原則として，その親法人のグループ通算制度の適用を受けようとする最初の事業年度開始の日の3か月前の日までに，その親法人および子法人のすべての連名で，必要な事項を記載した申請書（「承認申請書」という）をその親法人の納税地を所轄する税務署長を経由して，国税庁長官に提出しなければならない（法法64の9②）。

　既に連結納税制度の承認を受けている法人は，原則として，2022（令和4）年4月1日以後最初に開始する事業年度の開始の日において，通算承認があったものとみなされ，通算法人として申告を行うことになる（令2改正法附則29①）。なお，連結法人は，その連結法人に係る連結親法人が2022（令和4）年4月1日以後最初に開始する事業年度開始の日の前日までに税務署長に届出書を提出することにより，グループ通算制度を適用しない法人となることができる（令2改正法附則29②）。

12.2.3　通算法人の事業年度および申告・納税義務

(1) 通算子法人の事業年度の特例

　一般的には，親会社と子会社の事業年度は同一であるが，異なることもあ

る。グループ通算制度においては，個別申告方式とした上でグループ内の法人間で損益通算を行うこととしているため，通算子法人の事業年度は，通算親法人の事業年度に合わせることとされている。具体的には，通算親法人の事業年度開始のときにその通算親法人との間に通算完全支配関係がある通算子法人の事業年度は，その開始の日に開始するものとされ，通算親法人の事業年度終了のときにその通算親法人との間に通算完全支配関係がある通算子法人の事業年度は，その終了の日に終了するものとされる（法法14③）。また，通算子法人である期間は，その通算子法人の会計期間等による事業年度で区切られない（法法14⑦）。

なお，グループ通算制度への加入・離脱などの種々の場面に応じて，事業年度の特例が設けられている（法法14）。

(2) 申　告

グループ通算制度においては，その適用を受ける通算グループ内の各通算法人を納税単位として，その各通算法人が個別に法人税額の計算および申告を行うこととなり，通算法人は，原則として，各事業年度終了の日の翌日から2か月以内に確定申告書を提出しなければならない（法法74等）。なお，通算法人は，事業年度開始のときにおける資本金の額または出資金の額が1億円超であるか否かにかかわらず，電子情報処理組織（e-Tax）を使用する方法により納税申告書を提出する必要がある（法法75の4①②）[e-Taxについては，第15講参照]。

(3) 申告期限の特例

通算法人において，会計監査人の監査を受けなければならないなどの理由により，決算が確定しないため，または通算子法人が多数にあるなどの理由により，各事業年度の所得の金額等の計算を完了することができないため，確定申告書を各事業年度終了の日の翌日から2か月以内に提出できない場合には，通算親法人が納税地の所轄税務署長の承認を受けることにより，すべての通算法人につき，その提出期限を2か月間延長することができる（法法75の2⑪一）。

なお，通算親法人が確定申告書の提出期限の延長について，その適用を受けた場合には，他の通算法人のすべての確定申告書の提出期限についても延

長されたものとみなされる（法法 75 の 2 ⑪二）。

(4) 納　付

確定申告書を提出した通算法人は，その申告書に記載した法人税の額を，その申告書の提出期限までに納付しなければならない（法法 77）。また，通算法人は，他の通算法人の各事業年度の法人税について，連帯納付の責任を負う（法法 152 ①）。

(5) 税　率

通算法人の各事業年度の所得の金額に対する法人税の税率は，各通算法人の区分に応じた税率が適用され，原則として，普通法人である通算法人は 23.2％，協同組合等である通算法人は 19％の税率が適用される（法法 66 ①等）。

なお，中小通算法人の各事業年度の所得の金額のうち軽減対象所得金額以下の金額については，15％の税率が適用される（法法 66 ⑥，措法 42 の 3 の 2 ①〜③）。中小通算法人の軽減対象所得金額とは，次の算式により計算した金額をいう（法法 66 ⑦，措法 42 の 3 の 2 ③二三）。

$$軽減対象所得金額 = 800 万円 \times \frac{その中小通算法人の所得の金額}{各中小通算法人の所得の金額の合計額}$$

ここで，中小通算法人とは，大通算法人以外の普通法人である通算法人をいう。さらに，大通算法人とは，通算法人である普通法人またはその普通法人の各事業年度終了の日においてその普通法人との間に通算完全支配関係がある他の通算法人のうち，いずれかの法人がその各事業年度終了のときにおける資本金の額または出資金の額が 1 億円を超える法人その他一定の法人に該当する場合におけるその普通法人をいう（法法 66 ⑥かっこ書）。なお，通算親法人の事業年度が 1 年に満たない場合は月数あん分した金額となる（法法 66 ⑪）。

12.2.4　通算法人の所得の金額および税額の計算

通算法人の所得の金額の計算は，基本的にはグループ通算制度を適用していない法人の所得の金額を計算する場合と同様に，その事業年度の益金の額

から損金の額を控除した金額とされているが（法法22①），グループ通算制度固有の所得計算として，損益通算および欠損金の通算などがあり，それぞれ次のとおり計算する。また，法人税額は，所得の金額に前記 **12.2.3（5）**の税率を乗じて計算した金額から各種の税額控除額を控除して計算する（法法66①等）。

(1) 損益通算

① **概　要**　通算グループ内の欠損法人の欠損金額の合計額を所得法人の所得の金額の比で配分し，所得法人において損金算入する。この損金算入された金額の合計額を欠損法人の欠損金額の比で配分し，欠損法人において益金算入する（法法64の5①〜④）。なお，欠損金額の合計額は，所得法人の所得の金額の合計額を限度とする。

② **損益通算の遮断措置**　通算法人の所得の金額または欠損金額が当初申告額と異なる場合には，当初申告を所得の金額または欠損金額とみなして上記①の損金算入または益金算入の計算をする。すなわち，事後の税務調査などにより，通算グループ内の一法人に修正や更正事由が生じた場合には，損益通算に用いる所得金額および欠損金額を当初申告額に固定することにより，原則として，その修正や更正事由が生じた通算法人以外の他の通算法人への影響を遮断し，その修正や更正事由が生じた通算法人の申告のみが是正される。

(2) 欠損金の通算

① **概　要**　通算法人の各事業年度開始の日前10年以内に開始した事業年度において生じた欠損金額は，通算グループ全体で欠損金の通算を行い，各通算法人の欠損金の繰越控除前の所得の金額の50％相当額（中小法人等については，所得の金額）の合計額を限度として損金の額に算入される（法法57，法法64の7）。

② **欠損金の通算の遮断措置**　他の通算法人の当期の所得の金額または過年度の欠損金額が当初申告額と異なる場合には，それらの当初申告額が当期の所得の金額または過年度の欠損金額とみなされる（法法64の7④）。すなわち，通算グループ内の他の通算法人に修正や更正事由が生じた場合には，欠損金の通算に用いる金額を当初申告額に固定することにより，その通算法

人への影響が遮断される。また，通算法人の当期の所得の金額または過年度の欠損金額が当初申告額と異なる場合には，欠損金額および損金算入限度額で当初の期限内申告において通算グループ内の他の法人との間で配分しまたは配分された金額を固定する調整をした上で，その通算法人のみで欠損金額の損金算入額等が再計算される（法法 64 の 7 ⑤〜⑦）。

12.3　連結納税制度の見直し

　2002（平成 14）年度に創設された連結納税制度は，グループ全体を一つの納税主体と捉えて課税する制度であり，企業が効率的にグループ経営を行えるメリットがあるが，一方で，税額の計算が煩雑である等の問題点もあり，連結納税制度を選択していない企業グループも多く存在していた。そこで，企業の機動的な組織再編を促し，企業グループの一体的で効率的な経営を後押しして，企業の国際的な競争力の維持・強化を図るため，2020（令和 2）年度改正において，制度の簡素化等の見直しが行われた。具体的には，企業グループ内の各法人を納税単位としつつ損益通算等の調整を行う仕組みであるグループ通算制度に移行された。

●コラム 12　連結納税と連結決算

　連結納税制度はグループ通算制度に移行されたが，連結納税として連結（Consolidation）決算との関係をみてみる。連結納税と連結決算は混同しがちである。連結決算と連結納税は企業グループを対象とする点は同じであるが，異なる制度である。連結決算は親会社が企業グループの経営成績などを総合的に報告するために行うものであり，企業グループを一つの会社とみなして連結貸借対照表や連結損益計算書を作成する。単体の決算書ではわからないグループ全体の情報を，投資家に提供することなどが目的である。これに対し，連結納税は企業グループを一つの納税単位として課税するためのものであり，その目的はまったく異なる。

　上場企業は，金融商品取引法によって連結決算が義務付けられており，連結納税を行う上場企業は，連結決算とは別に連結所得を計算して申告納税の手続きをしなければならない。非上場企業で連結決算をしない会社でも，連結納税をすることは可能である。

　ところで，連結決算は国内国外を問わず，一定の要件を満たす場合に適用されるのに対し，連結納税の対象となる子会社は国内に限られる。これは，各国は課税権に基づき独自に課税を行っており，外国子会社の所得を合算して法人税を納付してもそれを関係当事国に配分するシステムが現時点で設けられていないことによる。

12.4　組織再編税制

12.4.1　概　要

　近年，他社を買収，あるいは，事業部を独立させて子会社化するといった組織再編が行われている。合併，分割，現物出資，現物分配といった組織再編が行われると，原則として，資産等の移転は時価で譲渡したものとみなし，譲渡損益について益金または損金に算入される（法法62）。しかし，それでは税制が組織再編の障害となるおそれが生じる。そこで，組織再編成により資産を移転する前後で経済実態に実質的な変更がない，すなわち「移転資産に対する支配が再編成後も継続している」と認められる場合は移転資産の譲渡損益の計上を繰り延べることとしている。これを，「**適格組織再編成**」といい，適格か非適格かによって取扱いが異なる。概略は次のとおりである。

12.4.2　適格組織再編成の適格要件

　適格組織再編成の適格要件は，種類ごとに異なり次のとおりである（法法62の2～62の5）。

(1) 企業グループ内の組織再編成

①　持分100％関係の法人間で行う組織再編成については100％関係を継

続すること。

② 持分50％超100％未満関係の法人間で行う組織再編成については，次の要件を満たすこと。

（a）50％超関係を継続すること。

（b）主要な資産・負債が移転していること。

（c）移転事業従業者のおおむね80％が移転先の業務に従事していること。ただし，株式交換等，株式移転の場合は完全子法人の従業者が継続して従事していること（従業者引継ぎ要件）。

（d）移転事業を継続していること。ただし，株式交換等・株式移転の場合は完全子法人が事業を継続していること（事業継続要件）。

（2）共同事業を行うための組織再編成

① 事業の関連性があること（事業関連要件）。

② （a）事業規模（売上，従業員，資本金等）がおおむね5倍以内であること（事業規模要件），または

（b）特定役員が役員に就任していること。ただし，株式交換，株式移転の場合は完全子法人の特定役員が継続して勤務すること（特定役員引継ぎ要件）。

③ 主要な資産，負債が移転していること。

④ 移転事業従業者のおおむね80％が移転先の業務に従事していること。ただし，株式交換等，株式移転の場合は完全子法人の従業者が継続して従事していること（従業者引継ぎ要件）。

⑤ 移転事業を継続していること。ただし，株式交換等，株式移転の場合は完全子法人が事業を継続していること（事業継続要件）。

⑥ 支配株主（分社型分割・現物出資の場合は，分割法人・現物出資法人）が対価株式を継続して保有していること（株式譲渡保有要件）。

⑦ 株式交換，株式移転については，関係が継続していること。

（3）独立して事業を行うための分割・株式分配（スピンオフ）

① 他の者による支配関係がないことが継続していること。

② 特定役員が役員に就任していること。なお，株式分配の場合は完全子法人の特定役員が継続して勤務すること。

③　主要な資産・負債が移転していること。

④　移転事業従業者のおおむね 80 ％が移転先の業務に従事していること。ただし，株式交換等，株式移転の場合は完全子法人の従業者が継続して従事していること。

⑤　移転事業を継続していること。ただし，株式交換等，株式移転の場合は完全子法人が事業を継続していること。

12.4.3　株主の課税

　株主が合併法人等の株式のみの交付を受けた場合は，旧株の譲渡損益課税は繰り延べられる。なお，合併，分割および株式交換については，合併法人，分割承継法人または株式交換完全親法人の 100 ％親法人の株式のみの交付も含まれる。

　また，会社法の株式交付により株式交付親会社の株式等の交付を受けた場合についても，旧株の譲渡損益課税は繰り延べられる。ただし，その株式の交付に合わせて金銭等の交付を受けた場合は，その金銭等が対価として交付を受けた資産の価額の20％以下である場合に限るものとし，株式交付親会社の株式に対応する部分のみ譲渡損益課税は繰り延べられる。

● 練習問題 ●

12.1　グループ法人税制について説明しなさい。

12.2　グループ通算制度について説明しなさい。

第 **13** 講
国際課税（I）

本講では，国際課税の根底にある国際法の概念，法的根拠，租税条約，国際的二重課税の排除，非居住者および外国法人に対する課税，外国税額控除，事業所得課税と恒久的施設，デジタル課税について学習する。

13.1 国際課税の概要

経済のグローバル化により，海外へ進出している日本法人や海外で就業している日本人が増えている。一方，多くの外国人が日本国内に居住し，また，多くの外国法人が日本国内で事業活動を行っている。

これに対し，日本および外国がどのように課税するかは，それらの個人，法人の活動の成果がどちらの国の歳入に結びつくかという点と，場合によっては双方の国による二重課税となるおそれがあるという点で重要な問題である。そして，特に所得に対する課税のあり方は，国際的な人の交流や資本移動に影響を与える可能性が生じることになる。このような，国をまたがった課税の問題を国際課税問題という[1]。

---

[1] 法律では「国際租税法」の分野である。

13.2　国際法の概念

　国際課税制度の根底に国際法の概念があり，これを理解する必要がある。例えば，①日本の国税庁の職員が海外で許可なく税務調査を実施できるか，（または，日本の国税庁の職員が日本にある子会社の調査において外国の親会社に直接資料請求できるか），②日本の国税庁の職員が滞納したまま国外に出国した納税者に対して海外で租税を徴収できるか，といったことについて制限があるのか，あるとすればどのような内容でどのような根拠に基づくのかといった点を考慮する必要がある。

(1) 管轄権 (Jurisdiction)

　管轄権とは国家主権の具体的発現形態であり，国際法による制限はほとんどない立法管轄権と，国際法による制限（領土主権による制限）がある執行管轄権がある。

(2) 課 税 権

　国家が有する主権の一つに課税権があり，それには自国内で生じた所得に課税することが認められる領土的課税権と自国の者が稼得した所得に課税することが認められる属人的課税権がある。前者は領土主権，後者は対人主権といわれる。

　課税管轄権は無制限に認められるものではなく，次のように制限される。

①　課税管轄権の地理的制限

　課税管轄権が及ぶのは国内であり，「国内」とは，「この法律の施行地をいう。」と規定されている（所法2①一，法法2一）。

②　課税管轄権の人的制限

　課税管轄権が及ばないものとして，外交特権（外交関係に関するウィーン条約に規定）および主権免除（Sovereign immunity）があげられる。前者は国内に滞在する外交官に対しては課税を免除するものであり，後者は国家自体が納税者にならないというものである。

13.3　国際課税の法的根拠

　国際課税に係る条文は，国内税法と租税条約に規定されている。

(1) 国内税法

　国内税法（法人税法，所得税法，租税特別措置法等）において，居住者・内国法人の国外での経済活動に対する課税，非居住者・外国法人の国内での経済活動に対する課税，外国税額控除，外国子会社合算税制（タックス・ヘイブン対策税制）や移転価格税制等の国際的租税回避への対策税制が規定されている。

(2) 租税条約

　非居住者，外国法人については，各国がそれぞれの税法に基づき課税するのであるが，より円滑な人的，物的交流を行うためには，二重課税を排除し，また，互いの国民が課税上で対等な扱いがされるよう，国と国との間で課税の方法を調整することが望ましい。このため日本は，ほとんどすべての先進国および多くの発展途上国との間で，二国間の租税条約を締結している。租税条約は，対象税目，適用領域，課税の範囲，用語の定義，租税の軽減・免除，権限ある当局の相互協議，情報の交換等を規定している。対象税目は，ほとんどが所得課税に関するものであり，所得税，法人税を対象としている。条約の規定は，日本では国内法に優先するのであるが，国内源泉所得の範囲については，所得税法および法人税法自体が租税条約の定めを優先する旨の規定を設けている。租税条約の実施のために，国内税法として「租税条約等の実施に伴う所得税法，法人税法及び地方税法の特例等に関する法律」が制定されている。

　なお，租税条約の内容は，互いの国の課税権と税法規定を尊重しつつ，二重課税を排除するために，相互に一定の課税の軽減，免除を規定して，人，物，資金の交流の促進を図ろうとするものである。

(3) 租税条約と国内税法の関係

　租税条約の規定と国内税法の規定が異なる場合，どちらを優先するか。例

えば，ある所得について租税条約では免税，国内税法では課税と規定されている場合はどちらが適用されるか。このような場合，租税条約の規定が優先適用される。すなわち，条約優位の関係にある。この根拠となるのが，憲法98条第2項であり，そこでは「日本国が締結した条約及び確立された国際法規は，これを誠実に遵守することを必要とする。」と規定されている。

13.4　租税条約

13.4.1　概　要

　租税条約（Tax treaty, Tax convention）は，二国間または多国間で締結される。日本と米国との間で締結された租税条約（「日米租税条約」という）の正式名称は，「所得に対する租税に関する二重課税の回避及び脱税の防止のための日本国政府とアメリカ合衆国政府との間の条約」（下線は筆者）である。これからもわかるように，租税条約の目的は，二重課税[2]の回避，および脱税の防止である。

　二国間租税条約の締結に当たっては，モデル租税条約というひな型に基づき各国の事情を斟酌して条文が決定される。モデル租税条約として，先進国間での租税条約を前提としたOECDモデル租税条約，先進国と発展途上国との間または発展途上国間での租税条約を前提としたUNモデル租税条約（国連モデル租税条約）の二種類が公表されている。

　一方，3か国以上で締結されるのが，多国間租税条約である。各国の主張を調整することは難しいことから，従来締結が困難であったが，近年多国籍企業による国際的租税回避の増加に対応すべく，国家間の連携，協力が進み，日本を含め多数の国が参加する「多国間税務執行共助条約」，「税源浸食及び利益移転を防止するための租税条約関連措置を実施するための多数国間条約（「BEPS防止措置実施条約」）」といった多国間租税条約が締結されてきている。

---

[2] 二重課税とは，同一の所得その他の課税物件に対し二国以上の課税権が競合して行使される場合に生じる。

13.4.2 租税条約ネットワーク

2023（令和5）年12月1日現在，日本は85条約を締結し，それらは154か国・地域に適用されている[3]。条約等の数および国・地域数の内訳は，①租税条約（二重課税の除去並びに脱税および租税回避の防止を主たる内容とする条約）が71本，79か国・地域，②情報交換協定（租税に関する情報交換を主たる内容とする条約）が11本，11か国・地域，③税務行政執行共助条約締約国は日本を除いて122か国であるが，適用拡張により140か国・地域に適用（このうち日本と二国間条約を締結していない国・地域は62か国・地域），となっている。なお，条約等の数と国・地域数が一致しないのは，税務行政執行共助条約が多数国間条約であること，および，旧ソ連・旧チェコスロバキアとの間で締結された条約が分離後複数国へ承継されたことによる。また，日本は台湾と外交関係を有していないことから，二国間租税条約を締結していないが，日本の公益財団法人交流協会（その後公益財団法人日本台湾交流協会に改称）と台湾の亜東関係協会（その後台湾日本関係協会に改称）との間で民間ベースでの租税取決め（「日台民間租税取決め」という）を締結し，その内容を日本国内で実施するための法令によって，全体として租税条約に相当する枠組みを構築していることから日台民間租税取決めを上記租税条約ネットワークに含めている。

13.5　国際的二重課税の排除に係る規定

13.5.1　二重課税発生の態様と排除のための方策

（1）二重課税発生の態様

前述のとおり，租税条約の目的に二重課税の排除があげられるが，ではその二重課税とはどのように発生するか。二重課税は，①居住地国課税と源泉地国課税の競合，②居住地国課税の競合，③源泉地国課税の競合によって生

---

[3] 財務省ホームページ（https://www.mof.go.jp）税制＞わが国の税制の概要＞国際課税＞租税条約に関する資料＞我が国の租税条約ネットワーク参照。

じる。

(2) 二重課税排除の方策

二重課税を排除するためには，①源泉地国が課税権を放棄して，居住地国のみが課税，②居住地国が課税権を放棄して，源泉地国のみが課税（「**国外所得免除方式**」という），③源泉地国と居住地国の双方が課税権を行使するが，居住地国において源泉地国で納付した税額を控除（「**外国税額控除方式**」という）[4]，④源泉地国と居住地国の双方が課税権を放棄，の4通りの方策が考えられる。

13.5.2　二重課税排除に係る規定

(1) 租税条約の規定

二重課税排除の方策として，OECDモデル租税条約第23条では，国外所得免除方式と外国税額控除方式（Foreign tax credit method）を並列的に記載しており，どちらを選択するかは各国の判断に委ねている。日本が締結した二国間租税条約では，外国税額控除方式を採用している。

(2) 国内法の規定

日本は，1953（昭和28）年，国内法に外国税額控除方式を導入した。そこでは，国内源泉所得と国外源泉所得を合わせた全世界所得を課税対象とし，算出された税額から外国で納付した税を控除することが規定されている。すなわち，〔全世界所得課税＋外国税額控除〕方式を選択した。しかし，最近では，外国子会社からの受取配当について益金不算入としたように，一部で国外所得免除方式を採用したことから，両方式を併用することとなっている。

---

[4] 居住地国において，外国税額控除方式を採用せず，所得計算上損金に算入する「外国税額損金算入方式」を採用することもありうるが，それは，国際的二重課税が部分的にしか排除されない不完全な方法であり，一般的でない。

13.6　非居住者および外国法人に対する課税

　納税者を一定の基準に従い「うち」（居住者および内国法人）と「そと」（非居住者および外国法人）に区分し，それぞれ課税範囲，課税方法等を規定している。

13.6.1　居住者・非居住者
（1）定　義
　課税権を行使するに当たり，自国の者と他国の者を区分して課税範囲が決められる。個人の場合，区分の基準として，国籍，居住性，市民権が考えられる。

①　国　籍
　自国の国籍を有している者を自国の者とする考え方。形式的基準として明確であるが，その者の経済活動と国家の結びつきが希薄である。

②　居住性
　国内に一定期間滞在している者を自国の者とする考え方。客観的な基準として明確であり，その者の経済活動と国家の結びつきに応じた課税が可能となるが，滞在期間の決め方によってはその者の経済活動に支障を及ぼすおそれが生じる。現在，一定期間について国による差異があるが，日本をはじめ多くの国がこの基準を採用している。

③　市民権
　国内に居住しているか否かにかかわらず，市民権を有していれば自国の者とする考え方。市民権を与えている国が海外で活動している市民にも課税するため課税範囲が拡大し，課税権の確保につながるが，その者の経済活動と国家の結びつきが希薄である。米国がこの基準を採用しており，住所を有する者だけでなく，市民権を有する者も居住者として課税される。

　日本は，所得税の個人の納税義務者について居住性に基づく基準を採用しており，国籍は関係しないこととなっている。所得税法では**図表13.1**のとお

図表13.1　日本での居住者・非居住者の定義

区　分	定　義
居住者	国内に住所を有し，または現在まで引き続いて1年以上居所を有する個人
非居住者	居住者以外の個人

図表13.2　居住者・非居住者の課税所得の範囲

	国内源泉所得	国外源泉所得
居住者	○	○
非居住者	○	×

(注)　○は範囲，×は範囲外。

り居住者と非居住者が定義されている（所法2①三,五）。

　なお，日本では，居住者は非永住者と非永住者以外の居住者に分けて定義されており（所法2①四），他国と異なる。

(2) 課税所得の範囲

　非永住者を除く居住者は，外国で得た所得を含むすべての所得が課税所得となり，非居住者は，日本の国内に所得の発生源泉地がある国内源泉所得が課税所得となる（所法7）。非永住者は，国外源泉所得のうち国内において支払われ，または国外から送金されたものについて課税される（所法7①二）。

　非居住者に対する課税は，非居住者の態様により，課税所得となる国内源泉所得の範囲と課税方式を異にしている。すなわち，国内に支店等を有する非居住者は，原則としてすべての国内源泉所得が課税所得になる。これらの所得については，居住者の所得の計算に準じた総合課税が行われる。これに対し，国内に支店等を有しない非居住者は，国内の事業の所得等以外の国内源泉所得が課税所得になり，主として源泉分離課税が行われる。

13.6.2　内国法人・外国法人

(1) 定　義

　法人についても自国の者と他国の者が区分される。法人の場合，設立地，

図表 13.3　日本での内国法人・外国法人の定義

区　分	定　義
内国法人	国内に本店または主たる事務所を有する法人
外国法人	内国法人以外の法人

図表 13.4　内国法人・外国法人の課税所得の範囲

	国内源泉所得	国外源泉所得
内国法人	○	○
外国法人	○	×

(注) ○は範囲，×は範囲外。

本店所在地，管理支配地に基づき区分される。

① 設 立 地

　法人設立に際し，会社法等の法律を適用した国の法人とする考え方。客観的基準として明確であるが，実質と形式を違えることによって課税を回避することが可能となる。

② 本店所在地

　本店所在地国，すなわち本店登記国の法人とする考え方。メリットおよびデメリットは①と同様。日本をはじめ多くの国がこの基準を採用している。

③ 管理支配地

　形式にかかわらず実質的に管理支配を行っている国の法人とする考え方。経済的な実体に即しており，妥当性があるが，管理支配の基準が不明確で実務上適用することが困難となる可能性がある。英国およびその関係国がこの基準を採用している。

　日本では，法人税の納税義務者は，内国法人と外国法人に区分され，内国法人とは図表 13.3 のとおり，国内に本店または主たる事務所を有する法人であり，外国法人とは，内国法人以外の法人である（法法 2 三，四）。株主または出資者が外国法人または非居住者であるか否かは，内国法人であるか否かと関係しない[5]。

（2）課税所得の範囲

　内国法人は，外国で得た所得を含むすべての所得が課税対象となり，外国
法人は，日本の国内に所得の発生源泉地がある国内源泉所得が課税対象とな
る。外国法人は，外国法人の態様により，それに対応する国内源泉所得に係
る所得について各事業年度の法人税等が課される。すなわち，国内に支店等
を有する外国法人は，原則としてすべての国内源泉所得が法人税の課税所得
となる。

　国内に支店等を有しない外国法人は，国内の事業の所得等以外の国内源泉
所得が課税対象となり，主として源泉分離課税により所得税が課される。

13.7　外国税額控除

　前述のとおり，原則として日本は二重課税の排除方式として外国税額控除
方式を採用している。外国税額控除は，居住者である個人または内国法人が，
国外で得た所得に対して，外国で課税を受ける場合，その国外所得について，
内国法人等が再度日本で課税を受けることから国際的二重課税が生じる。こ
の二重課税を排除する方法として，所得税法，法人税法，相続税法および租
税条約に外国税額控除が規定されている。

13.7.1　制度の概要

　外国税額控除とは，国外から受け取る利子，配当，使用料に課される源泉
徴収税額および外国支店の所得に課される外国法人税等，内国法人が，国外
で直接納付した税額について，日本の法人税等から控除する方法である。外
国法人税等とは，外国の法令により，法人の所得を課税標準として課される
税（日本の所得税，法人税に相当する税）で，付加価値税（VAT）等の間接税
は対象とならない（法法 69 ①，法令 141，142 の 2）。

---

5 「外資系法人」との用語をみることがあるが，税務上外資系法人という区分は存在しない。外資
系法人であっても，日本国内に本店が登記されていれば，内国法人となる。

　法人税額から控除される外国税額は，高率負担部分等を除いた金額であり，控除限度額が設けられている（法法69①，法令142の2）。

（1）高率負担部分等

　利子等に対する源泉徴収の方法により課される外国法人税については，内国法人の所得率によって次のとおり決定される。

　　①　所得率が10％以下の場合は，利子等の収入金額の10％を越える部分
　　②　所得率が10％超20％以下の場合は，利子等の収入金額の15％を越える部分

　なお，所得率が20％以上の場合は，高率負担部分はないとされる。

（2）控除限度額

　控除限度額は次の算式により算出する（法法69①，法令142）。

$$
控除限度額 = 法人税額 \times \frac{調整国外所得金額}{所得金額}
$$

　調整国外所得金額とは，国外所得金額から外国法人税が課税されない国外源泉所得に係る所得金額を控除した金額である。なお，所得金額の90％を超える場合には，90％に相当する金額とする（「シーリング」という）。国外所得金額とは，次の算式により算出する（法令141の2）。

$$
国外所得金額 = 国外事業所等帰属所得 + その他の国外源泉所得
$$

（3）控除限度額を超える外国法人税

　法人税の控除限度額を超える外国法人税については，法人税額から控除することはできないが，地方法人税および地方税からその控除限度額の範囲内で控除できる（法法69②，地方法人税法12①，地方法人税法施行令3①，法令143）。

（4）控除余裕額および控除限度超過額の繰越し

　控除対象法人税額が控除限度額未満の場合におけるその差額（「**控除余裕額**」という）および控除対象法人税額が控除限度額を超える場合におけるその差額（「**控除限度超過額**」という）は，いずれも3年間繰り越すことができる（法法69②③，法令144，145，地方法人税法12）。

13.7.2　類　型

外国税額控除方式には，完全税額控除方式と部分税額控除方式の2種類がある。

①　完全税額控除方式

居住地国において外国税額を無条件で控除するものであり，この場合，控除しきれなかった額については還付されることとなる。

②　部分税額控除方式

居住地国において控除される外国税額は，国外所得に居住地国の実効税率を乗じた金額の範囲内に限るものである。すなわち，居住地国の税率よりも高い税率で課税された外国税額はすべて控除されない。

13.7.3　外国税額控除方式のメリットとデメリット

(1)　メリット

① 　企業が投資を国内で行うか国外で行うかについて，税制が中立であることから，居住地国の租税負担の経済的中立性（「資本輸出の中立性」）が保たれる制度であるといわれている。したがって，国際的二重課税が完全に排除されるのであれば，納税者にとっては，投資先国や海外進出先国の決定に当たって，税制上の影響は受けないこととなる。

② 　税務当局にとっては，外国税額控除の要件として源泉地国が交付する納税証明書の添付を求めていることから，納税者の海外取引等を把握することが可能となる。

(2)　デメリット

① 　日本が採用している部分税額控除方式では控除限度額の制限があり，納税者にとっては，完全な国際的二重課税の排除が不可能となっている。

② 　外国税額控除方式に係る租税回避行為が行われると，それを防ぐべく，制度が複雑化してきている。

③ 　日本が採用しているみなし外国税額控除制度は，実際には相手国で課税されていないことから国際的二重課税が生じていないにもかかわらず，相手国で納付したとみなして我が国において税額控除をするもので，一部の法人に対する補助金的な性格になってしまっており，課税の公平性

に反する。

④　事務手続上の問題として，申告書に納税証明書の添付を求められるが，多数の国で税額を納付する企業にとっては，そのすべての納税証明書を用意し，申告書に添付することで多大な事務量を要する。

13.7.4　タックス・スペアリング・クレジット

タックス・スペアリング・クレジット（みなし**外国税額控除**）は，租税条約においてその範囲を規定して，発展途上国において減免された租税を納付したものとみなして，日本において外国税額控除を行うものである[6]が，その目的は外国税額控除と異なり，国際間の二重課税を排除する目的で行われるものではなく，発展途上国に投資する日本企業に対する優遇税制の一種である。最近は，条約の改正時に廃止する例が増えている[7]。

●コラム13　外国税額控除方式の濫用事例

外国税額控除方式を濫用して租税回避を図ったことから税務当局が課税し，それを不服として訴訟となった事例がある。第三者であるニュージーランド法人がクック諸島に設立した子会社に資金を貸し付け，利息を受け取ることとしたが，その場合，クック諸島で源泉所得税を課される。国内のある銀行は，自社の控除余裕額があったことから，その取引の間に同行のシンガポール支店を介在させ，自社がクック諸島に源泉所得税を納付し，外国税額控除を日本で受けるタックス・スキームが実施された。税務当局はこの外国税額控除を認めず課税処分を行った。このような取引は他行も行っており，多くは税務当局の指摘に従ったが，国内銀行3行は外国税額控除の規定には名義貸しを禁止していないとして訴訟を提起した。1審では国側敗訴だったが，控訴審の大阪高裁および最高裁では国側勝訴となった。外国税額控除の余裕枠を利用して利益を得ようとする取引に基づいて生じた所得に対して課税された外国法人税を外国税額控除の対象とすることは認められないという結論である。なお，その後税制改正が行われ，このような外国税額控除はできないようになった。

---

[6] 例えば，日中租税協定第23条第4項参照。

[7] 例えば，日本シンガポール租税条約では廃止された。

13.8　事業所得課税と恒久的施設

13.8.1　事業所得課税

　恒久的施設に帰属する事業所得に課される法人税について，支店，工場等の恒久的施設（Permanent establishment：PE）があればその所在地国にも課税権が認められ，逆に，PE がなければ課税権は認められていない。この考え方は，租税条約および国内税法において条文化されており，「PE なければ事業所得課税なし[8]」ともいわれている。なお，外国法人は，PE 所在地国とは別に本店所在地国において，当該法人が国内および国外で稼得した所得について本店所在地国で課税される。

13.8.2　恒久的施設

　法人税法上，恒久的施設とは，以下のものをいう（法法2①十二の19イ，ロ，ハ，法令4の4）。

(1) 外国法人の国内支店等

　①　支店，事務所，工場または作業場

　②　鉱山，石油または天然ガスの坑井，採石場その他の天然資源を採取する場所

　③　その他事業を行う一定の場所

(2) 外国法人の国内にある長期建設工事現場等

　国内において，建設もしくは据付けの工事またはこれらの指揮監督の役務の提供を行う場所で，一年を超えて行われるもの。

(3) 契約締結権限のある者

　外国法人が国内に置く自己のために契約を締結する権限のある者その他これに準ずる者。

---

[8] PE がなくとも利子配当等については，所得税が源泉徴収される。

13.8.3　恒久的施設に係る国内法と租税条約の規定

　その活動が外国法人の事業の遂行にとって準備的または補助的な機能を有する場合は，その活動を行う場所は PE に含まれないものとされている。しかし，2018（平成 30）年度税制改正により，PE の認定に関して，倉庫の活動が相互に補完的な活動を行う場合には，各場所を一体とみなして準備的・補助的な性格か否かを判断することとした[9]。例えば，日米租税条約においても，第5条第4項（f）に同様の規定が追加されている。

　国際課税に関しては，法人税法等の国内税法とは別に，租税条約の規定が適用される。租税条約の規定が国内税法の規定と同一ならば問題ないが，異なる場合は租税条約の規定が優先されることから，租税条約の規定が重要である。日本は多数の国と二国間租税条約を締結しており，その租税条約において，帰属主義，PE 概念，二重課税の排除等が規定されている。例えば，日米租税条約第7条第1項において，「一方の締約国の企業の利得に対しては，その企業が他方の締約国内にある恒久的施設を通じて当該他方の締約国内において事業を行わない限り，当該一方の締約国においてのみ租税を課することができる。一方の締約国の企業が他方の締約国内にある恒久的施設を通じて当該他方の締約国内において事業を行う場合には，その企業の利得のうち当該恒久的施設に帰せられる部分に対してのみ，当該他方の締約国内において租税を課することができる。」と規定[10]されており，さらに，第5条第1項において，「この条約の適用上，『恒久的施設』とは，事業を行う一定の場所であって企業がその事業の全部または一部を行っている場所」とし，第2項において，『恒久的施設』には，「（a）事業の管理の場所，（b）支店，（c）事務所，（d）工場，（e）作業場……」が含まれると規定している。ただし，第4項において以下の行為については，恒久的施設に含まれないと規定している。

　（a）企業に属する物品または商品の保管，展示または引渡しのためにのみ

---

[9] 法人税に関しては，2019（平成 31）年1月1日以後開始する事業年度から適用。また，契約の締結に当たり，重要な役割を果たしている場合は，PE に該当する旨の規定に変更し，もっぱら親会社または子会社のためにのみ業務を行う場合は PE に該当する旨の変更を行った。

[10] 財務省ホームページ「我が国の租税条約の一覧　アメリカ」

　施設を使用すること

（b）企業に属する物品または商品の在庫を保管，展示または引渡しのため
　　にのみ保有すること

（c）企業に属する物品または商品の在庫を他の企業による加工のためにの
　　み保有すること

（d）企業のために物品もしくは商品を購入しまたは情報を収集することの
　　みを目的として，事業を行う一定の場所を保有すること

（e）企業のためにその他の準備的または補助的な性格の活動を行うことの
　　みを目的として，事業を行う一定の場所を保有すること

（f）（a）から（e）までに掲げる活動を組み合わせた活動を行うことのみ
　　を目的として，事業を行う一定の場所を保有すること。ただし，当該一
　　定の場所におけるこのような組み合わせによる活動の全体が準備的また
　　は補助的な性格のものである場合に限る。

13.9　デジタル課税

13.9.1　概　要

　デジタル技術の著しい進展に伴い，それを用いた取引に係る課税が問題と
なってきている。デジタル課税といっても，納税者側のデジタルビジネスに
対する課税もあれば，税務当局側のデジタル技術を用いた課税等もあり，定
義が明確となっていない。ここでは，オンラインショッピング等の製品販売
および音楽・映像等デジタルコンテンツの提供といった取引について言及す
る。デジタル取引については，法人税と消費税の観点から検討する必要があ
る。

　従来の租税制度は，製品の製造販売やサービスの提供を前提に整備されて
きた。すなわち，目にみえる拠点（店舗等）があり，そこにはモノやヒトが
存在していた。しかしながら，デジタルビジネスは，そのような物理的拠点
を必要としないことから，旧来の租税制度では対応が困難となり，根本的な

見直しが必要となってきている。

　こうした拠点に係る議論のほかに，IT企業が得た利益をどのように関係国間で配分するかといった点が議論されている。源泉地国と居住地国との間での所得の配分については従来から議論されてきたが，近年マーケット国（市場国）に課税権を認めるか否か，認める場合は，どのように配分するかが議論されてきた。デジタル課税については，一国での対応には限界があり，OECD等において国際的なルール作りが検討されてきた。主なIT企業の所在地国である米国と，マーケット国である欧州や新興国との間に思惑の違いがあり，時間がかかったが，近年合意に達した。

13.9.2　デジタル取引に係る法人税と消費税

(1) 法 人 税

　日本国内において外国法人が行うデジタル取引については，前記13.8のとおり日本に恒久的施設が所在し，それに帰属する所得について日本で課税されるが，恒久的施設が所在しなければ課税されない。

　このようなルールは，自動車，家電製品等の伝統的な製造販売のビジネス形態を前提に，長い間継続されてきた。しかし，デジタルビジネスはPEを有しなくともビジネスを行えることから，従来の「PEなければ事業所得課税なし」との課税原則では対応できなくなってきた。こうしたことから，租税法において，デジタルビジネスに係るPE概念を変更もしくは新設する考えが生じている。

(2) 消 費 税

　従来，海外の事業者からのデジタルコンテンツの配信等について，サービスの提供者の所在地において消費税が課税されてきた。すなわち，日本の消費者が海外の事業者からのデジタルコンテンツの配信等を受けても，日本では消費税は課されなかった。一方，日本の消費者が国内事業者からデジタルコンテンツの配信等を受けた場合は，日本において消費税が課されている。これでは，国内事業者と国外事業者との間に競争上の不公平が生じることとなるほか，税収が確保されないこととなる。こうしたことから，OECDで消費課税に関するルールが新規に勧告されたことを受けて，日本での消費税法

上の取扱いとして，電気通信利用サービスのインターネット等を介して行われるサービスの提供が消費税の課税対象となる国内取引に該当するか否かの判定基準は，従来サービスの提供を行う者のサービスの提供に係る事務所等の所在地によって判定されていたが，2015（平成27）年，サービスの提供を受ける者の住所等に改正された。これにより，日本の消費者が国外事業者からデジタルコンテンツの配信等を受けた場合，日本において消費税を課税することが可能となった。

● 練習問題 ●

13.1　租税条約と国内税法とで課税の取扱いに関する規定が異なる場合，どちらが適用されるか説明しなさい。

13.2　外国税額控除について説明しなさい。

13.3　恒久的施設について説明しなさい。

第 **14** 講
国際課税（Ⅱ）

　本講では，国際的租税回避対策税制である移転価格税制，外国子会社合算税制について学習する。海外進出を行う日本法人にとって，両税制はホットなトピックであり，特に移転価格税制については，親会社の所在地国である日本と子会社の所在地国の双方から課税を受けるリスクがあり，重要な経営上の問題となっている。

　OECD では，多国籍企業が各国の国内税法と租税条約等の規定を濫用して租税回避を行っていることに対処することを目的に，**税源浸食と利益移転**（Base erosion and profit shifting：BEPS）プロジェクトを開始した。

14.1　国際的租税回避と対策税制

　国際的租税回避とは，各国の租税制度の相違や租税条約に着目して，租税回避が国境を越えて行われることであり，これを放置すると各国の課税権確保に支障をきたす，すなわち歳入が減少することとなるので，各国は対策税制を設けて租税回避に対処している。

　日本における国際的租税回避対策税制として，国外に子会社等を設立して所得移転をすることを防止する移転価格税制（措法 66 の 4），タックス・ヘイブン国・地域に子会社等を設立して利益を留保することを防止する外国子会社合算税制（タックス・ヘイブン対策税制）（措法 66 の 6）等がある。

14.2 移転価格税制

14.2.1 概　要

　移転価格税制（Transfer pricing taxation：TP）[1] は，国内の法人が国外にある親会社または子会社等の関連企業と取引を行う際に，第三者との通常の取引価格（「独立企業間価格」という）とは異なる価格を用いることにより，その国内の法人の所得が減少している場合，その取引価格を独立企業間価格に置き直して課税所得を再計算する制度である。諸外国にも同様の制度があるが，日本では 1986（昭和 61）年度の税制改正において租税特別措置法により導入されたものである。

　例えば，国内にある親会社が外国にある販売子会社に対して独立企業間価格より低い価格で製品を輸出しているような場合には，外国の販売子会社から消費者に販売する際の価格が同じであるとすれば，当該親会社の所得は通常より圧縮され，その分だけ外国子会社の所得が増大することになる。また，国内の親会社が外国の子会社から原材料を通常より高い価格で購入する場合も同様である。このような場合には，関係企業間で決めた価格に基づいて計算された当該国内親会社の申告所得を独立企業間価格に基づいて再計算するというものである。なお，申告所得を増額する場合にのみ適用され，減額する場合は適用されない。

　ところで，自国企業の外国にある関連企業が外国の税務当局によって移転価格税制の適用を受けその所得が増額された場合には，それに対応して自国企業の申告所得の減額を行わない限り，関連企業を一体としてみたとき，もとの取引価格と独立企業間価格の差に対応する所得が両国によって重複して課税され，いわば経済的な国際的二重課税が生じていることになる。

　そこで，租税条約の相手国が移転価格課税により当該国の外国関連企業の所得を増額した場合において，両国の税務当局間で独立企業間価格について

---

[1] 管理会計においても事業所間での価格に関して「Transfer pricing」の概念があり，「振替価格」という。なお，国内間取引も対象となる点で，国際間取引のみを対象とする移転価格と異なる。

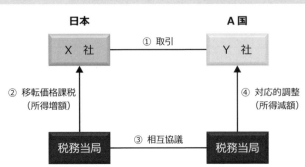

図表14.1　移転価格課税を受け，対応的調整が行われる関係

日本　　　　　　　　　A 国

X 社　──① 取引──　Y 社

② 移転価格課税　　　　　　④ 対応的調整
　（所得増額）　　　　　　　　（所得減額）

税務当局　──③ 相互協議──　税務当局

の合意がなされたときは，租税条約上に基づく措置として，合意された価格に基づき自国の関連企業の所得を減額することになっており，これを「対応的調整」と呼んでいる。

　日本法人X社（親会社）とA国所在のY社（子会社）との取引について，X社が日本で移転価格課税を受け，対応的調整が行われる関係は**図表14.1**のとおりである。

14.2.2　移転価格税制導入の経緯

　米国では，1928年に内国歳入法（Internal revenue code：IRC）482条においていわゆる移転価格税制を導入していた。米国企業がカリブ海諸国のタックス・ヘイブン国・地域に子会社を設立し，そこにそれまで有していた無形資産を無償譲渡（または低廉譲渡）し，かつて米国企業の収益とされていたロイヤリティ（使用料）収入が，外国子会社に移転したことから，内国歳入庁（Internal revenue servise：IRS）が同条を適用して米国企業に対して移転価格課税を行った。IRS は，1980年代，自動車製造を営む日本企業の米国販売子会社に対して移転価格課税を行った。

　こうしたことを背景に，移転価格の問題は日本だけに発生するものではなく，欧米主要国は既に，またその他の国々もこの問題に対処するために税制を整備していること，国際機関で久しく検討されて，OECD 租税委員会は1979（昭和54）年に「移転価格と多国籍企業」に関する報告書を公表したこ

と等の理由により，日本は移転価格税制を導入した。

14.2.3　移転価格税制の概要

　内国法人が国外にある親会社または子会社等の関連企業と取引を行う際に，独立企業間価格とは異なる価格で取引を行っている場合に移転価格税制が適用されるが，次のとおり規定されている（措法66の4）。

(1)　適用対象者

　適用対象者は法人であり，個人は含まれない。

(2)　対象取引

　対象取引は，法人が法人と特殊の関係にある外国法人（「**国外関連者**」という）との間で行う資産の販売，資産の購入，役務の提供，その他の取引（「**国外関連取引**」という）である。ただし，本支店間取引，および国外関連者の在日支店等と行う取引を除く。

(3)　国外関連者

　国外関連者とは次の関係にある外国法人をいう（措令39の12①）。

　① **親子関係等にあるもの**

　　二の法人のいずれか一方の法人が他方の法人の発行済株式の総数または出資金額の100分の50以上の株式の数または出資の金額を直接または間接に保有する関係

　② **兄弟（姉妹）関係等にあるもの**

　　二の法人が同一の者（個人を含む）によってそれぞれの発行済株式等の100分の50以上の株式の数または出資の金額を直接または間接に保有される関係

　③ **実質支配（被支配）関係にあるもの**

　　二の法人において，役員関係，取引依存関係，資金関係といった事実その他これに類する事実が存在することにより，一方の法人が他方の法人の事業の方針の全部または一部につき実質的に決定できる関係

(4)　独立企業間価格

　独立企業間価格（Arm's length price：ALP）とは独立企業の原則を具体化したもので，一般的概念としては，「問題となった関連企業の取引が，同様の状

況下で非関連者間において行われた場合に成立すると認められる価格を指す」とされている（措法 66 の 4 ②）。

14.2.4　独立企業間価格の算定方法

棚卸資産の販売または購入，棚卸資産の売買取引以外の取引ごとに区分して，取引の内容に応じた算定方法が規定されている。

①　棚卸資産の販売または購入

以前基本三法と呼ばれた独立価格比準法（CUP 法：Comparable uncontrolled price method），再販売価格基準法（RP 法：Resale price method），原価基準法（CP 法：Cost plus method）のほか，その他の方法として基本三法に準ずる方法，政令で規定する方法として利益分割法，取引単位営業利益法が規定されている（措法 66 の 4 ②一，措令 39 の 12 ⑧）。

②　棚卸資産の売買取引以外の取引

棚卸資産の売買取引以外の取引とは，サービス提供取引，使用料（ロイヤリティ）取引等であり，基本三法と同等の方法として，独立価格比準法（CUP 法）と同等の方法，再販売価格基準法（RP 法）と同等の方法，原価基準法（CP 法）と同等の方法，その他の方法として，基本三法に準ずる方法と同等の方法，および，政令で規定する方法（利益分割法，取引単位営業利益法）と同等の方法が規定されている（措法 66 の 4 ②二）。

14.2.5　最適ルールの導入

2011（平成 23）年税制改正によって，独立企業間価格の算定方法に係る適用優先順位（基本三法優先）が廃止（措法 66 の 4）され，「最も適切な算定方法（ベストメソッド）」が適用されることとなった（2011（平成 23）年 10 月以降適用）。これは，OECD 移転価格ガイドライン（2010（平成 22）年 7 月改正）に準拠したものである。さらに，最近ディスカウント・キャッシュ・フロー法（DCF 法）が導入された（措令 39 の 12 ⑧六）。

国税庁は，移転価格算定方法の適用に関して，次の項目について検討することを明言している（措通 66 の 4(2)-1）。

①　独立企業間価格の算定方法の長所，短所

　②　取引内容・機能等と算定方法の適合性

　③　情報の入手可能性

　④　類似性の程度（差異の調整等に係る信頼性を含む）

14.2.6　文　書　化

　多国籍企業の事業活動に関する透明性を高め，移転価格税制を適切に執行することを目的とし，次の書類の作成，保存，提出が義務付けられた（措法66の4⑥）。

　①　ローカルファイル（Local file：自国企業と国外関連者との取引における独立企業間価格を算定するための詳細な情報）

　②　国別報告書（Country-by-country report：多国籍企業グループの国ごとの収入，納税額の配分等，多国籍企業グループの国ごとの活動状況に関する情報）

　③　マスターファイル（Master file：多国籍企業グループの組織・財務・事業の概要等，多国籍企業グループの活動の全体像に関する情報）

14.2.7　移転価格税制と寄附金

　第9講で説明したとおり，寄附金については損金算入限度額が設けられている。法人税法上の寄附金の範囲は，一般の概念より広く，金銭その他の資産または経済的な利益の贈与または無償の供与，無償または低額の資産の譲渡または経済的な利益の供与が含まれる。日本法人が外国子会社に対して寄附金を支出した場合，損金算入限度内であれば，損金に算入されることとなり，適切ではない。したがって，国外関連者に対する寄附金は全額損金不算入とされる（措法66の4③）。

14.3　事前確認制度

14.3.1　概　要

　移転価格税制はその適用に当たり，課税資料，比較対象取引，企業の経営政策，特定の市場の状況等様々な情報が必要となり，収集した情報が持つ経営上，経済上，会計上の事実について，それらが租税法上どのような意義を有するかといった観点から分析・検討しなければならない。その分析・検討に当たっては専門家の知識も必要となる場合が多く，こうした一連の作業は，納税者と税務当局との双方にとって膨大な時間とコストを要する。また，移転価格に関して納税者と税務当局との間で意見が食い違う場合には，納税者にとって価格自体の見直しを迫られるという経営上の問題にも発展しかねない。

　そのようなことを背景に，1987（昭和62）年，日本で**事前確認制度**（Advanced pricing arrangement：APA）が導入された。なお，日本では，法令による規定ではなく，通達による導入であり，しかも国内での事前確認を対象としていた。その後，相互協議を伴う二国間事前確認が多く利用されることとなった。

　事前確認には，納税者側には将来の移転価格調査による多額の課税リスク[2]の解消，税務当局側には，調査に係る時間[3]の節約，納税者の協力が得られるというメリットがある。

14.3.2　種　類

　事前確認には，以下のとおり3種類ある。

①　一国内事前確認（ユニラテラルAPA）

　一法人のみが自国の税務当局に事前確認申請を行い，確認を得るものである。二国間事前確認に比べ，二国間での協議を必要としないことから，

---

[2] 追徴税額が数百億円に達する課税例がある。

[3] 一般の調査に比べ，移転価格課税に係る調査は長くなる傾向にある。

一般的に確認を得るまでの時間は短いといえる。しかし，他方の法人の所在地国の税務当局は確認していないことから，そこで移転価格課税を受けるリスクは残る。

② **二国間事前確認（バイラテラル APA：BAPA）**

親子会社等二つの法人がそれぞれの所在地国において事前確認申請を行い，当該国の権限ある当局が相互協議を通じて確認を得るものである。二国間での協議を必要とすることから，一般的に確認を得るまでの時間は短いといえない。しかし，双方の法人の所在地国の税務当局が確認することから，移転価格課税を受けるリスクはなくなる。

③ **多国間事前確認（マルティラテラル APA）**

親子会社等三つ以上の法人がそれぞれの所在地国において事前確認申請を行い，当該国の権限ある当局が相互協議を通じて確認を得るものである。三か国以上の国の間での協議を必要とすることから，一般的に確認を得るまでの時間は長い。しかし，各法人の所在地国の税務当局が確認することから，移転価格課税を受けるリスクはなくなる。

14.3.3　制度の概要

（1）対象年度

移転価格課税が過去年度を対象とするのに対し，事前確認では将来年度（例えば，今後3～5年間）を対象とする。

（2）独立企業間価格

移転価格課税では独立企業間価格はポイント（一点）であるのに対し，事前確認ではレンジ（幅）の概念が使用される。すなわち，将来年度の数値を一点で予想することは困難であり，実績値がレンジの範囲内にあれば独立企業間価格で取引されたものとする。

（3）比較対象取引

移転価格調査では，税務当局が公開データ，内部データまたはシークレットコンパラブル[4]のうちいずれかを用いるのに対し，事前確認では公開デー

---

[4] シークレットコンパラブルとは，税務当局が税務調査等により得た第三者の取引情報に基づき比較対象取引とすることをいう。このような情報については，守秘義務により税務当局は他者に

タまたは内部データが用いられる。

(4) 法的根拠

租税特別措置法には事前確認に関する条文はなく，租税条約を法的根拠とする。なお，国税庁は事務運営指針に基づいて執行している。

14.4 相互協議

14.4.1 概　要

国際的二重課税のように租税条約の規定に適合しない課税が行われた場合等に，そのような二重課税を排除するために，租税条約の規定に基づき，関係当事国の権限のある当局間で行われる政府間協議を**相互協議**（Mutual agreement procedure：MAP または Competent authority consideration）という。

相互協議は，租税条約締結国間で行われる。また，日本は国税庁，米国は内国歳入庁など税務当局間のみで行われ，外務省は関与しない。相互協議は，納税者の観点からは二重課税排除のための有用な手段であり，税務当局の観点からは国家間の課税権の調整を意味する。

(1) 租税条約の規定に適合しない課税

租税条約の規定に適合しない課税とは，条文に直接反する課税や二重課税を指し，二重課税が発生する原因として，①移転価格課税，②外国法人（PE）課税，③源泉課税，④双方居住者としての課税があげられる。なお，利子等に係る源泉課税については，通常外国税額控除方式を利用することにより二重課税は排除されるが，一方の税務当局が外国税額控除を認めない場合等は相互協議により解決を図ることとなる。

(2) 権限のある当局

権限のある当局（Competent authority：CA）については，租税条約で規定しており，日本では財務大臣または権限を与えられたその代理者とされている。

開示できない。

代理者については，条約上明文の規定はないが，条約の一般的解釈等に係ることは主税局長，個別事案に係ることは国税庁長官とされる。

(3) 不服申立て，訴訟との関係

　相互協議は，不服申立て，訴訟といった国内救済手続きとは別に申し立てることができる。ただし，実際にはいずれかを先行させ，同時に双方の結論が出されることはない。

14.4.2　法的根拠

　相互協議の法的根拠は，租税条約の規定にある。例えば日米租税条約では第25条において以下のとおり規定されている。

　「一方の又は双方の締約国の措置によりこの条約の規定に適合しない課税を受けたと認める者又は受けることになると認める者は，当該事案について，当該一方の又は双方の締約国の法令に定める救済手段とは別に，自己が居住者である締約国の権限のある当局に対して又は当該事案が前条1の規定に関するものである場合には自己が国民である締約国の権限のある当局に対して，申立てをすることができる。」

　なお，租税条約を締結していない国，たとえ租税条約が締結されていてもそれが適用されない地域（例えば，プエルトリコ，グアム等の米国属地）の税務当局と相互協議を実施することはできない。

14.4.3　相互協議の類型

　相互協議には，その内容に応じ，次のような類型がある。

① 　租税条約に適合しない課税を受けた場合に納税者の申立てを受けて行われる個別協議

　　個別課税事案にかかる相互協議であり，通常行われる相互協議はこの個別協議である。

② 　租税条約の解釈または適用に関して生じる困難または疑義を解決するための協議

　　租税条約は条文の数が限られ，すべてを網羅していないことから，国によって解釈が異なることも生じる。その際の困難または疑義を解決す

るための協議である。

③　租税条約に定めのない場合における二重課税排除を目的として行われ
る協議

　　租税条約の規定に適合しない課税のほかに租税条約に定めのない二重
課税が生じた場合にその排除を目的として行われる協議である。

14.5　外国子会社合算税制　（タックス・ヘイブン対策税制）

14.5.1　概　要

（1）タックス・ヘイブンによる租税回避

　タックス・ヘイブン（Tax haven）とは，一般的には，外国資本や外貨を獲得
する為に，外国企業等に対して，意図的に所得等への課税を免除するか，著
しく低い税率で行うことによって，それらの資産を集めている人口や資源が
少ない国，地域のことである。

　外国企業等の立場からすると，それらの本来の出自国における税負担を回
避できる為に，租税回避地とも呼ばれている。これらの国，地域と企業にと
って，それぞれのメリットが存在する。

　外国子会社合算税制（タックス・ヘイブン対策税制）は，いわゆるタックス・
ヘイブンを利用した国際的な租税回避を防止する制度であり，1978（昭和53）
年度の税制改正において租税特別措置法により導入されたものである。

　一般に，日本の居住者である個人および内国法人が株主となっている外国
子会社等（孫会社以下を含む）の所得に対しては，日本の課税権は及ばず，日
本の株主に配当がなされたときにのみ日本で課税されることとなっている。
したがって，子会社等をいわゆるタックス・ヘイブンに設立してここに所得
を留保し親会社への配当を行わないこととすれば，日本での課税を延期し，
あるいはこの留保所得を用いて外国への再投資等を行うことにより結局は日
本での課税を永遠に免れるということも可能となる。

　タックス・ヘイブン税制は，このような租税回避行動に対処するため，そ

図表 14.2　合算課税のイメージ

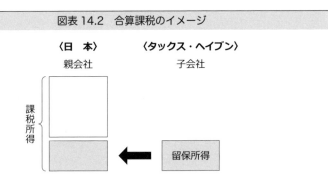

の本店所在地における税負担が日本の法人税負担に比べて著しく低い外国子
会社等の留保所得を，一定の条件の下に株式の直接・間接の所有割合に応じ
て日本の株主の所得とみなして合算課税する制度である。

　本制度は，本来対人主権の及ばない外国法人の，しかも領土主権の及ばな
い外国での事業活動から生じた所得を日本の課税権に服せしめるいわば例外
的な制度であることから，その適用は当該国で実体的な企業活動を行ってい
ないと判断される場合など，あくまでも租税回避に対処する必要がある場合
に限定されている。

(2) タックス・ヘイブンに設立する子会社の形態

　タックス・ヘイブンに設立される子会社の主な形態として，①持株会社，
②投資会社，③無形資産の保有会社，④オフショア商社があげられる。

(3) タックス・ヘイブンを活用した国際的租税回避の主な問題点

　国がタックス・ヘイブンを活用した国際的租税回避を放置すると，次のよ
うな問題が発生する。

　①　国際的租税回避行為によって，親会社の所在地国の国庫の歳入が著し
　　く減少してしまうこと。

　②　租税上のメリットを利用することによって，資本がタックス・ヘイブ
　　ンに誘引される為に，資本移動が歪曲されて，課税の公平性が損なわれ
　　てしまうこと。

　③　タックス・ヘイブンを活用できる納税者と活用できない納税者との間

　で，競争が不当に歪められてしまうこと。

　④　タックス・ヘイブンがマネー・ロンダリング（資金洗浄）といった金
　　　融犯罪の温床に容易になり得てしまうこと。

（4）タックス・ヘイブンを活用した国際的租税回避への対抗策

　タックス・ヘイブンを活用した国際的租税回避への対抗策は，親会社が所
在する本来の出自国（先進各国）が適用する国際的枠組みの中での対抗措置
であるが，近年個別の国が独自に対応することが困難となってきていること
から，タックス・ヘイブンに対する国際的な圧力と監視が強化されてきてい
る。各国は，租税条約における規定を活用するほか，一国での対応には限界
があることから，OECD 租税委員会等の組織を通して各国が連携して対応し
ている。

　租税条約には，締約国の執行上の協力を促進する為の情報交換規定や徴収
共助規定等が置かれている。また，OECD 租税委員会では，タックス・ヘイ
ブン・リストの公表や税務当局間の情報交換を促進する動きがみられる。

14.5.2　外国子会社合算税制

　日本でのタックス・ヘイブン対策税制は，「外国子会社合算税制」[5]といい，
2017（平成29）年に改正が行われ，内国法人等に係る現行制度の概要は次の
とおりである（措法 66 の 6）。

　内国法人等が下記の外国関係会社を有しており，それがいわゆるペーパ
ー・カンパニー等である特定外国関係会社（租税負担割合30％[6]未満）に該当
する場合，および，外国関係会社が経済活動基準のいずれも満たさない場合
（租税負担割合20％未満）に，会社単位の合算課税が行われる。外国関係会社
が経済活動基準のすべてを満たす場合（「部分対象外国関係会社」という）受
動的所得について合算課税が行われる。

　租税負担割合が20％以上の外国子会社は，いわゆるペーパー・カンパニー
等を除き，合算課税を免除される。以前は，対象となる外国関係会社につい

---

[5] タックス・ヘイブン対策税制の呼び方は，国によって異なり，米国では「CFC（Controlled
foreign corporation）税制」と呼ばれる。

[6] 2024（令和6）年 4 月 1 日以降開始事業年度については27％となる予定である。

てトリガー税率（租税負担割合20％）が規定されていたが，その後改正され，現在はいわゆるペーパー・カンパニー等であれば租税負担割合が20％以上であっても合算されることとなっている。

(1) 適用対象者

適用対象者は，内国法人である。なお，移転価格税制の適用対象者が法人であるのに対し，外国子会社合算税制は，法人だけでなく個人である居住者も対象となる（居住者については，措法40の4）。

(2) 外国関係会社

本税制の適用対象となる外国関係会社は，①日本の内国法人が保有する外国法人の発行済株式の割合またはその外国法人への出資金の割合が，直接的あるいは間接的な方法によって，50％超を占める外国法人，および，②日本の内国法人との間に実質的支配関係がある外国法人である（措法66の6②一，措令39の16①）。

(3) 本税制の適用対象となる内国法人（納税義務者）

上記（2）①の外国関係会社を有し，一定の要件に合致する内国法人，および，上記（2）②の実質的支配関係を有する内国法人，等が適用対象となる（措法66の6①）。

(4) 特定外国関係会社

特定外国関係会社とは，いわゆるペーパー・カンパニー等である。ペーパー・カンパニーか否かの判断は，実体基準と管理支配基準により判定する，すなわち，次のいずれにも該当しない外国関係会社は特定外国関係会社に該当し，合算課税の対象となる（措法66の6②二イ）。

① 実体基準

主たる事業を行うに必要と認められる事務所等の固定施設を有していること。外国関係会社の主たる事業の業種や業態，主たる事業に係る活動を踏まえて判断される。固定施設が主たる事業に係る活動を行うために使用されるものでない場合には，主たる事業を行うに必要と認められる事務所等には該当しない。

② 管理支配基準

本店所在地国においてその事業の管理・支配等を自ら行っていること。

特定外国関係会社には，ペーパー・カンパニーのほかに，事実上のキャッシュボックス，一定の外国金融子会社等およびブラックリスト国所在外国関係会社が含まれる。

(5) 対象外国関係会社

次の4つの経済活動基準のいずれかを満たさない外国関係会社は対象外国関係会社となる（措法66の6②三）。

① 事業基準

主たる事業が株式等の保有，工業所有権・著作権等の提供または船舶・航空機の貸付けでないこと。

② 実体基準

本店所在地国に主たる事業に必要な事務所等を有すること。

③ 管理支配基準

本店所在地国において事業の管理，支配および運営を自ら行っていること。

④ 非関連者基準および所在地国基準

（a）非関連者基準

主たる事業が卸売業，銀行業，信託業，金融商品取引業，保険業，水運業，航空運送業または，航空機貸付業である場合には，主として関連者（50％超出資会社等）以外の者と取引を行っていること。

（b）所在地国基準

主たる事業が上記7業種以外である場合には，主として本店所在地国で主たる事業を行っていること。

(6) 所得計算（益金算入）

課税対象金額の算定は次のとおりである。

① 基準所得金額の算出

日本の法人税法または外国関係会社の本店所在地国の法令のいずれかを選択し，それに基づいて算出する。

② 適用対象金額の算出

基準所得金額から繰越欠損金，所得税額を控除する。

③　課税対象金額の算定

適用対象金額に納税者（居住者・内国法人）の持分割合を乗じる。

（7）部分合算課税

経済活動基準を満たしていても，租税負担割合が20％未満である部分対象
外国関係会社については，原則として特定所得金額を益金に算入することと
なっている（措法66の6②六，措令39の17の3）。

特定所得金額とは以下のような受動的所得を指す。

① 　配当，利子，有価証券の貸付対価，有価証券の譲渡対価，その他の金
　　融所得，等

② 　固定資産の貸付対価，無形資産等の使用料，無形資産の譲渡損益，等

●コラム14　タックス・ヘイブンを利用した租税回避

　2016（平成28）年，中米パナマの法律事務所から流出した文書（通称「パナマ文
書」という）が世界中で注目を集めた。1000万点を超える膨大な文書により，世
界各国の指導者や有名人，企業がタックス・ヘイブンを利用していたことが明ら
かになった。それには，日本の企業や個人も多数含まれていた。日本での納税額
を最少にしたい企業や個人と租税回避を看過したくない税務当局との攻防は，「パ
ナマ文書」が公になる前から続いており，税務当局も対応を図ってきた。例えば，
日本はバミューダ，香港，バハマ，マン島，ケイマン諸島など，タックス・ヘイ
ブン国・地域との間で情報交換に関する二国間租税条約を締結し，それに基づき
課税情報の収集を行ってきた。中でも，日本の企業や個人が受領した利子・配当
については，自動的情報交換制度を利用して，大量の情報を入手している。これ
によって日本の企業や個人がタックス・ヘイブン国・地域で受け取った利子・配
当が把握でき，日本の企業や個人が申告した内容と照合すれば，申告漏れの有無
がわかる。

　さらに，一国だけの対応では限界があることから，OECD租税委員会等の組織
においてタックス・ヘイブン国・地域を利用した租税回避を防止することとして
いる。

14.6 過少資本税制

　過少資本税制は，いわゆる過少資本を利用した国際的な租税回避行為を防止するための制度であり，1992（平成4）年4月に導入された（措法66の5）。なお，本税制は，既に，米国，英国，ドイツ，フランス等の国々でも何らかの形で規定が設けられており，国際的に認知されたものとなっている。例えば，在日の外資系企業（外資系内国法人，外国法人の支店）が資金を調達する場合，親会社からの出資を極力少なめにし，その分，外国関係会社からの借入れを多くすることによって，日本における税負担を人為的に減らすことが可能である。これは，法人税の課税所得の計算上，支払配当は経費にならないが，借入れの利子の支払は経費として控除できることを利用したものである。

　過少資本税制は，このような関係企業グループによる水際の租税回避行為に対処するため，内国法人の外国関係会社からの借入れが，原則として，これら外国関係会社の保有する当該法人の自己資本持分の3倍を超える場合（ただし，法人全体の借入金総額が法人の自己資本の額の3倍以下となる場合には，適用除外となる）には，その超過額に対応する支払利子は法人税の課税所得の計算上，経費として控除することができないものとする制度である。ただし，法人が，類似内国法人の借入れ・自己資本比率に照らし妥当な比率を示した場合には，3倍に代えて，その倍率を用いることができる。

　なお，本制度は，借入依存企業を一般的に規制するというものではなく，あくまでも，企業グループによる国際的な税負担回避行為に対処するためのものである。

14.7 過大支払利子税制

　過大支払利子税制は，法人の所得金額に比して過大な支払利子を関連者間で支払うことによる租税回避行為を防止するための制度であり，2012（平成24）年度の税制改正において，租税特別措置法により導入された（措法66の5の2）。

　例えば，企業グループ内のような関連者間においては，借入れを比較的容易に設定できるため，過大な支払利息を通じて税負担を人為的に減らすことが可能である。過大支払利子税制は，このような関連者間の租税回避行為に対処するため，法人の対象純支払利子等の額が調整所得金額の20％相当額を超える場合には，その超える部分の金額は法人税の課税所得の計算上，損金の額に算入しないとする制度である。なお，「対象純支払利子等の額」とは，対象となる支払利子等の額の合計額からこれに対応する受取利子等の額を控除した残額であり，「調整所得金額」とは，当該事業年度の所得の金額に対象純支払利子等の額，減価償却費の損金算入額を加算する等の調整を行った金額である。

14.8 企業側の国際租税戦略

　これまで，国の立場から国際的租税回避対策税制をみてきたが，納税者である法人側は国際課税リスクについて適切なリスクマネジメントを行う，または適切な国際租税戦略を構築する等の対応が必要である。

　例えば，製造機能の海外移転が増加しているが，海外進出に際して，どこの国にどのような形態で進出するかによって課税関係が異なることから，次の項目を踏まえ，事前に十分検討することを要する。

　①　進出先国の税制・税務行政

②　租税条約の締結の有無

③　相互協議の実施の可否および合意可能性等

● 練習問題 ●

14.1　移転価格税制が必要な理由を説明しなさい。

14.2　外国子会社合算税制が必要な理由を説明しなさい。

第15講
更正等，不服申立て，税務行政，税理士制度

　国や地方公共団体は，国民の生活に欠かすことのできない公共サービスを提供するため，様々な行政活動を行っている。そして，その活動のために必要な経費を賄う財源が租税である。公共サービスが租税によって円滑に提供されるよう，日本国憲法は国民の義務の一つとして納税の義務を規定している。

　租税は最終的に国庫に歳入されなければ意味がない。すなわち，納税者が申告をしても納付がなされていなければ財源が確保されず，納付が完了してはじめて財源となる。こうしたことから，国家にとって申告から納付に至るまでの納税者側の一連の手続，さらに申告に対する税務調査，その後の更正決定に至る税務行政が重要となる。一方，納税者にとっても税務行政について理解する必要がある。

　税制（租税制度）と執行（税務行政）は車の両輪といわれる。すなわち，税制がいかに優れていても，執行が適切でなければ国家財政がうまく機能しない。逆もしかりである。

　本講では，更正決定，不服申立て，税制を所掌する財務省，執行機関たる国税庁の組織等について，さらに，税務行政に必要不可欠となっている税理士制度についても学習する。

15.1　税務調査と更正決定

　税務当局は，納税者である法人の申告が税法に従って適正に行われているか否かを調査し，所得の申告漏れや計算の誤りがあれば是正する処置を講ずる。このような申告漏れや申告の誤りを是正することは，申告納税制度を支え，課税の公平を図る上で必要なことである。したがって，調査等の事務は税務当局にとって重要な業務である。

15.1.1　申告書提出後の処理

　申告書が提出されると，税務当局は次のような処理を行う。

(1) 申告審理

　申告審理は，税務調査のうちの実地調査等の必要が認められる法人を選定するため，各種課税資料を基に，法人の申告内容が適正か否かを審理するものである。申告内容が適正である場合は申告内容が認められる（「申告是認」という）。

(2) 机上による処理

　申告審理の結果，申告漏れや税額計算に誤りのある法人に対しては，修正申告を勧め，修正申告に応じない場合は更正等の処分を行う。

(3) 実地調査

　提出された確定申告書について検討した結果，必要に応じて税務調査（実地調査）を行う。実地調査では，通常の場合，法人の事業所において，帳簿，取引の証拠書類，棚卸資産の在庫の状況等を調査し，所得金額等を確認する。これによって申告漏れが判明したときは，修正申告を勧め，修正申告に応じない場合は更正等の処分を行う。

15.1.2　更正および決定

　更正とは，申告書の提出があった場合，それに記載された課税標準や税額などの計算が税法に従っていなかったとき，あるいは調査によって申告漏れ

が判明したときに，それらを正当な金額に直す行政処分である。一方，**決定**とは，申告の義務があるにもかかわらず申告書の提出をしなかった場合に，税務当局の調査によって課税標準や税額を決める行政処分である。

　一度更正や決定を行った後においても，その後の調査により，なお適正ではないと認められた場合は，さらにそれを更正する処分を行う（「**再更正**」という）。また，納税者は誤って過大な申告をした場合，または課税標準等の計算の基礎となった事実が無効などの理由によりその経済的成果が失われた場合には，一定の期間内に税務署長に対し課税標準や税額などの減額をすべき旨の請求（「**更正の請求**」という）をすることができる。納税者から更正の請求があった場合には，その内容を調査し，更正すべき理由があれば減額の更正を行わなければならない。このような処分は，税務署長の権限において行うものであり，税務署長以外の者は行うことができない。例えば，大規模法人の実地調査は，原則として国税局が行うが，その調査に基づく更正，決定は所轄税務署長が行う。

　更正，決定は，多くの場合，納税者の所得を増額して税額の追徴を行うものであり，納税者としては，申告をした税額につき税務署長の処分が行われるまでは，不安定な状態に置かれるわけである。また，更正により税額を減額し，還付することもあるが，納付された税についていつまでも不安定な状態に置くのは国の側にとっても好ましくない。そこで，こうした状態を長く続けないようにするため，更正，決定を行う期間については制限が設けられている。すなわち，原則として，更正，決定は申告期限から5年（ただし，偽りその他不正の行為により税を免れた者に対する場合は7年）を過ぎると，処分ができないことになっている。更正，決定が行われた場合は，納税者が当初正しい申告をしなかったという意味で，本税のほかに加算税がかかることになっている［加算税については**第2講**参照］。

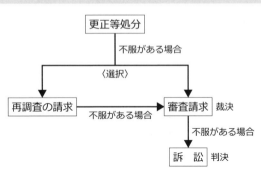

図表 15.1　処分に不服がある場合の救済

15.2　不服申立てと訴訟

　法人に限らず納税者に対して税務署長が行った更正，決定の処分や滞納処分その他の各種処分について，納税者が納得できない，すなわち，不服がある場合には，不服申立制度および訴訟を通して救済を求めることができる。その場合の流れは**図表 15.1** のとおりである。

15.2.1　不服申立制度

(1) 概　要

　不服申立制度とは，税務署長等が行った処分に不服がある場合に，納税者がその処分の取消しや変更を求めて不服を申し立てる制度であり，処分を行った税務署長等に対する**再調査の請求**[1]と，国税不服審判所長に対する**審査請求**のいずれかを選択して行うことができる（通法 75 ①）。

　なお，再調査の請求を選択した場合であっても，税務署長等の再調査の請求についての決定後の処分になお不服があるときには，国税不服審判所長に

---

[1] かつては，「異議申立て」とされていたが，名称が変更された。

図表 15.2　再調査の請求先および審査請求先

処分者		再調査の請求	審査請求
税務署長	一般の処分	税務署長	国税不服審判所長
	処分に係る通知書に国税局職員の調査に基づくものである旨の記載があるもの	国税局長	国税不服審判所長
	処分に係る通知書に国税庁職員の調査に基づくものである旨の記載があるもの	―	国税庁長官
国税局長		国税局長	国税不服審判所長

審査請求をすることができる（通法 75 ③）。

　税務署長および国税局長が行った処分について，再調査の請求先および審査請求先は**図表 15.2** のとおりである（通法 75 ②）。

　処分は，ほとんどの場合，税務署長が行うため，再調査の請求は，税務署長あてに行われることが多い。しかし，国税局や国税庁の職員が調査を行い，それに基づいて，税務署長が更正等の処分を行った場合，これに不服があるときは，税務署長ではなく，国税局長または国税庁長官に対して再調査の請求をすることとなる。国税局等の職員が調査したということは，不服申立ての相手先とともに，更正，決定の通知書に記載されている。上記以外に国税庁長官，税関長等が処分を行う場合もあるが，レアケースである。

（2）不服申立期間等

　不服申立ては，処分があったことを知った日，その処分に係る通知を受けたときは，その受けた日の翌日から 3 か月以内に行わなければならない（通法 77 ①）。なお，再調査の請求についての決定を経たものは，再調査決定書謄本の送達があった日の翌日から起算して 1 か月以内に行わなければならない（通法 77 ②）。

　再調査の請求後，再調査の請求をした日の翌日から起算して 3 か月を経過してもその再調査の請求についての決定がない場合には，決定を経ないで，国税不服審判所長に対して審査請求をすることができる（通法 75 ④）。

15.2.2　審査請求

(1) 概　要

　審査請求は，国税不服審判所長に対して行う不服申立てである。審査請求についての裁決は，担当審判官および参加審判官の議決に基づいて，国税不服審判所長が行う。具体的には，理由を詳細に記載した裁決書の謄本の送達により行う（通法101）。

(2) 国税不服審判所

　国税不服審判所は，国税に関する法律に基づく処分についての審査請求に対する裁決を行う機関であり（通法78①），納税者の正当な権利利益の救済を図るとともに，税務行政の適正な運営を確保することを使命としている。国税不服審判所は，国税の賦課徴収を行う税務署や国税局などの執行機関から分離された別個の機関として設置されたもので，本部のほか，全国に12の支部および7の支所が置かれている。

　国税審判官には，税務職員，法務省からの出向者（裁判官，検察官），民間の専門家（弁護士，公認会計士，税理士，大学教授等）が就任している（通法79④，通令31）。民間の専門家は，特定任期付職員と呼ばれ，いったん元の職場を離れ，2～3年の任期期間公務員として業務に従事することとなる。

15.2.3　訴　訟

　審査請求についての裁決が出された場合，その内容になお不服であるときは，裁判所における訴訟に進むこととなる。訴訟は原則として審査裁決を経た後でなければ，提起することができない（審査請求前置主義という）が，審査請求がされた日の翌日から起算して3か月を過ぎても，裁決等がないときは，直接訴訟を提起することができる（通法115）。原則として，国税不服審判所の裁決があったことを知った日（通常は裁決書の送達受領日）の翌日から6か月以内に訴訟を提起することができるようになっている。

　この場合の訴訟は，行政事件訴訟である。行政事件訴訟は，すべて司法裁判所の管轄に属すことが規定されており（憲法76①②），抗告訴訟，当事者訴訟，民衆訴訟および機関訴訟に分類される（行訴法2）。さらに，抗告訴訟は，処分の取消しの訴え，裁決の取消しの訴え，無効等確認の訴え，義務付

けの訴えおよび差止めの訴えに区分されている（行訴法3）。税務訴訟は，公権力の行使に関する不服の訴訟であり，ほとんどが抗告訴訟である。

15.3 税制および税務行政を所掌する行政組織

租税に関する組織として，税制について企画立案を所掌する**財務省**と国税（関税を除く）に係る税務行政を所掌する**国税庁**が設置されている。なお，地方税に係る税務行政については，地方公共団体の税務部門が所掌している。

15.3.1 財 務 省

財務省（Ministry of finance：MOF）は，国の財務に係る総合的な管理運営を所掌している。組織としては，財務省の所掌事務の総合調整を行い，省内の人事・会計等を管理する大臣官房，国の予算，決算および会計に関する制度の企画・立案，作成等を所掌する主計局，内国税制度についての企画・立案，租税収入見積もり事務等を所掌する主税局，関税制度についての企画・立案，税関業務の指導監督，貿易統計の作成事務等を所掌する関税局，国庫制度，国債の発行業務，財政投融資等を所掌する理財局，外国為替等に関する調査・企画・立案，海外投融資等を所掌する国際局の内局を有するほか，国税庁等の外局を有する。なお，以前は銀行局，証券局を有していたが，それらの業務は金融庁の設立とともに同庁に移管している。

図表15.3 財務省の組織

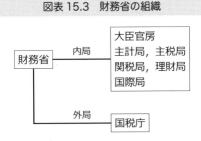

15.3.2　国　税　庁

　かつては前述の主税局が内国税制度についての企画・立案，および，税務行政を所掌していたが，現在は外局として設立された国税庁（National tax agency：NTA）[2] に租税を徴収する権限が与えられている。

　国税庁の業務について，国税庁の事務の実施基準および準則に関する訓令（事務の実施基準）第3条において次のように規定している。

　「国税庁は，その所掌する事務の実施に当たり，納税者の自発的な納税義務の履行を適正かつ円滑に実現するため，納税環境を整備し，適正かつ公平な税務行政を推進することにより，内国税の適正かつ公平な賦課および徴収の実現を図るとともに，酒類業の健全な発達および税理士業務の適正な運営の確保を図ることを基準とする。」

　さらに，準則第4条において，「国税庁は，前条の基準にのっとり，次の各号に掲げる事項を準則とし，透明性と効率性に配意しつつ事務を行うものとする。」と規定されており，内国税の適正かつ公平な賦課および徴収の実現を図ることについては，次のとおりとしている。

(1) 納税環境の整備

① 　申告および納税に関する法令解釈および事務手続等について，納税者にわかりやすく的確に周知すること。

② 　納税者からの問い合わせおよび相談に対して，迅速かつ的確に対応すること。

③ 　租税の役割および税務行政について幅広い理解および協力を得るため，関係省庁等および国民各層からの幅広い協力および参加の確保に努めていくこと。

(2) 適正かつ公平な税務行政の推進

① 　関係法令を適正に適用すること。

② 　適正申告の実現に努めるとともに，申告が適正でないと認められる納税者に対しては的確な調査および指導を実施することにより誤りを確実に是正すること。

---

[2] 国税庁の英文表記について，かつては，National tax administration：NTA とされていたが，現在は，National tax agency：NTA とされている。

③ 期限内収納の実現に努めるとともに, 期限内に納付を行わない納税者に対して滞納処分を執行するなどにより確実に徴収すること。

④ 納税者の適正な権利利益の救済を図るため, 不服申立て等に適正かつ迅速に対応すること。

(3) 酒類業の健全な発達

① 酒類業の経営基盤の安定を図るとともに, 醸造技術の研究および開発並びに酒類の品質および安全性の確保を図ること。

② 酒類に係る資源の有効な利用の確保を図ること。

(4) 税理士業務の適正な運営の確保

税理士は, 税務に関する専門家として, 独立した公正な立場において, 申告納税制度の理念に沿って, 納税義務者の信頼に応え, 租税に関する法令に規定された納税義務の適正な実現を図るという使命を負っている。これを踏まえ, 税理士が申告納税制度の適正かつ円滑な運営に重要な役割を果たすよう, その業務の適正な運営の確保に努めること。

15.4 広報, 相談

税務行政としての申告, 調査, 更正等については既に取り上げているが, ここでは, それら以外の業務のうち広報, 相談を取り上げる。

15.4.1 広 報

国税庁の管理の下, 国税局に国税広報広聴室を設置するほか, 大規模税務署に税務広報広聴官を配置し, 広報および税務に関する広聴業務を行っている。なお, 後述の 15.5 のように近年広報活動のデジタル化を進めている。

15.4.2 相 談

国税庁に税務相談官を, 一部の国税局に税務相談室を設置し, 税務一般に関する相談等に関する業務を行っている。なお, 後述の 15.5 のように近年

相談業務のデジタル化を進めている。また，具体的な取引について税務上の取扱いを文書で回答する事前照会制度も導入されている。さらに照会があった項目のうち一部を「文書回答事例」として公表している。

　従来の事前照会制度とは別に，税務当局と法人との間で見解の相違が生じることによる申告漏れリスクを減らすことを目的に，大法人が過去に例をみない取引を行う際に，法人税等の取扱いについて事前に東京国税局に相談できる制度である新規性の高い形態の取引等に関する個別確認プログラム（Compliance assurance program of japan）（「J-CAP 制度」という）の運用が開始された。

●コラム 15　税を考える週間

　国税庁では，租税の意義，役割や税務行政の現状について，納税者等がより深く理解し，自発的かつ適正に納税義務を履行するために，納税意識の向上に向けた取組を行っている。特に，毎年 11 月 11 日から 11 月 17 日までの 1 週間を「税を考える週間」とし，毎年テーマを定め，マスメディアを通じた広報，国税庁ホームページの活用，国税局や税務署による主に大学生や社会人を対象とした講演会や説明会，国税モニターと意見交換会等様々な広報広聴活動を行っている。

　当初は，1954（昭和 29）年，「納税者の声を聞く月間」を設け，1956（昭和 31）年，「月間」から「旬間」に改め，1974（昭和 49）年，「旬間」の全般的な見直しを行い，毎年同じ時期に行うこととして「税を知る週間（Know your tax week）」に改称した。2004（平成 16）年，国民一人一人が，国をどのようにして支えていくのか，公的サービスと負担をどのように選択するのかを含めて，税のあり方を真剣に考えるという観点から，単に税を知るだけでなく，能動的に税の仕組みや目的を考え，国の基本となる税に対する理解を深めるため「税を考える週間」に改称した。

15.5　ICT を利用した税務行政

15.5.1　概　要

　税務行政においては，国税組織内部の事務処理を始め，納税者の申告・申請等の各種手続やサービスに ICT（情報通信技術）を利用し，より効率的な行政事務を推進するとともに，納税者の利便性を向上させている[3]。

　政府は，「誰一人取り残されない，人に優しいデジタル化」を進め，国，地方公共団体，民間をはじめとする社会全体のデジタル化について関係者が一丸となって推進すべき取組を示している[4]。政府方針に基づき，国税庁は，システム改革および納税者利便性の向上策や業務効率化に向けた取組を推進することとしている。

15.5.2　帳簿書類の電子データ等による保存制度

　納税者の帳簿保存の負担軽減を図る観点から，紙に出力しておかなければならなかったコンピュータ作成の帳簿書類については，一定の要件の下に，磁気テープや光ディスクなどに記録した電磁的記録（電子データ）のまま保存できることとされている。なお，電子データ等による保存制度の適用を受ける場合には，あらかじめ税務署長の承認を受けることが必要である（電子計算機を使用して作成する国税関係帳簿書類の保存方法等の特例に関する法律）。

15.5.3　KSK（国税総合管理）システム

　国税庁は，①国税債権等の一元的な管理，②決算事績や資料情報などの蓄積による効果的な税務調査の展開や的確な滞納整理の実施等を目的とした総合的なコンピュータシステムである「KSK（国税総合管理）システム」を1995

---

[3]　国税庁は，2003（平成15）年7月に決定された「電子政府構築計画」に基づき，国税関係業務・システムの更なる最適化のため，「国税関係業務の業務・システム最適化計画」を策定・公表した。
[4]　2022（令和4）年6月，政府方針として「デジタル社会の実現に向けた重点計画」が閣議決定された。

（平成7）年に導入し，2001（平成13）年に全国拡大を完了した。

　なお，現在，「納税者の利便性の向上」と「課税・徴収の効率化・高度化」を実現するために，AIをはじめとする最新技術を導入するシステムの高度化（次世代システムの開発）に着手している。

15.5.4　国税電子申告・納税システム（e-Tax）

　国税庁が近年特に推進しているのが，国税電子申告・納税システム（「e-Tax」という）であり，その概要と効果は次のとおりである。

(1) e-Tax の概要

　e-Tax は，政府全体のデジタル社会の実現に向けた取組の一環として，納税者の利便性の向上と税務行政の効率化の観点から国税に関する申告，納税，納税証明書の請求および発行を含む各種申請・届出等の手続について，インターネットを利用して電子的に行うことを可能としたシステムであり，2004（平成16）年から全国での運用を開始した。最近では，所得税申告，法人税申告に係るオンライン利用率は高くなっている。

(2) e-Tax 利用の効果

　納税者や税理士は，e-Tax を利用することにより，税務署や金融機関の窓口に赴くことなく，自宅や事務所などから申告や納税などの手続ができる。また，e-Tax に対応した税務・会計ソフトを利用することにより，会計処理や申告等データの作成から送信までの一連の作業を電子的に行うことができる。このため，事務の省力化やペーパーレス化により利便性が向上する。一方，税務行政においても，申告書の収受事務や入力事務などの事務を削減することが可能となる。

(3) e-Tax の構成

　e-Tax は，納税者等が申告等データを作成・送信する税務・会計ソフトや e-Tax ソフト，申告等データの受付を行う受付システム，税務署職員等が申告等データの事務処理を行う税務署システムなどで構成されている。

15.5.5　ホームページによる情報提供

　ICT を活用した広報活動として，国税庁ホームページ（https://www.nta.

go.jp）を開設している。

　国税庁ホームページには，身近な税の情報や業務内容，統計資料，報道発表資料，法令解釈通達等の情報を提供するほか，所得税等の確定申告書等を作成できる「確定申告書等作成コーナー」やよくある税の質問に対する一般的な回答を掲載した「タックスアンサー」，24時間いつでも税に関する相談ができる「税務相談チャットボット」を設置しており，ICT を活用した納税者のサービスの窓口としての機能を有している。

15.6　税理士制度

15.6.1　概　要

　税理士（Certified tax accountant）は，税務に関する専門家として，独立した公正な立場において，申告納税制度の理念に沿って，納税義務者の信頼に応え，租税に関する法令に規定された納税義務の適正な実現を図ることを使命とすると規定されている（税理士法第1条）。

　税理士制度は，税理士が納税義務者の援助をすることによって，納税義務を適正に実現し，これによって，申告納税制度の適正かつ円滑な運営に資することを目的として設けられた。

　1951（昭和26）年に税理士法が施行されて以来，税理士制度は時代の推移とともに変化する社会の要請に応えて，申告納税制度の定着と発展に寄与するとともに，納税義務の適正な実現，納税者に対する税知識の普及，国家財政の確保に大きな役割を果たしてきた。

15.6.2　税理士の業務

　税理士の業務は，税理士法第2条において，他人の求めに応じ，租税に関して，次に掲げる事務を行うことを業とする[5]ことをいう旨規定されている。

---

[5]「業とする」とは，税務代理，税務書類の作成または税務相談を反復継続して行い，または反復継続して行う意思をもって行うことをいい，必ずしも有償であることを要しないこととされてい

① **税務代理**（税理士法第2条第1項第1号）

　税務官公署に対する申告等につき，またはその申告等もしくは税務官公署の調査もしくは処分に関し税務官公署に対してする主張もしくは陳述につき，代理し，または代行すること（次の②を除く）。すなわち，納税者を代理して，確定申告，青色申告の承認申請，税務調査の立会い，税務署の更正・決定に不服がある場合の申立てなどを行うこと。なお，納税者自身の電子証明書を用いずに，e-Tax を利用して申告書を代理送信することが可能。

② **税務書類の作成**（税理士法第2条第1項第2号）

　税務官公署に対する申告等に係る申告書等を作成する[6]こと。すなわち，納税者に代わって，確定申告書，相続税申告書，青色申告承認申請書，その他税務署などに提出する書類を作成すること。

③ **税務相談**（税理士法第2条第1項第3号）

　税務官公署に対する申告等に関し，租税の課税標準等の計算に関する事項について相談に応ずる[7]こと。すなわち，納税者が租税について困ったとき，わからないとき，知りたいとき，相談に応じること。

15.6.3　税理士となる資格および登録

　税理士となる資格を有する者は，税理士試験合格者のほか，税理士法に規定する一定の要件に該当する者として税理士試験を免除された者，弁護士（弁護士となる資格を有する者を含む）および公認会計士（公認会計士となる資格を有する者を含む）である。

　これらの者が，税理士となるには，日本税理士会連合会に備える税理士名簿に登録しなければならない。また，税理士は，税理士法人を設立することができ，税理士法人を設立した場合には，日本税理士会連合会に届け出なけ

る。

[6] 「作成する」とは，申告書等を自己の判断に基づいて作成することをいい，単なる代書は含まれないこととされている。

[7] 「相談に応ずる」とは，租税の課税標準等の計算に関する事項について，具体的な質問に対して答弁し，指示しまたは意見を表明することをいう。

ればならないとされている。

　税理士または税理士法人でない者は，税理士業務を行うことはできないこととなっており，これに違反すると罰則が適用される[8]。ただし，国税局長に対して通知を行った弁護士および弁護士法人については，一定の条件のもとで税理士業務を行うことができる。

15.6.4　税理士試験の概要

　税理士試験は，税理士業務を行うのに必要な学識およびその応用能力を有するかどうかを判定することを目的として行われる。

　試験は，会計学に属する科目（簿記論および財務諸表論）の2科目と税法に属する科目（所得税法，法人税法，相続税法，消費税法または酒税法，国税徴収法，住民税または事業税，固定資産税）のうち受験者の選択する3科目（所得税法または法人税法のいずれか1科目は必ず選択）について行われる。

　税理士試験は科目合格制をとっており，受験者は一度に5科目を受験する必要はなく，1科目ずつ受験することも可能で，合格科目が会計学に属する科目2科目および税法に属する科目3科目の合計5科目に達したとき合格者となる。この点が，公認会計士試験等他の資格試験と異なっている。

　なお，修士の学位等取得による試験科目の免除制度が設けられている。2002（平成14）年4月以降，試験の分野（会計学科目，税法科目）ごとに，いずれか1科目の試験で基準点を満たした者（いわゆる一部科目合格者）が，自己の修士の学位等取得に係る研究について国税審議会の認定を受けた場合には，会計学科目であれば残り1科目，税法科目であれば残り2科目にも合格したものとみなされて試験が免除される。税法一部科目については，所得税法または法人税法以外の科目でも構わず，また，試験合格の科目と研究の内容が同一（例えば，所得税法に合格した者が所得税法関係の研究をするなど）であっても構わない。

---

[8] 米国では，納税申告書の作成や納税相談等については原則として誰でもこれを行うことができる。

● 練習問題 ●

15.1　課税所得金額や法人税額が過少となっていた場合の修正申告と更正の違いについて説明しなさい。

15.2　不服申立制度について説明しなさい。

参考文献

〈税務会計論〉

井上徹二著『税務会計論の展開』税務経理協会（1997）

小川洌・小澤康人編『税務会計の基礎〔新訂2版〕』創成社（2005）

酒井克彦著『プログレッシブ税務会計論Ⅰ〔第2版〕』中央経済社（2018）

菅原計著『税務会計通論〔第2版〕』白桃書房（2007）

鈴木豊著『税務会計法』同文舘出版（2005）

武田昌輔著『企業会計と税法〔新訂版〕』森山書店（1983）

忠佐市著『税務会計法』税務経理協会（1978）

富岡幸雄著『新版税務会計学講義〔第3版〕』中央経済社（2013）

中田信正著『新訂税務会計要論〔第3版〕』同文舘出版（2017）

中野百々造著『税務会計＆税金総論』創成社（2000）

中村忠・成松洋一著『税務会計の基礎―企業会計と法人税』税務経理協会
　（1998）

成道秀雄編著『新版税務会計論〔第4版〕』中央経済社（2013）

成道秀雄監修・坂本雅士編著『現代税務会計論〔第6版〕』中央経済社（2023）

平野嘉秋著『要点解説　税務会計基礎講座〔第3版〕』大蔵財務協会（2018）

柳裕治編著『税務会計論〔第4版〕』創成社（2023）

〈租税法〉

金子宏著『租税法〔第24版〕』弘文堂（2021）

金子宏編『租税法の基本問題』有斐閣（2007）

金子宏編『租税法の発展』有斐閣（2010）

川田剛著『租税法入門〔19訂版〕』大蔵財務協会（2023）

岸田貞夫・吉村典久ほか著『基礎から学ぶ現代税法〔第5版〕』財経詳報社

（2023）

木村弘之亮著『租税法総則』成文堂（1998）

清永敬次著『税法〔新装版〕』ミネルヴァ書房（2013）

酒井克彦著『スタートアップ租税法〔第4版〕』財経詳報社（2021）

佐藤英明著『プレップ租税法〔第4版〕』弘文堂（2021）

谷口勢津夫著『税法基本講義〔第7版〕』弘文堂（2021）

中里実ほか編『租税法概説〔第4版〕』有斐閣（2021）

増井良啓著『租税法入門〔第2版〕』有斐閣（2018）

松沢智著『租税法の基本原理—租税法は誰のためにあるか』中央経済社（1983）

村井正著『租税法—理論と政策〔第3版〕』青林書院（1999）

〈法人税法〉

市丸吉左エ門・米山釣一著『法人税の理論と実践〔新訂2版〕』税務経理協会（1979）

大淵博義著『法人税法解釈の検証と実践的展開　第Ⅰ巻〔改訂増補版〕』税務経理協会（2013）

岡村忠生著『法人税法講義〔第3版〕』成文堂（2007）

小松芳明著『法人税法概説〔5訂版〕』有斐閣（1993）

下村英紀著『ベーシック法人税法』同文舘出版（2014）

中里実著『法人税の研究　租税法論集Ⅰ』有斐閣（2021）

中村利雄著『法人税の課税所得計算　その基本原理と税務調整〔改訂版〕』ぎょうせい（1990）

本庄資・藤井保憲著『法人税法—実務と理論』弘文堂（2008）

山本守之著『体系法人税法〔33訂版〕』税務経理協会（2016）

（注1）上記参考文献は一部である。頻繁に税制改正が行われていることから，刊行年が古い文献については現行税制と内容が異なるが，基本的な考え方は参考になることから掲載した。

（注2）財務省，国税庁等がホームページ等で公表している情報を参考とした。

索 引

欧　字

著者紹介

髙久　隆太 （たかく　りゅうた）

1980 年　早稲田大学商学部卒業

1980 年 4 月〜 2004 年 6 月　国税庁，国税局，税務署に勤務

2004 年 7 月〜 2006 年 3 月　国税庁税務大学校教授

2005 年 4 月〜 2009 年 3 月　中央大学法学部非常勤講師（国際租税法担当）

2006 年 4 月　慶應義塾大学商学部准教授

2011 年 4 月　慶應義塾大学商学部教授

2022 年 3 月　慶應義塾大学を定年退職

現　在　ネクスパート法律事務所特別顧問

主要著書・論文

〈著書〉

『アイルランドと EU の租税紛争—背景にある企業誘致と優遇税制』泉文堂 (2017)

（共著）片山覺編著『入門会計学—決算書が読めるようになるエッセンス〔改訂版〕』実教出版 (2020)

（共著）佐藤正勝編著『Q&A 移転価格税制—制度・事前確認・相互協議』税務経理協会 (2007)

〈論文〉

「租税条約の進展と多層化」『三田商学研究』第 65 巻第 5 号　慶應義塾大学商学会 (2022)

「移転価格課税が管理会計に与える影響」『會計』第 201 巻第 1 号　森山書店 (2022)

「知的財産取引に係る移転価格税制」『IP ジャーナル』第 1 巻第 7 号　一般財団法人知的財産研究教育財団 (2018)

ライブラリ 会計学15講—11
税務会計論15講

2024年2月10日 ©　　　　　　　　　初 版 発 行

著　者　髙久隆太　　　　発行者　森平敏孝
　　　　　　　　　　　　印刷者　篠倉奈緒美
　　　　　　　　　　　　製本者　小西惠介

【発行】　　　　　株式会社　新世社
〒151-0051　東京都渋谷区千駄ヶ谷1丁目3番25号
編集　☎(03)5474-8818(代)　　サイエンスビル
【発売】　　　　　株式会社　サイエンス社
〒151-0051　東京都渋谷区千駄ヶ谷1丁目3番25号
営業　☎(03)5474-8500(代)　　振替 00170-7-2387
FAX　☎(03)5474-8900

印刷　㈱ディグ　　　　　　製本　㈱ブックアート
《検印省略》

サイエンス社・新世社のホームページのご案内
https://www.saiensu.co.jp
ご意見・ご要望は
shin@saiensu. co. jp　まで。

ISBN 978-4-88384-381-7

PRINTED IN JAPAN

仕訳でかんがえる 会計学入門

平野智久 著
A5判／216頁／本体1,850円（税抜き）

「仕訳は単に財務諸表を作るための手段ではなく，企業の経済活動の表現技法である。」本書は，こうした視点から簿記の考え方の本質的な理解と企業会計の基礎を有機的に結びつけ，段階を追って解説する。仕訳の背後になる考え方をつかみ財務会計のエッセンスを理解する構成として，要点を確認する練習問題編を設け，理解の定着をはかった。初めて簿記／会計学を学ぶ学生から，社会人となって改めて「経理・財務」の重要性に気づかれた方まで，幅広く有用な書。2色刷。

【主要目次】
1 基礎編（営業活動にまつわる会計）　　株式会社の1年間を鳥瞰しましょう／まずは会社を立ち上げましょう／材料を加工して製品を作りましょう（製造業）／商品を仕入れて販売しましょう（小売業）／商品売買のすべてが現金取引とは限りません／従業員に給与を支払いましょう／各種の損益項目を現金収支にもとづいて処理します／財務諸表を作成しましょう
2 応用編（金融活動にまつわる会計）　　資金を貸し出して利息を獲得しましょう／債券を満期まで保有しましょう／有価証券の時価評価をかんがえましょう／資金調達を見直しましょう／将来キャッシュ・フローの思考を設備投資に活用しましょう／企業結合をおこないましょう
3 練習問題編

発行　新世社　　　発売　サイエンス社